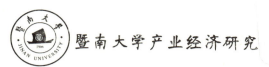

暨南大学产业经济研究

企业债务结构和债务工具选择研究

Study on Corporate Debt Structure and the Choice of Bond and Loan in China

李 湛/著

经济科学出版社

图书在版编目（CIP）数据

企业债务结构和债务工具选择研究／李湛著 .
—北京：经济科学出版社，2012.7
（暨南大学产业经济研究院博士文库）
ISBN 978 - 7 - 5141 - 2176 - 6

Ⅰ.①企…　Ⅱ.①李…　Ⅲ.①企业债务 -
研究　Ⅳ.①F275

中国版本图书馆 CIP 数据核字（2012）第 166927 号

责任编辑：杜　　鹏　黎子民
责任校对：王苗苗
责任印制：王世伟

企业债务结构和债务工具选择研究
李　湛／著
经济科学出版社出版、发行　新华书店经销
社址：北京市海淀区阜成路甲 28 号　邮编：100142
总编部电话：88191217　发行部电话：88191537
网址：www. esp. com. cn
电子邮件：esp@ esp. com. cn
北京中科印刷有限公司印装
880×1230　32 开　9.5 印张　250000 字
2012 年 7 月第 1 版　2012 年 7 月第 1 次印刷
ISBN 978 - 7 - 5141 - 2176 - 6　定价：28.00 元

　　本书得到了教育部人文社会科学研究青年基金项目"上市公司债券融资需求、工具选择和监管机制设计研究"（11YJC790092）、广东省哲学社科"十一五"规划一般项目"企业债券市场监管分权竞争和集权整合的选择研究"（GD10CYJ12）、第49批中国博士后科学基金面上项目（20110490928）以及暨南大学产业经济研究院博士文库出版基金的资助。

《暨南大学产业经济研究院博士文库》

总　序

　　暨南大学产业经济学科源于1963年我国著名工业经济学家黄德鸿教授领衔建立的工业经济专业，1981年获硕士学位授予权，1986年获博士学位授予权，是华南地区最早的经济类博士点，1996年被评为广东省A类重点学科，是国家计委批复立项的暨南大学"211工程"重点项目之一。2002年本学科被批准为国家重点学科。2007年5月以优异的成绩通过了教育部组织的国家重点学科考核评估，继2002年后再次被确定为国家重点学科。

　　产业经济学科成为国家重点学科后，通过从"十五"到"十一五"期间的强化建设，在学科方向凝练、学术团队建设、人才培养、科学研究、为地方经济建设服务、国内外学术交流、教学科研条件建设方面均有了长足的发展，基本实现了"将本学科建设成为具有国内一流水平的学科"的建设目标。

为了进一步加强产业经济学国家重点学科的建设，我校于 2006 年成立了产业经济研究院。建院近 5 年来，产业经济学科团队先后承担了国家社会科学基金重点和面上课题、教育部哲学社会科学重大项目、国家自然科学重点与面上课题 10 多项，省部级课题 20 多项，国际组织资助或国际合作项目 3 项，研究经费人年均达到 15 万元；大量高水平研究成果不断形成，在 SSCI、国内权威期刊和 CSSCI 期刊发表论文 200 余篇。在为地方经济建设服务方面，先后承担了各级政府部门和企事业单位委托的横向课题 40 多项，提交各类研究报告 40 多篇，多人多次参与了广东省经贸委主持的"产业结构调整方案"的制订和论证、广东省及多个市（区）的"十一五"规划的制定和"十二五"规划的前期研究，多人受聘担任广东省政府决策咨询顾问、发展研究中心特约研究员和知名企业顾问。广东省政府委托胡军教授主持"广东省工业产业竞争力研究总报告"研究，最终成果获得广东省委、省政府主要领导的高度评价，成为广东省政府作出相关决策的重要依据，并荣获广东省人文社会科学研究成果一等奖和教育部人文社会科学优秀成果二等奖。

本学科一直重视博士、硕士研究生的理论研究能力的培养。1987 年以来，本学科共招收博士研究生 200 人，博士后 20 多人。博士研究生日益成为本学科重要的研究力量，他们在理论研究上屡有建树。如本专业毕业的钟阳胜博士的博士学位论文《追赶型经济增长理论》综合运用经济学理论和史学知识，突破了经济增长理论以发达国家为对象的传统，明确提出了发展中国家和地区的经济增长问题，全面系统地阐述了发展中国家和地区的经济增长理论，强调人作为主体在经济增长中的中心地位和作用，被认为是该领域重要的创新和突破，被评为全国十佳经济读物，并在第47届法兰克福国际图书博览会参展。该书再版4次，发行量达4.8万册。王聪博士的博士学位论文《我国证券市场交易成本制度研究——关于中国证券市场的SCP分析框架》获全国百篇优秀博士论文称号，实现了暨南大学在该奖项上的零的突破。此外还有多位博士毕业生的学位论文获得广东省优秀博士论文称号。2007年我们已经出版了《产业经济学博士文库》共10册。为了展示近年来本学科博士研究生的优秀研究成果，我们决定继续出版《暨南大学产业经济研究院博士文库》系列。

朱卫平

2010年5月于暨南园

前　言

经过 30 多年金融体系改革，虽然中国的金融结构依然是以银行为主导，但资本市场的发展使企业直接融资规模占比接近 1/3。2011 年企业发行债券 22582 亿元[①]，发行股票 7017 亿元，新增贷款 74714 亿元，债券和股票成为继贷款之后企业重要的融资渠道，尤其是企业债券已经成为第二大融资平台。银行贷款在企业融资中所占的比例正逐步下降，中国企业正在经历"债务结构"的转型，"金融脱媒"的现象初现端倪，这引起了理论界和实务界的广泛关注，只有发现这一重大历史进程的动力源泉，才能理解其转型路径并把握中国债务结构演变的规律。

本书首先梳理出国内外有关企业债务结构与债务工具选择的理论脉络，深入比较了美欧日企业债券特点和发行监管制度的安排。以企业债务结构作为分析起点，采用多种实证研究的方法，从宏观和微观不同角度对我国企业的债务期限结构和债务工具选择问题进

---

① 本书所研究的企业债券是指中国非金融企业发行各类债券，包括发改委审核的企业债、中国人民银行和交易商协会监管短期融资券和中期票据、证监会审核的公司债和可转换债券。文中一般表述为企业债券或者企业发行债券，如果仅指发改委审核的债券我们简称为企业债。数据来自 WIND 金融数据库、中国人民银行与证监会官方网站，以下数据出处相同。

行了系统的研究。首先在制度层面上阐述了我国银行主导融资下企业债券市场的发展,分析了银行贷款契约和企业债券契约的特点以及赖以存在的法律、金融监管和政府干预等外部治理机制;接着运用时间序列实证研究了我国宏观整体债务结构的演变规律,进一步通过省际面板数据分析了我国不同地区债务融资结构的影响因素;从微观角度,先运用增量法 GMM 计量分析了企业债务期限和债务工具的选择,再把金融管制和外部治理环境指数纳入 PROBIT 模型中考察了我国企业债务融资工具的选择问题。研究表明债券和贷款的选择不仅由债务工具本身的属性特征和发债企业的财务状况决定,而且也受金融管制和各地区外部治理环境的影响。进一步剖析企业发债需求和工具选择的内在机理。最后对我国企业债务融资工具的选择以及企业债券市场的发展提出了相应的建议。

一、通过对我国企业债务期限结构以及工具选择细致地进行统计分析,发现三个问题有待解释:

1. 目前我国企业的债务融资格局,银行贷款仍然占据大部分,企业债券市场近年虽有较快的发展,但份额依然较小。与此同时,我国企业的债务期限结构过于短期化。债务期限短期化是否与企业债券市场发展滞后有一种内在的联系?最近几年国内学者对我国上市公司债务期限结构的研究也涉及到了企业债券市场,不过多数仅从外部制度的角度进行探讨,没有更深入地研究债务期限与债务工具选择的关系以及对金融市场格局的影响。我国银行融资主导下企业债券市场发展的微观机理是什么?银行贷款与企业债券是替代还是互补?

2. 通过考察我国企业 1998~2009 年发放的 3200 笔各类债券和银行贷款。发现外部治理机制好的地区,法律执行、市场化程度和金融设施越好的地区,其企业会更多地选择银行贷款,外部治理机制差的地区，当地企业相对外部治理机制好的地区会选择更多的企业债券。为什么我国债务工具的选择不符合传统的债务契约治理理论？即银行贷款作为关系型契约相对于市场型契约企业债券来说更适合外部治理机制差的地区，这种债务融资选择悖论的原因何在？

3. 2007 年公司债推出后就成为非金融类上市公司首选发债工具，但不到一年，中期票据 2008 年登台亮相后，当年就超过了公司债的发行额。2011 年这种情况又开始反转，上市公司发行公司债的需求大幅增长，2011 年公司债发行额为 1291 亿元，超过了上市公司中期票据 1089 亿元的融资额。公司债和中期票据这种此消彼长的现象值得深思，上市公司对公司债和中期票据偏好改变的内在机理是什么？

二、本报告通过对企业债务期限结构的选择、发债与贷款的选择、发债工具公司债与中期票据的选择三个环环相扣的实证研究来解开上述三个谜团，其内在机理如下：

1. 企业通常从最低融资成本角度寻求最佳债务融资期限结构。短期债务契约可以增加放款人的流动性，减少借贷双方的代理问题，这和现实中的银行贷款比较吻合；长期债务契约可以减少借款人的流动性风险、交易谈判成本，这和企业债券的特点接近。于是，企业对短期与长期代理成本这些矛盾因素进行权衡就可以获得最优的债务期限结构。最优债务期限结构决定了企业最优的债务融资工具选择，这又决定了信贷市场和企业债券市场的最优边界。

2. 企业的特征、债务契约的属性和企业债务工具选择的经典理论是一致的。但外部治理环境与国外债务工具的理论相反是我国特有的金融分业监管和管制结构所造成。对微观企业融资工具选择行为以及省级债务结构的面板数据实证都表明：这种悖论源于我国金融监管部门对企业债券和银行贷款的管制强弱造成地方政府对企业债务选择的干预程度高低，最终导致了各地公司面临不同债务融资环境的理性选择。金融管制和行政干预成为法律等正式外部制度的替代机制。

3. 由于发行管制强度不同，导致了上市公司会优先发行在交易商协会注册的中期票据而不是由证监会审核的公司债。研究发现：证监会对上市公司发债的高门槛使得发债公司并没有表现出更佳的财务特征，相反规模大、自由现金流充沛的公司会偏好中期票据。公司债严格管制的另一个后果是交易所债券市场的份额萎缩，使得公司债的流动性下降。为了弥补流动性的损失，公司债的票面利率高于中期票据，这又导致上市公司更偏好发行中期票据。2011年公司债发行程序简化，对大型优质上市公司开通绿色通道，核准时间压缩为一个月内，甚至快于中期票据的发行，管制的放松使公司债的融资需求迅速出现反弹。

三、美日欧公司债券市场建设和制度设计的经验

1. 美国公司债券市场灵活自由的发行制度，充分的信息披露、完善的债权人保护机制和对发债公司高管违法行为的严刑峻法是其成功的经验。

2. 日本监管部门对公司债券发行管制渐进放松、逐步废除了公司债券银行托管制度，降低公司债发行费用，直至取消公司债发行原有的严苛条件，保护债权人利益。发行管制的放松和市场的培育是日本公司债券市场崛起的关键因素。

3. 欧洲公司债券市场发展经验就是将欧元地区公司债券的监管重点放在信用违约风险和市场透明度这两个方向，在保持市场投资者、融资者对于信用中介机构和市场监管机构有充分信心的基础上，促进公司债券市场的平稳发展。

四、对我国企业债券市场发展的启示和建议

1. 近年企业债券市场崛起的主要推动力是发行管制的放松，而市场化监管的主体是中国人民银行（交易商协会）。证监会由于发债审核偏严，基本上错过了债券市场的前一个高速成长期，使得公司债发行增长缓慢，交易所债券市场也面临边缘化的危机。

2. 多部门监管虽然会导致监管套利，但其权力的竞争一定程度上提高了债券发行和交易效率，促进债券市场创新，适应了企业发债迅速增长的需求。

证监会进一步放松发行管制，对公司债的审核向注册制靠拢，缩小与交易商协会中期票据发行制度的差距，同时大力推进公司债的私募发行，建立包括非上市中小企业、创业板、中小板和主板的私募发行制度。这样可以满足不同公司和机构的投融资需求。发行管制的初衷是通过事前的审核降低违约风险，当放松管制时，对投资者的保护制度必须建立起来，如债券的保护性条款、债券受托管理人、独立可靠的信用评级公司，发债公司的充分信息披露，对发债公司高管欺诈的严厉惩罚机制。只有债券市场的基础设施得到良好的发展，管制放松下的公司债券才不会出现因大量违约引起重新管制。唯其如此，中国公司债券市场才能长期稳健地发展。

3. 加快场内外债券市场的互联互通与共同发展。

（1）上市银行已获准进入交易所债券市场，参与债券交易，因此交易所和银行间债券市场将被进一步打通。同时加强报价、结算和机构投资者市场准入等制度的对接；由于交易所和银行间债券市场交易特征本身有所不同，可以差异化竞争，交易所以市场竞价撮合辅之做市商制度，通过投资者分层设计，满足个人投资者和机构投资者，规避风险。

（2）大力培育债券基金等长期的机构投资者，使基金管理公司有能力配置更多公司债，增加交易所公司债的流动性，降低公司债的发行和交易成本。

（3）推动债券产品的创新，逐步推广中小企业高收益债券，开发一些具有衍生特征的公司债券产品和债券基金产品，满足债券投融资者的新需求。

目 录

第3章 企业债券市场发展与监管的国际经验 / **52**

图表目录

第 *1* 章

绪　　论

▶ 1.1　问题的提出和研究意义

经过 30 多年金融体系的改革，虽然我国的金融体系依然是以银行为主导，但企业债券市场的发展使企业直接债务融资规模越来越大。2011 年企业发行各类债券达到 22582 亿元，同期股票市场融资规模只有大约 7017 亿元，债券已经成为继贷款之后的第二大企业融资平台。对很多企业来说，发行债券或贷款是日益重要的债务融资决策。

这引起了很多学者的关注，他们主要从宏观的角度来探讨我国企业债券市场的发展，少数学者也开始从微观的角度来探讨企业融资行为与债券市场的互动关系。虽然我国的金融格局是以银行为主导，不过银行贷款在企业债务融资中所占的比例正逐步下降，我国企业是否正在经历"金融脱媒"的历程，这和公司资本结构理论所突出的企业债券和银行贷款的各自优势相符吗？银行贷款和企业债券究竟是替代还是互补？如何从企业债务工具选择的角度来看企业债券市场发展的空间？

与此同时，我国企业的债务期限结构过于短期化。范和提特曼（Fan and Titman，2010）统计了39个国家1991~2006年的不同样本企业的债务期限结构（即中长期负债占总负债的比率），发现我国企业的中长期负债比率最低，小于10%，比很多发展中国家还低很多。我国企业的债务期限结构短期化与企业债券市场发展的滞后是否有一种内在的联系？国内学者最近几年对我国上市公司债务期限结构的研究也提到了企业债券市场，不过多数仅从外部制度的角度探讨，没有更深入地研究债务期限与债务工具选择的关系以及对金融市场格局的影响。

通过考察我国企业1998~2009年发放的3200笔各类债券和银行贷款。发现外部治理机制好的地区，法律执行、市场化程度和金融设施越好的地区，其企业会更多地选择银行贷款；外部治理机制差的地区，当地企业相对外部治理机制好的地区会选择更多的企业债券。为什么我国债务工具的选择不符合传统的债务契约治理理论？即银行贷款作为关系型契约相对于市场型契约企业债券来说更适合外部治理机制差的地区，这种债务融资选择悖论的原因何在？

2007年公司债推出后就成为非金融类上市公司首选发债工具，但不到一年，中期票据2008年登台亮相后，当年就超过了公司债的发行额。2011年这种情况又开始反转，上市公司发行公司债的需求大幅增长，2011年公司债发行额为1291亿元，超过了上市公司中期票据1089亿元的融资额。公司债和中期票据这种此消彼长的现象值得深思，上市公司对公司债和中期票据偏好改变的内在机理是什么？

上述问题对已有的研究提出了挑战，我们需要探究我国银行主导下企业的债务工具和债务期限的选择。也就是说企业能否以市场主体的身份在债务工具上进行理性的选择？这有助于揭示我国企业债券市场发展的背后逻辑。

本书以企业债券和银行贷款的选择为逻辑主线，首先对影响我国债务结构的宏观经济变量进行了时间序列实证分析；接着采用了省级面板数据对影响各省企业债券融资占比的因素进行了固定效应实证研究；然后对比了企业债券和银行贷款期限的结构特点，运用增量法实证分析了企业债务期限和债务工具的选择问题。重点考察了企业债券和银行贷款的选择，研究其管制环境、交易属性和契约治理机制，以此来解释我国企业债务工具的微观选择行为。进而分析我国信贷市场和企业债券市场的监管运作机理和治理效应，为我国银行信贷和企业债券市场的监管提供一个新的思路和政策选择方案，这具有重要的实践意义。国内学者很少用增量法研究企业债务期限结构的影响因素，对银行贷款和企业债券选择的实证研究也少有人问津。因此，本研究将有利于丰富和充实企业的债务融资理论。

▶ 1.2 相关概念的界定

▶▶ 1.2.1 企业债券

本书所指企业债券泛指非金融类企业公开发行的各类债券，类似于国外的公募债券（public bonds）。除非特别说明，包含了国家发改委审批的企业债券、证监会审核的公司债券、中国人民银行和银行间交易商协会监管的中期票据和短期融资券。

企业债券从定义上包含了公司债券，因为我国很多发债企业至今还不是股份有限公司和有限责任公司，所以本书在理论探讨上都使用了企业债券。在西方国家，一般只有股份公司才能发行企业债券，故对西方文献的引用直接使用公司债券的概念。但在本书中提到的我国公司债券特指由证监会审核通过的上市公司债券。

在第 7 章实证研究中，本书企业债券的样本细分为两类：一类是债券大样本：包括企业债券（特指国家发展和改革委员会审批的债券)、公司债券、中期票据和短期融资券；另一类是债券小样本，排除了短期融资券的企业各类债券。

▶▶ 1.2.2 债务结构

债务结构包括债务期限结构和债务工具结构。债务期限结构（Debt Maturity）是指企业不同期限的债务组合，包括长期债务和短期债务。基于因变量债务期限结构衡量方式的不同，通常对债务期限结构的计量方法归结为资产负债表法和增量法两大类。资产负债表法就是企业债务的期限结构采用资产负债表中现存所有债务来衡量，具体度量就是长期债务占总债务的比率或者短期债务占总债务的比率。由于这些数据可直接从资产负债表中获取，故称为"资产负债表法"。增量法就是一种将债务的期限结构用新增债务的到期期限来衡量的方法，因为最新发行的债务是存量债务的一个增量，故被称之为"增量法"。国内研究对债务期限结构基本上采取的是资产负债表法，而本书采取的是增量法，即企业发行债券和银行贷款的到期年限。

本书对宏观债务结构一般采用企业债券融资额和银行贷款额的比率；微观企业的债务期限采用增量法，即新增债务的到期期限；债务工具的选择针对增量债务，即企业对新增债务工具的偏好，是选择公开发行债券还是选择银行贷款。债务工具的选择形成了企业的债务结构。

▶ 1.3 研究思路及方法

▶▶ 1.3.1 基本的逻辑思路

企业通常从最低融资成本角度寻求最佳债务结构。银行贷款可以增加放款人的流动性，降低信息不对称程度，减少借贷双方的代理问题。银行贷款在短期融资上的优势基于再谈判的规模经济和续约的灵活性。这种事后的帕累托改进却影响了借款企业的早期行动，无法确保事前契约的最优性；企业债券可以减少借款人的流动性风险、交易谈判成本。并且企业债券因为事后无效率的配置达到了事前最优。这种硬约束能防止金融风险。于是，企业对长短期代理成本这些矛盾因素进行权衡就可以获得最优的债务结构，这又决定了信贷市场和企业债券市场的最优边界。论文首先从宏观角度对我国整体债务结构的演变和省级债务结构的差异进行了系统的实证研究；然后对微观企业债务期限结构的决定因素进行分析，重点运用 PROBIT 选择模型考察我国金融管制、外部治理环境和债务工具的选择问题。最后为我国企业债券市场的发展提供政策建议。

▶▶▶ 1.3.2　主要方法

本书从我国企业债务结构的现状入手，对我国企业的债务期限结构和债务工具的选择问题进行研究，以实证计量研究方法为主。首先运用了新制度经济学的方法对我国以银行为主导的金融格局进行了分析。然后在相关文献的基础上，运用信息不对称理论、交易费用理论和契约理论，建立本书的理论框架；在经验分析阶段，分别采用时间序列、固定效应的面板数据和 PROBIT 二元选择的实证研究方法，通过设计变量，建立模型，收集整理数据，利用 EVIEWS6.0 软件，运用多元回归分析，验证理论假说。

▶ 1.4　研究内容的安排

本书共分 10 个部分来进行研究，论文结构安排如图 1 - 1 所示。

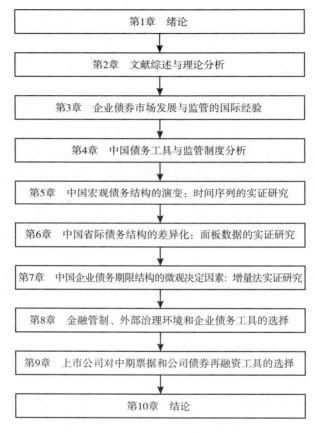

图 1-1　本书的结构安排

第 1 部分"绪论"：详细介绍了本书问题的提出和研究意义、结构安排与研究方法以及研究贡献。

第 2 部分"文献综述与理论分析"：对国内外有关债务结构和债务工具选择的文献进行了全面的回顾。有关债务结构研究的理论文献主要包括代理成本假说、不对称信息假说和发行成本等各类债务结构假说。债务结构的实证文献主要集中在银行贷款和企业债券的比较和选择研究上，本书从宏观经济变量、国别和行业因素、企业特征、债务契约、外部治理环境和金融管制这些方面进行了总结和评述。

第3部分"企业债券市场发展与监管的国际经验"：比较了美日欧公司债券市场建设和制度安排，发现以下可供借鉴的经验。美国公司债券市场灵活自由的发行制度，充分的信息披露、完善的债权人保护机制和对发债公司高管违法行为的严刑峻法是其成功的经验；日本监管部门对公司债券发行管制渐进放松、逐步废除了公司债券银行托管制度，降低公司债发行费用，直至取消公司债发行原有的严苛条件，保护债权人利益。发行管制的放松和市场的培育是日本公司债券市场崛起的关键因素；而欧洲公司债券市场发展经验就是将欧元地区公司债券的监管重点放在信用违约风险和市场透明度这两个方向，在保持市场投资者、融资者对于信用中介机构和市场监管机构有充分信心的基础上，促进公司债券市场的平稳发展。

第4部分"中国债务工具与监管制度分析"：首先了解我国整体债务结构的特征和演化轨迹。然后重点从我国所特有的经济体制、金融市场结构、企业债券的管制措施和相关的法律制度环境出发，使我国企业债务工具的选择行为在金融市场格局和制度环境因素中得到合理的解释。

第5部分"中国宏观债务结构的演变：时间序列的实证研究"：首先从全国债务结构的特征着手，对我国债务结构的整体特征、时序变化进行了统计分析，然后重点从我国企业债券市场发展的宏观环境角度分析整体债务结构与宏观经济变量之间的关系，运用时间序列的研究方法，厘清那些宏观经济因素真正影响企业发债和贷款的选择，进而影响到整个金融市场的结构。有助于了解我国银行主导融资下企业债券市场发展的演变规律。

第6部分"中国省际债务结构的差异化：面板数据的实证研究"：从我国不同省份所特有的经济发展阶段、法律制度以及地方政府干预下的融资环境着手，结合当地金融市场格局，基于我国不同省份债务结构的面板数据进行了实证分析，得出了法律环境差、政府干预强的地方企业债券融资占比反而会更高的结论。这是我国企业债券市场严格管制环境下的必然结果。

第 7 部分"中国企业债务期限结构的微观决定因素：增量法实证研究"：在已有的文献基础上，本节先分析了企业的负债期限结构与融资工具选择的微观机理，然后以我国企业 1998~2008 年发债和贷款的数据进行回归计量检验。力图从企业财务指标和债务工具期限等因素来分析企业债券和银行贷款的选择。

第 8 部分"金融管制、外部治理环境和企业债务工具的选择"：我国企业是选择发行债券还是向银行贷款不仅和企业自身特征以及债务工具的契约属性有关、而且受不同地区的政府干预、法律制度和金融市场化等外部治理环境以及金融管制体制不同的影响。本部分把制度变量纳入债务工具选择的计量模型中，更深入理解企业债券外部治理机制的改善重在逐步放松金融管制。

第 9 部分"上市公司对中期票据和公司债券再融资工具的选择"：证监会对上市公司发债的高门槛使得能入围发债的公司发债公司并没有表现出更佳的财务特征，相反规模大、自由现金流充沛的公司会偏好中期票据。公司发债前的每股企业自由现金流偏少，但每股收益增长过快有为达标而控制盈余的嫌疑。公司债严格管制的另一个后果是交易所债券市场的份额萎缩，使得公司债的流动性下降。

第 10 部分"结论"：总结了本书的主要研究结论、研究的局限以及今后有待进一步研究的问题。

▶ 1.5　研究贡献

本书试图在现有研究成果的基础上，结合我国以银行为主导的金融体系来研究我国企业债务结构和债务工具的选择，并对企业债券市场的发展提供政策建议。创新具体表现以下几个方面：

1. 从债务期限的角度对我国企业的债务融资行为进行了研究。企业债务融资时不得不对债务期限与债务数量同时做出选择。然而，纵观有关融资结构研究的文献，大多数是从数量上对企业的融资结构进行研究，即将企业所有债务都看成是"同质"的，似乎企业只发行一种类型的债务，从债务"总量"的角度来研究企业融资结构，也就是通常所说的资本结构理论研究。但现实中，企业有多种债务工具，它们具有不同的期限。而这些期限不同的债务工具不仅在资金使用的时间上存在区别，而且对企业的融资成本、治理效用、企业价值和经营绩效都具有不同的影响。因此，对我国企业债务期限结构的研究，有助于进一步了解其债务融资选择行为。

2. 从制度背景的宏观角度来对债务结构理论进行了较为系统的研究。在国外，有关债务结构的研究很多，但大多是从微观的角度来进行的，考虑制度因素对债务期限结构影响的文献少，从制度背景的角度来系统地研究债务结构问题更少。我国具有与西方发达国家截然不同的制度环境，从制度环境的角度来研究我国全国和各地的债务结构具有重要的意义。我们通过对全国的债务结构和经济自由化进行了时间序列分析，又进而对各省的债务结构和政府干预、法律环境的关系进行面板数据实证分析，这有助于我们清楚地理解影响我国及各省份债务结构的宏观经济因素和制度因素。

3. 运用增量法建立了一个债务期限和债务工具选择的计量模型，并通过统计发债企业和上市公司的贷款数据进行回归计量模型的检验，来说明企业选择发债还是贷款对企业债务期限的影响。国内很少有学者用增量法来做债务期限结构和融资工具选择的实证研究。

4. 通过二元选择模型从金融管制、地区的外部治理环境来考察企业债务工具的选择。研究表明外部治理环境好的地区其企业反而趋向银行贷款，外部治理环境差的地区其企业更愿意发行债券。这和债务契约治理理论相悖，主要是由于我国对债券和贷款金融管制程度不同所造成的，国内研究鲜有涉及。

第 2 章

文献综述与理论分析

　　自莫迪利亚尼和米勒（Modigliani and Miller，1958）提出著名的 MM 定理以来，企业融资工具的选择及形成的融资结构问题日益发展成为公司金融理论研究的重要组成部分。20 世纪 70 年代以来，随着委托代理理论、信息经济学、契约经济学在企业融资领域的广泛运用，企业融资结构问题受到经济学家们的广泛关注。他们主要研究企业融资工具选择及企业融资结构变化如何影响企业的现金流、绩效、市场价值和企业治理等。尽管这方面的研究成果丰富，但多数都是通过对债务融资与股票融资的比较来探讨最优资本结构的形成及其对企业价值与治理的影响等问题，而研究不同债务工具对企业治理的影响并不多。而在现实中，为什么有的企业选择银行贷款，有的企业会选择发行债券？影响企业债务工具选择的因素到底是什么？本节通过梳理债务融资领域的研究成果，对银行贷款和企业债券在筹资成本、信息不对称、契约特征等各方面进行比较，来系统地探讨这一问题。

　　债务结构和债务工具选择的提出及系统的理论研究始于国外 20 世纪 70 年代，发展到 20 世纪 90 年代，有关债务结构的研究从单纯的理论研究转向到理论与实证相结合。国内研究相对国外而言要晚得多，在文献上也要少得多，不过最近几年对我国上市公司债务结构的实证研究逐渐多起来，但只局限于债务期限结构，基本没有债务工具选择的实证研究。纵观国内外有关债务结构研究的文献，无论是研究的历史，还是研究范围和深入程度，国内研究文献远不及国外。然而，值得我们注意的是，在国内外文献的研究之间存在明显的差别。前者是以发达国家的企业为主要研究对象，有发达的资本市场和相对完善的法律制度体系；后者则主要是以经济转轨时期的新兴市场企业为研究对象，资本市场建立和发展的时间较短，相配套的法律制度体系也不完善。

鉴于此，从研究的前沿性和对重要文献的把握而言，本综述对文献的回顾将主要集中于国外文献。但本书研究目的在于结合中国的实际情况来深入研究企业债务工具的选择和债务结构问题，为我国企业债务结构和债务工具的选择提供理论基础。因此，本章综述安排如下：第一部分对国外相关理论和实证文献的评述；第二部分是国内相关理论和实证文献的评述。

▶ 2.1 国外债务工具选择和债务结构的理论文献

我们考察公司的现实债务融资决策，主要集中于企业债务工具的选择上，企业债务结构是债务工具选择的结果。债务结构研究的对象一般是债务的期限结构、债务的布置结构以及债务的优先结构。公司债务工具的选择是构成公司融资决策整体所必要的部分。有关债务工具选择的理论假说可分为代理成本假说、不对称信息假说、债务再谈判机制和发行成本假说。

▶▶ 2.1.1 代理成本假说 (The Agency Cost Hypothesis)

有关企业融资的代理成本理论始于詹森和梅克林 (Jensen and

Meckling，1976），他们把代理成本定义为委托人的监督费用、代理人的缔约费用以及剩余损失三部分之和。现代企业中典型的代理关系就是股东与管理者之间的委托代理关系。在管理者与股东自身效用最大化的假设下，管理者与股东的目标函数不一致，管理者往往不会按照股东利益最大化行事，结果引发了管理者与股东之间的利益冲突。这也就是产生股权代理成本的根源。为了缓和股东与管理者之间的冲突，企业引入了债务融资。虽然债务的引入对降低股权代理成本能起到一定的作用，但债务本身也会产生代理成本，即债务代理成本。詹森和梅克林（1976）认为股东具有投资高收益、高风险项目的动机，特别是当债务融资比例较高时，这种动机就非常强烈。尽管债权人对企业的资产有优先而固定的要求权，但股东对企业的债务只负有限责任，对企业的剩余资产则有无限的要求权。这样一来，当投资项目成功时股东可获取大部分利益，一旦失败，则由债权人承担大部分成本。因此，股东具有发行低风险债务去从事高风险投资的倾向，借此实现财富从债权人向股东的转移。这种现象被称之为"资产替代"。然而，债权人在事前也会理性地预计到股东可能会把资金投资于高风险项目，于是，他们会直接要求降低债权的发行价格、提高债务利率等，从而提高债务融资的成本，或者要求在债务契约中加入各种限制性条款。这类条款的加入不可避免地要产生相应的成本。这就是债务的代理成本。

对于债务的代理成本问题，梅尔斯（Myers，1977）认为，如果股东认为他们不能获取投资项目的大部分利益时，则某些净现值（NPV）为正的投资项目可能不会被企业实施，即出现投资不足。投资不足现象源于股东与债权人之间的利益冲突。梅尔斯（1977）推定有高风险债务的企业有时会放弃有价值的投资项目，这会降低企业的价值。因此他建议企业和借款人保持连续、亲密和弹性的关系以缓解投资不足的问题。这种关系看来更易在银企之间达成，因为银行作为债权人非常集中，而不像分散债券投资者普遍存在"搭便车"的问题，这表明未来具有高成长性企业会优先考虑银行贷款。

布特和森克尔（Boot and Thankor，1977）通过建立一个模型，将投资者分为审慎性投资者和流动性投资者，研究发现，如果"资产替代"道德风险严重，则企业倾向于选择银行贷款来增加监督；当道德风险很低时，企业可以通过更多地向债券市场借债来利用价格信息优势。

巴尼亚、豪根和森贝特（Barnea，Haugen and Senbet，1980）对公司债券的期限和债券的提前赎回条款一起进行了研究。其观点与 Myers 的结论一致。他们的研究表明，如果企业的真实境况在债务到期之前披露的话（假定企业的内部人比企业的外部人更了解企业真实境况），债券的提前赎回特性能减弱财富从股东转移到债权人。（巴尼亚、豪根和森贝特，1980）得出的结论是：提前赎回债务和缩短债务期限都是降低代理成本问题的两种方式。因此，具有较多代理成本的企业应当要使用较短的债务期限的债务或发行可赎回债券。

▶▶▶ 2.1.2　不对称信息假说（The Asymmetric Information Hypothesis）

当资本市场投资者和企业内部人对企业的前景拥有相同信息时，企业无需关心其债务的构成。因为市场对每种债务的定价都是理性的，既没高估也没低估。然而，如果企业内部人比外部投资者更了解企业，则他们会选择发行市场对其高估得最多或低估得最少的证券。一旦了解这之后，理性的投资者会试图通过企业最近的融资行为来揣测内部人的信息。

其中，事前的信息不对称会导致逆向选择问题，出现逆向选择成本。事后的信息不对称会导致道德风险问题，相应产生委托代理成本。因此，外部投资者之间及其与企业经营者之间的信息不对称问题必然会影响企业融资成本，即不同的债务工具在克服信息不对称问题上的成本差异会导致不同债务工具的选择。

1. 逆向选择、信息生产与债务工具的选择

企业债券市场的信息生产与传递主要是通过四个途径：第一，市场价格传递信息机制。第二，市场中介机构生产信息。第三，政府强制要求证券发行公司披露信息，即上市公司必须按照相关的信息披露准则公布其资产、销售、损益等经营管理方面的信息。即便如此，证券发行者仍然拥有比投资者更多的信息，金融市场上的逆向选择问题得不到彻底的解决。第四，投资者自己生产信息。不排除个别投资者自己付费搜集企业的有关信息，不过即使不考虑其收集的信息是否真实准确，至少其信息生产的成本相当高昂。罗摩克里希纳和塔科尔（Ramakrishnan and Thakor，1984）认为，如果同一企业不是通过金融中介机构而是直接从多个投资者中筹集资本，每个投资者都要对企业进行调查和监督，就会造成信息生产的重复和浪费。

利兰和派尔（Leland and Pyle，1977）最先从信息成本的角度探寻银行等金融中介机构在信息生产、克服逆向选择问题上的比较优势问题。由于银行贷款一般不能交易，即为"私有产品"，不能随意出售，其他投资者无法观察到银行在信息生产中的所作所为，使得金融机构在信息生产中不用担心信息的外溢或"搭便车"问题。此后，一些经济学家在信息不对称条件下，研究逆向选择对融资决策的影响。罗摩克里希纳和塔科尔（1984），博伊德和普莱斯考特（Boyd and Prescott，1986）及汉德罗克和詹姆斯（Hadlork and James，1997）的研究认为，作为资金提供者，金融机构比市场投资者更具信息优势，当市场上众多投资者仅仅拥有企业的一般信息时，金融机构则往往能拥有更多的非公开信息，从而比一般投资者更了解企业未来的发展前景；同样，巴恰塔亚和启亚（Bhatta-charya and Chiea，1995）及约书亚（Yosha，1995）也认为集中的贷款机构比那些分散的债券持有人更了解企业的特殊信息，这表明金融机构在契约签订前拥有企业的特殊信息，对于公众债权人享有

比较优势，故那些新成立的公司及有较大信息不对称问题的公司更趋向于从银行等中介机构融资。一般来说，中小企业或新成立的企业其信息不对称问题更为严重。面对公众融资存在较大的逆向选择成本，这类企业更倾向于从银行等金融中介融资。

汉德罗克和詹姆斯（1997）的研究表明，如果银行比公众债权人享有更多的信息，则那些有良好发展潜质的企业将会采用银行贷款融资而避开公开发债带来的逆向选择成本。因此在信息不对称的条件下，银行贷款会对企业的价值变化发出积极、正向的信息作用；由于存在较大信息不对称的企业，其逆向选择问题更为严重，银行贷款的信号作用就更强，这样有较好发展潜质且信息不对称问题较严重的企业便会从银行等金融中介机构融资，而那些有良好的发展前景但信息不对称问题并不严重的企业就不太可能关注银行融资方式的信号效应，便会较少的向中介机构融资（Krishnasnami, Spindt and Subramanium，1999）。

2. 道德风险、监督、声誉与债务工具选择

信息生产主要是解决事前的信息不对称，即逆向选择问题，监控与激励主要是解决事后的不对称信息，即道德风险问题。不同的债务工具对应着不同的监控和激励机制，进而导致不同的融资成本约束，并最终影响企业的融资决策行为。

一般理论认为，由银行提供贷款可以降低中小规模企业融资的代理成本。因为通过银行甄别可以一定程度上解决逆向选择问题，而银行的监督与停止贷款的威胁又一定程度上可解决道德风险问题。并且，由银行监督可以解决重复监督和监督的搭便车问题。然而，事实上，许多企业虽然可以从银行获得贷款，他们却会放弃银行贷款而选择发行企业债。戴蒙德和拉詹（Diamond and Rajan）在这方面的研究最具代表性。

戴蒙德（1984）建立的受托监控模型（delegated monitoring model）用信息经济学理论对金融中介机构监督功能的比较优势作

出合理的解释。该模型证明，当一个资金需求者（企业家）为某一投资项目的实施需要向多个投资者筹集资金时，如果在有关投资项目的事后投资收益方面存在信息不对称，单个投资者有可能为监督成本太高或因为"搭便车"行为等原因，放弃对企业家的监督，导致信息不对称无法消除。在这种情况下，如果众多投资者将事后的监督委托给一个代表的投资者来进行，就可以降低监督的成本和避免"搭便车"问题，现实中的金融中介机构就是这一代表监督者。金融中介机构从众多的投资者手中获取资金来源，承诺给投资者支付固定报酬，然后将资金借贷给企业家，并花费一定的成本对企业家进行监督。金融机构之所以具有代表众多投资者进行事后监督的功能和动机是因为金融机构在向企业家提供资金时，能够通过多样化的服务来降低监督成本。

戴蒙德（1991）建立了一个长期重复博弈模型，在动态框架下从监督和声誉的角度分析融资企业关于银行贷款方式和发行债券方式选择。戴蒙德（1991）的模型设定了三类企业：好企业，每期都有无风险的净现值大于 0 的好项目；坏企业，每期都有风险的净现值小于 0 的坏项目，其风险项目成功时的收益高于好项目的收益；中间类企业，每期都可在好项目或坏项目间作选择。企业进行项目投资需要融资，可采用的融资方式包括银行贷款和发行债券。银行贷款与发行债券的区别在于，银行可以对企业实施有成本的监督，从而可获得一些关于当期中间类企业项目选择的私人信息。而债券投资者只能获得关于企业以往债务履行情况和以往监督结果的公开信息。

由于坏项目成功时的收益高于好项目的收益，因此，债务金额确定后，可能存在企业选择对其更有利的坏项目的道德风险。而银行有成本的监督可以消除或减轻道德风险，即促使中间类企业选择好项目或对选择坏项目的中间类企业作出筛出，从而有可能降低企业融资成本。

因为融资市场是竞争性的，所以企业融资成本取决于对企业的信用评级，即据公开信息运用贝叶斯法则对企业类型分布所作的推断。因此，企业过去的项目选择行为和履约记录具有价值，即声誉价值。而对于建立声誉的考虑又会影响中间类企业的当期项目选择。足够大的声誉效应使得有成本的监督完全没必要。

企业每期的融资方式决策和中间类企业的项目选择是该长期重复博弈的子博弈精炼均衡解的结果。结果取决于模型的具体参数设定和企业的初始类型分布（即对企业的初始信用评级）。戴蒙德分析显示，当道德风险问题较普遍时，企业在初期会选择有监督的银行贷款融资以建立声誉，当声誉建立后，企业会选择无需监督成本的债券融资。中等信用级别的企业因声誉效应不足以消除道德风险而依赖于银行贷款。在市场利率高的时期或预期企业未来盈利低的时期，声誉效应会减小，因此更高信用等级的企业会选择银行贷款融资。

拉詹（1992）认为，银行贷款融资具有融资灵活性，即项目质量好的企业可以继续得到银行融资支持，而项目质量差的企业提前被清算。这种灵活性是通过监督企业从而获取企业项目质量信息并进而进行融资再谈判来实现的。而企业发行债券融资，因债权人的分散，有效的监督和融资再谈判均不可行，因而不具有这种灵活性。显然，融资灵活性赋予银行以对项目的控制力，因此是有利的。但拥有融资再谈判权力的银行会利用其权力攫取企业利润，这会降低企业的事前努力积极性，而导致帕雷托损失。企业对融资方式和债务优先权的选择，正是基于收益和成本权衡的最优选择。

拉詹构造了一个两阶段模型来阐释其思想，如图 2-1 所示。初始时期为 0，企业面临一个竞争性的融资市场。市场中包括两类债权投资人：银行类和债券投资类。银行类债权投资人可以实施监督而获取项目状态信息。而且，在时期 1 银行类债权投资人也可进入对企业贷款市场。因此，若企业在时期 0 选择了银行贷款，则时期 1 的贷款市场存在两类贷款人——有信息的内部人和无信息的外部人的竞争。债券投资类因为监管成本过高而不能对企业实施监督。

因为时期 1 企业无现金流，债券在时期 2 偿还，即债券是长期的。

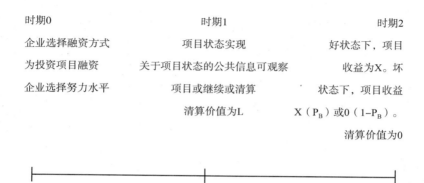

图 2 - 1　债务融资选择的两阶段框架

　　若企业选择发行债券融资，则无论项目状态如何，状态都将持续到时期 2。而若企业选择银行贷款融资，则无论是短期贷款还是长期贷款，在获得项目状态信息后，双方都可就是否继续项目进行谈判，从而实现事后帕雷托最优。即表明，银行贷款融资下，银行可以对项目的继续或清算实现有效率的控制。但是，对再谈判的预期会扭曲企业的努力激励，而导致事前无效率。由于时期 0 的市场是竞争性的，银行和债券投资者所获事前租金为 0，因此，对比发行债券融资，若银行控制的有效清算收益高于扭曲激励的成本，则企业采取银行贷款融资，反之则依赖发行债券融资。

　　拉詹进一步分析了短期贷款下外部人竞争的影响。由于缺乏项目状态信息，外部人在坏状态下也会提供贷款。因此，外部人的竞争会影响内部人获取租金的能力和对企业的控制力。拉詹又指出，通过结合银行贷款和发行债券两种方式融资并赋予债券投资人以优先受偿权，可以降低内部人租金而较小地削弱其对企业的控制力，因此存在使融资成本最低的有效融资安排。另外，拉古拉姆·G·拉詹（Raghuram G. Rajan）还论证了时期 1 的有效公共信息可以降低企业融资成本。

拉詹的贡献在于：第一，将银行贷款融资成本内生于银行对企业的控制能力中（成本为扭曲企业激励而导致的损失）；第二，揭示了债务期限、融资方式及债务优先权安排等对银行贷款融资的收益和成本的影响。

银行的道德风险问题也称敲竹杠问题（Hold-up problem，Hart 1995），是指银行凭着其对企业享有的信息生产和监督的特殊优势，从企业榨取租金。如银行在对企业贷款的信息生产（贷前调查）和贷款后的监督（贷中、贷后的跟踪、了解与监督）掌握了企业大量的内部信息，树立了贷款银行讨价还价的优势地位，并可能以撤销新增贷款或收回贷款为由，向企业榨取租金。理论与实证研究还发现，银行和客户之间的业务往来还存在相当程度的锁定效应，即客户不能从任意银行融资，而必须依赖其业务往来银行的贷款，这为银行的敲竹杠问题提供了可能。

拉詹（1992）最早在一个多期模型中研究上述的银行道德风险问题。他认为，如果企业主要依赖一家银行融资，且企业的投资项目前景良好，银行便可能以撤回贷款为由要求分享企业的净收益，这对那些有较好的发展前景且依赖于银行贷款的企业而言无疑会增大融资成本。由于这一原因，可能促使一些企业尽可能从公司债券市场获得资金，而不依赖银行融资。在美国，小型和中型企业通过市场融资的固定成本阻碍了它们的融资，其外部融资主要依靠银行贷款，而对信息租金的榨取可能是美国大企业不依赖银行的一个解释（Allen and Gale，2000）。

约书亚·D·劳赫和埃米尔·苏菲（Joshua D. Rauh and Amir Sufi，2010）研究表明：相对高信用评级的公司，低信用评级的公司更可能是一个多层次的债务结构，包括有担保并附加了严格条款的银行贷款以及相对宽松的非银行次级债。只有这种多重债务的契约治理才能达到企业的激励相容。

▶▶ 2.1.3 债务再谈判假说（The Debt Renegotiation Hypothesis）

债务契约再谈判，是债权人与债务人就事前已签订的正在执行过程中的债务契约条款进行协商和修改。企业的金融契约理论认为，企业与投资者的融资关系本质上讲就是一个外部投资者与经营者之间的一个契约关系，这种契约在契约理论上划分为完全契约和不完全契约。在不完全契约条件下，当发生契约中未能明确规定的状态或事件时，契约当事人必须对不可预测状态的处理和收益分配等进行再谈判，也就是说，契约的不完全性使再谈判变得有价值，遗漏的或然情况可以由事后的契约谈判来代替（Allen and Gale，2000）。

胡伯曼和卡恩（Huberman and Kahn，1998）、哈特和穆尔（Hart and Moore，1998）也证明，在特定情况下，再谈判能改进福利。一般标准的债务契约是一种承诺在一定期间内给投资者以固定支付的契约，这种支付不依存于企业的收益状态。当企业无法履行支付承诺时，该投资者的收益分配将按破产法进行。但正如以上分析所指出的，现实的债务契约一般是一种不完全契约，这也使得债权人与债务人之间的债务再谈判成为现实的可能。债务再谈判一般发生于企业陷入财务危机的时期。在财务危机中，企业主要面临两种困难：第一，企业的现金流不足以向债权人偿还当前的企业债务，因此，债权人在法律上有权利要求重组或清算；第二，企业的预期现值低于外部债务水平，这意味着它很难发行新的债务以渡过目前的财务危机。因此，根据事前签订的契约，对债权人而言停止对企业提供新的债务融资甚至执行破产清算似乎是最优的。但在有些情况下，如企业拥有另外的可提供正的净现值的投资项目，若不利用这种机会可能是不理性的（毕竟第一笔借款出现违约，这笔贷款就会变成沉没成本），这就产生了投资者可能会因继续提供债务融资而需要进行债务再谈判；而对企业股东而言，通过再谈判至少可以缓解因破产清算中所处的清偿次序的不利局面。对管理者来讲，由于企业清算总体上将导致管理者控制利益的丧失并且只会给他留下极少的货币报酬，管理者一般会倾向于债务重新谈判，对企业而言，债务再谈判可避开较大的破产清算成本。总的来说，债务再谈判一般比企业直接进入破产清算更能改善经济福利。

债务契约的不完全性导致债务再谈判，而债务再谈判能否成功还取决债务契约属性，或者说，不同的债务契约对债务再谈判成功与否会产生不同的影响，从而影响到企业债务工具的选择。一般来说，企业发行的债券被广泛持有，企业同债券持有者进行再谈判是相当困难的，一方面，同许多债券持有者进行再谈判会带来高昂的交易成本，如美国有关法律规定，修改债务契约一般性条款必须由2/3 以上的债权人（或代理人）同意，对债券数量和期限的修改须经全体债权人的同意。另一方面，债券持有者的再谈判还存在"搭便车"问题，每一位债券持有者都想保持他对项目回报的原始要求权，而让其他人去再谈判。显然，企业债券的性质决定了债权人与债务人间再谈判较困难，企业债券也被视为不可重新谈判的债务工具。而银行贷款的再谈判是一对一的协商，其谈判难度、成本明显要低，且不存在"搭便车"问题，因而，银行债务也称为可重谈的债务工具。银行债务因能再谈判而不一定会导致违约企业破产清算而被称为"软"债务，而企业债券因为债权人分散使得谈判成本高昂，而可能导致违约企业进入破产清算而被称为"硬"债务。银行贷款和企业债券的"软"、"硬"特征，对企业债务工具的选择会产生重要影响。

从上述分析中可以看到，银行贷款的"软"债务特征使得那些事前知晓有较大财务危机可能性的企业更愿意向银行贷款融资。Berlin and Loyes（1988）、Chemmanur and Fulghieri（1994）推测出企业借款方式的选择是借款人预期违约的概率和贷款人有能力做出有效率清算决策的函数。高信用评级和低信用评级的企业会公开发债，而中等信用级别的企业选择银行贷款。金融法规设施也让银行比债券持有人更容易对债务重新谈判，这表明事前预料更易陷入财务困难的企业选择银行贷款是最优决策。依照美国1939年的信托法案，企业必须获得债券持有人一致的同意才能更改债务契约里的重要条款，使得公募债券投资者产生了严重的拖延签约问题。

▶▶ 2.1.4　发行成本假说（The Flotation Cost Hypothesis）

债务的发行成本是影响公司债务工具选择的一个重要因素。所谓发行成本是企业采取债务工具而发生的资金利息成本和发行费用，一般用筹资成本率来表示。对企业债券而言，其筹资成本主要包括付给投资者的资金利息和发行有关的承销费用、印刷费、公告费、评审费、资产评估费、法律咨询费、债券托管费等费用；对银行贷款而言，其筹资成本主要是支付给银行的利息及借贷手续费。债券融资相对银行融资成本越低，即发行规模越大，债券的规模成本效应越强。与银行贷款成本比较起来，其规模成本优势更明显。所以，筹资规模成为比较企业债券和银行贷款融资成本大小的一个重要变量，自然也成为影响企业债务工具选择的主要解释变量。Careyetal 等（1993）研究指出，企业债券发行规模在1亿元以上，其规模效应就能显示出来，这表明小企业及发行规模较小的企业在债券市场上筹资成本是较高的，而不得不选择银行贷款融资。此外，由于公司的规模大小与发行规模直接相关，故公司的规模大小对企业债务工具的选择也会产生重要影响。要进入公司债券市场，美国公司的规模不得低于15000~20000万美元（Berger and Vdell 1998）。克里希纳斯瓦米、斯宾特和萨巴拉马尼安（Krishnaswami, Spindt and Subramaniam，1999）就企业债券融资方式的筹资成本与企业债务工具选择的实证分析表明，企业筹资规模及企业的大小与其债券融资比重呈正相关，与银行贷款呈负相关。企业债券筹资成本成为企业债务工具选择的主要解释变量，大企业和发行规模较大的企业基于规模经济的考虑其银行贷款的比例较低，而小企业和发行规模较小的企业因为债券市场高昂的发行成本不得不寻求银行贷款。

▶ 2.2 国外企业债务结构和债务工具选择的实证研究

国外学者对债务结构的实证研究晚于其理论研究，有关债务结构和债务工具选择的实证研究主要集中于以下几个方面：

▶▶▶ 2.2.1 宏观经济因素

国外不少学者认为融资结构与宏观经济因素有关。有些学者从理论上进行了研究。科科伦（Corcoran，1977）、紫薇克（Zwick，1977），德安杰罗和马苏利斯（DeAngelo and Masulis，1980）从理论上解释了通货膨胀导致更多的负债：因为通货膨胀降低了负债的真实成本，在通货膨胀期间对公司债券的需求上升。另一方面，如果随着通货膨胀的下降公司债券收益相对高于股票收益，公司债券的整体需求上升。根据许多理论研究（Fischer et al，1989；Leland，1994，1998），利息率和通货膨胀的变动扭曲了税收利益和破产成本，因此影响最优融资结构。更多学者通过实证研究来说明债务结构与宏观因素的关系。

1. 利率和通货膨胀率

格雷厄姆和哈维（Graham and Harvey，2001）调查发现1/3美国制造业公司的财务总监在作财务决策时考虑了诸如利率和通货膨胀等宏观经济因素。G. 巴尔和约翰·G·坎贝尔（G. Barr and John

Y. Campbell，1997）利用英格兰银行提供 1985～1995 年英国政府债券收益率曲线分析得出：利率与债券价格负相关，通货膨胀率与债券价格正相关。尼加马雷尔斯（Nejadmalayerz，2002）运用 Prohit 模型分析宏观经济因素影响公司的融资选择行为。他的研究发现：（1）利率期限结构影响公司资本结构；（2）随着短期国库券收益的上升，公司更可能发行债券而非股票；（3）随着长期国库券收益上升，公司发行债券的可能性上升；（4）随着通货膨胀的上升，公司发行债券的可能性下降。镇宇和凯瑟琳（Jinwoo and Catherine，2002）使用 VAR 模型，运用美国 1967～1988 年的相关数据，检验了利率、股票市场回报率、资本耗费对股票及债券发行的影响。结论表明，股票市场回报率的提高，会导致股票发行量同方向的提高；利率的降低，会使债券发行量提高；资本耗费在长期对债券发行量没有影响；在短期内，债券发行量的提高会使股票发行量反方向变化。

2. 股票市值/GDP、银行贷款/GDP 和 GDP 增长率

布兹等人（Booth et al，2001）采用发展中国家和发达国家的混合数据，将多个宏观经济变量与资本结构之间的关系进行了横截面分析，得出了制度特征与总资本结构关系的结论。他们分别以总负债比率、长期账面负债比率和长期市场负债比率为被解释变量，以股票市场价值/GDP、银行总贷款/GDP、实际 GDP 增长率、通货膨胀率和 Miller 税收项目为解释变量。研究发现：①这些变量可以解释 17 个国家总负债比率 27.5% 的变化，16 个国家长期账面负债比率 22.4% 的变化，14 个国家长期市场负债比率 25.8% 的变化；②股票市场价值/GDP 与杠杆负相关，表明当股票市场越发达，企业具有更多的融资选择权，从而可以减少负债融资的使用；③银行贷款/GDP 与杠杆正相关，表明更发达的负债市场与更高的私人负债比率相关；④实际经济增长率与杠杆正相关，而通货膨胀率与杠杆负相关；⑤Miller 的税收项目与杠杆正相关，表明负债融资税收

优势较高的国家导致企业利用较多的负债。

3. 宏观经济周期

Korajczyk and Levy（2003）实证研究了宏观经济周期与市场信用风险影响公司融资选择行为，发现宏观经济良好且股票市场景气时，资金充足的上市公司具有较低的负债率和较强的股权融资偏好，而资金紧缺的公司则具有较高的负债率和较强的债权融资偏好。利维和轩尼斯（Levy and Hennessy，2007）发现宏观经济与资本结构之间的关系取决于公司的财务状况，宏观经济上行时，如果公司的资金充足，其财务杠杆将下降，但如果公司的资金紧缺，那么其财务杠杆将上升；布汉姆拉等人（Bhamra et al，2008）发现，宏观经济因素的时变性导致公司资本结构具有很强的路径依赖性，而且财务杠杆与宏观信用风险密切相关。此外，库克和唐（Cook and Tang，2010）使用 GDP 增长率、期限利差和信贷利差衡量宏观经济状况，发现公司资本结构的调整速度具有非对称性，宏观经济上行时，资本结构的调整速度较快。

若昂·A·C·桑托和安德鲁·温顿（João A. C. Santos and Andrew Winton，2008）引入了宏观经济周期对债务选择的影响。传统理论认为银行拥有借款人的私人信息从而可以通过更高的利息获取信息租金，因为这种信息独占增加了借款人的风险，而银行利用信息优势在经济衰退期间向借款企业提高利率。这两位作者在控制了风险因素、企业和贷款的特征之后，通过比较了单独依赖银行的借款人和可以公开发债的借款人的各自银行在经济衰退期间的贷款定价，验证了如下假设：第一，拥有公开发行债券渠道的企业贷款利率低于没有债券融资渠道企业贷款利率；第二，在经济衰退期的银行贷款利差要高于经济景气时银行贷款利差；第三，经济衰退期间拥有公开发行债券渠道的企业贷款利率增幅要小于没有债券融资渠道企业贷款利率的增幅。

4. 金融市场发育和经济发展水平

Asl1 Demirguc-Kunt and Vojislav Maksimovic（2001）的一项实证研究表明，企业采用外源融资与一国的银行体系和债券市场的发展具有正相关关系。债券市场和银行体系影响企业获取融资的方式是不同的，特别是在金融发展水平较低的情况下更是如此。如果预测是紧缩环境，发展债券市场和银行体系都可以改善企业获取外部融资，而债券市场的发展与长期融资密切相关，银行方面的融资则更多与短期融资关系密切。

相比银行贷款而言，企业债券的发行需要更发达的金融市场：首先是借债方和投资方之间的信息不对称程度相对较低，从而使公众投资者能够方便地、低成本地获得公司经营和财务信息，投资银行也能够将信息标准化地传递。如果企业的财务和经营信息很难向公众有效传递，则需要银行通过内部信息来监督企业（Allen and Gale，2000）。其次是存在大型的、盈利的、有声誉的企业，一方面这些企业能够承受债券市场的固定成本，有效降低融资成本；另一方面公司特有风险小而降低了违约率，能够提供债券市场的有效供给。最后是存在大量的机构投资者，如保险公司和养老基金等，这些机构对公司债券品种存在持有偏好，从而提供有效的市场需求。正如哈克逊（Hakansson，1999）指出：持有长期负债的专业金融机构，如人寿保险、养老基金会发现没有办法能够买到长期资产同其长期负债相匹配。如果资产和负债不相匹配，它们就会有金融风险的暴露。因此，从经济发展阶段与债务工具来看：经济发展初期适宜银行为主的金融体系，经济成熟后则适宜市场为主的金融体系。

▶▶▶ 2.2.2 行业因素

企业的行业特征主要按外部投资人对产业相关信息的知晓程度

及投资人对该产业投资决策的分歧程度来加以区别。进行上述区分主要基于银行融资与市场融资对上述两种不同特征的产业在信息的搜集、加工及意见分歧处理上存在不同的比较优势。根据艾伦和加尔（Allen and Gale，2000）的研究，市场融资擅长收集和归总分散的意见，而金融中介通过受托监督职能来处理信息，就必然要求投资者放弃不同的意见，达成妥协。可是，当遇到不同意见时，比如要给新技术项目进行融资，市场融资就比中介融资更具优势，金融中介则在处理标准化信息方面具有规模优势，但无法成功地处理不确定性。同样，在企业技术发展的不同阶段，如一项新技术刚刚处于雏形阶段时，各个投资者对它的预期是完全不一样的，此时有能力处理不同意见的市场融资方式将发挥有力的作用；当该项技术进入成熟阶段时，规模生产所需要的大量资金虽然依然可以通过市场来取得，但信息成本上的规模效应使得中介融资更加具有优势。因此，传统的竞争性行业技术稳定，投资者意见分歧不大，选择银行等中介融资为最佳；而对新兴产业和新技术产业和少数巨型垄断企业的行业，其生产技术处于突变之中，投资者之间分歧大，因而一般选择市场融资更佳。这一推论也为发达国家外部融资方式的历史变迁所证实。如19世纪的英国和20世纪的美国，比银行主导型的德国和日本，在发展新兴产业中更成功（艾伦，1993）。

政府对行业的管制也会影响债务工具的选择。行业管制一般包括市场准入、经营范围、规模及项目实施过程等。也就是说这些产业的营运和发展一直就受到政府的权威组织或相关机构的监控。因此，与那些不受行业管制的企业相比，这类企业的道德风险问题一般较小，因而它们在债务工具的选择中，往往并不需要向银行等金融机构支付新的监督成本来克服其道德风险问题，故其融资选择中往往会优先考虑市场债务融资。史密斯和沃茨（Smith and Watts，1992）的研究表明，与未受管制的企业相比，受行业管制的企业不太可能出现资产替代和投资不足等债务融资的道德风险问题，从而受管制企业对银行贷款的需要并不大，而更愿意考虑市场债务融资。克里希纳斯瓦米等人（1999）的实证研究也证明，受管制企业对银行等中介的债务融资比例较低，银行贷款与行业管制是负相关关系。这一结论与现实中所观察到的现象一致，即那些经过国家认证的行业的企业多数使用债券市场融资。

▶▶▶ 2.2.3 企业特征

关于银行贷款和公司债券的选择：从微观角度看，企业对银行贷款和公司债券的选择是在解决信息不对称问题和利用市场信号来优化融资行为两者之间进行比较。企业自身下列特征影响到债务工具的选择。

1. 企业规模

由银行提供贷款可以降低中小规模企业融资的代理成本。霍姆斯顿和泰勒尔（Holmstom and Tirole，1990）、费里克斯和罗歇（Freixas and Rochet，1997）的研究表明：自有资本充足的企业可以在金融市场上以较低的融资成本筹集到所需资金；而自有资本较少的企业由于在市场上无法克服道德风险，因而不能单独直接向投资者融资，这类企业只能够在接受金融中介直接监督的基础上进行间接融资；而自有资本特别稀少的企业很难在市场上或直接融资机构处筹集资金，不得不退出市场。保志正嗣（Hoshi，1993）发现，日本的低净值企业比高净值企业更喜欢使用私人债务。彼得森和瑞恩（Pe-tersen and Raian，1994）发现，对不能进入债券市场进行融资的美国小企业来说，与银行保持关系并利用银行贷款有价值。保志正嗣等（1993）采用金融投资、固定资产与总资产的比率来表示抵押价值，发现抵押价值越高的企业越趋向于发行债券。坎蒂略和莱特（Cantillo and Wright，2000）研究统计发现，企业的规模和现金流是企业选择银行贷款或公司债券的最重要的因素。企业净值越大，可抵押资产越多，有利于克服市场融资的逆向选择成本，企业更倾向于从市场上筹集资金；反之则会选择银行贷款。霍克斯（Hooks，2003）对美国企业的银行债务占总债务比率进行了研究，结果表明，不同因素的影响效果会随规模大小而变化。中小规模的企业，当其可自由支配的支出较低时，通常都有一个较高的银行债务比率。同样，当一个大型企业难以被外部投资者了解时，也会有一个较高的银行债务比率。

2. 企业盈利能力

企业盈利能力强、发展前景看好，企业就有投资优质项目的激励，不需要银行监督来保证优质项目的选择与实施。故项目前景好、盈利能力强的企业往往会考虑选择市场债务融资；当盈利能力一般（不足以弥补企业经理的私人利益和银行的监督成本），经理便不再有优选好项目的激励，除非通过银行的监督来促使其选择好项目，这样企业便不得不从银行贷款融资。企业发债水平越高、杠杆率越大，由于发行新债券风险较大，在市场上筹集较困难，故一般倾向于从银行贷款融资；反过来，负债水平低的企业则更能从市场上筹集到资金（Hoshi、Kashyap and Scharf stein，1993）。

3. 企业的成长机会

Honston and James（1996）、Johnson（1997）、Krishnaswami 等（1999）、CahtiUo and Wright（2000）、Denis and Mihov（2003）、Hosono（2003）等实证检验了债务工具选择的决定因素，大部分研究强调了成长机会的重要性，但同时也强调了不对称信息成本、发行成本、关系银行的数目等在债权融资选择中的作用。研究证据表明，发行规模大、项目盈利高以及大企业往往使用公共债务。成长机会对债务工具选择的影响效果有不同的观点。Johnson（1997）发现，成长性与公募债券的使用没有关系，却与私募债券的使用正相关，与银行债务的使用负相关。克里希纳斯瓦米（1999）、坎蒂略和莱特（2000）等也发现，成长机会与私人债务的使用正相关。但霍斯顿和詹姆斯（Honston and James，1996）发现，在只有一家关系银行的样本中它们之间的关系是负相关。细野（Hosono，2003）以日本1990～1996年制造业的数据检验了成长机会、抵押资产与债权结构的关系，发现高成长、低抵押的企业更趋向于银行借款而非发行债券。丹尼斯和米霍夫（Denis and Mihov，2003）的实证研究并没有发现成长机会（托宾Q）与债权融资选择之间存在负相关关系。采用历史性数据后也是同样的结果。成长机会与债权融资选择之间往往是弱相关关系，对此的一个可能解释是，这个不显著关系归于企业通过股权与债务期限结构的选择而不是债务来源的选择来解决投资不足问题。

4. 企业声誉

丹尼斯和米霍夫（2002）对1480家美国企业在1995～1998年的1560次债务工具选择进行了实证研究，其中530次采用公开债券融资，740次运用银行贷款，剩下290次采用非银行私人债务融资。他们的回归分析结果表明，企业债务工具的选择与企业的信用声誉高度相关，信用等级高的企业倾向于公开发债，信用等级中等水平的从银行融资，而那些信用级别较低的公司则倾向于非银行私人借贷。这些实证结论基本上与上述的理论分析相吻合。

5. 股权结构

屠和陈（Twu and Chen，2002）通过检验股权结构对企业债务来源的影响发现，由于台湾的企业被普遍操纵于少数大股东之手，为了维护自身的利益和减少债权人的监管，股权集中度较高的企业会选择企业间借款和公开市场的融资，并使用较少的银行贷款。当机构投资者股份增加时，企业使用的企业间借款和公开市场融资减少，因此股权结构显著影响企业的债务工具的选择。

▶▶ 2.2.4　债务契约属性

银行贷款和企业债券是具有不同属性的债务契约，拥有不同的债务治理作用，这影响了企业对这两种债务工具的选择。

1. 债务期限

格林鲍姆和塔科尔（Greenbaum and Thakor，1995）指出银行贷款通常是短期的，它通常采取一系列连续不断的贷款并且以此深入地了解借款企业的质量。即使银行在续约的过程中花费了成本，从长远看银行贷款比企业债券市场更有优势，因为它知道企业的真实信用状况。这意味着银行会从早期的成本中获益。詹姆斯（1987）指出银行贷款比公募发行的企业债券的期限要短得多。银行贷款的平均期限是 5.6 年，而企业债券的平均年限是 18 年。约阿希姆·舒马赫（Joachim Schuhmacher，1998）解释了企业对不同期限债务融资选择，而融资期限的选择主要取决于融资项目在每个时期的可能实现的现金流。这显示企业会选择与现金流的实现时间一致的融资方式。它表明企业对债务融资期限的选择很大程度决定了其融资方式。如果一个企业需要短期融资，就通常会选择银行贷款。反之，如果企业需要长期融资，则会公开发行企业债券。

2. 发行成本

埃索等人（Esho et al，2002）从代理成本和发行成本角度对债务期限结构与债权融资类型之间的关系进行了研究。他们发现，私人债务和短期债务在解决代理冲突时有类似作用，而公共债务和长期债务在降低周定成本方面有相似功能。他们采用澳大利亚企业的国际债券与辛迪加贷款数据进行分析发现，债务期限对于债权融资的选择有强烈影响，而仅有微弱的证据表明债权融资选择影响债务期限结构。

3. 再谈判与契约治理

吉尔森、约翰和朗（Gilson，John and Lang，1990）的研究证明，高比例银行贷款的企业其契约调整可能性更大。尤其是在企业陷入财务危机时，银行能提供流动性帮助而有利于企业价值的上升。因此，银行贷款的可再谈判特性使得银行贷款成为企业债务工具优先考虑的又一个理由。

后续代表性的研究艾伦·N·伯杰等人（Allen N. Berger et al.，2005）实证检验了弗兰诺雷（Flannery，1986）、戴蒙德（Diamond，1991）关于风险和信息不对称对企业债务融资期限选择影响的模型，并且考察了信息不对称决定债务融资期限的总体效果。艾伦·N·伯杰等人采用了美国53家大银行6000笔商业贷款的数据做实证研究，其结果显示：低风险的企业和上述戴蒙德的模型预测一致，而高风险的企业和戴蒙德的模型（预测银行对风险级别最高的企业发放短期贷款）及许多实证研究相冲突。艾伦·N·伯杰等人发现高风险的企业和中度风险的企业在债务期限上并没有显著的不同。他们认为：高风险企业融资期限或许反映在银行贷款和企业债券的不同融资方式上。银行相对于公开债券市场拥有以下比较优势：如信息的收集，贷款的再谈判和执行抵押等约束性契约条款。因此银行能利用此类工具来解决高风险企业的逆向选择和道德风险。

▶▶▶ 2.2.5　外部制度环境

上述对企业债务工具选择的实证研究都基于外部制度确定不变的条件下做出。然而每个国家的金融体系、法律制度和金融监管不同，这都会影响到债务契约的执行和债务工具的选择。

1. 金融体系

各国的金融体系主要分为以市场主导型金融体系（英美为代

表）和银行主导型的金融体系（日德为代表）。凯斯特（Kester，1988）分析了美国和日本使用负债融资的国别差异。除税收外，较美国而言，日本主要融资制度安排的大部分支持更多银行贷款融资。具体而言，日本公司股权结构和银企关系减少了财务困境成本，股权结构和关系借贷减少了负债代理成本；日本负债的典型条款和契约较美国能更有效地减少代理成本（美国公司债券通常是没有担保的，与此形成鲜明对比的是，日本银行贷款和债券通常要求担保，且日本公司的大部分负债是短期的）；资本结构的信息效应也支持日本公司相对高的杠杆（日本公司内部人和资本市场间的信息程度高于美国，而企业和贷款人间的信息不对称程度却低于美国）。

2. 债权人保护的法律制度

拉·波尔塔等人（La Porta et al.，1997，1998，1999，2000）发起了一系列的研究，考察了不同国家法律制度和公司金融之间的关系。特别强调投资者保护等法律环境因素对公司的融资决策产生的影响，他们对 49 个国家的股东和债权人保护的法律执行质量、法规的起源进行了实证研究。投资者保护等法律基础设施的计量指标包括：契约的可执行性、债权人的权力、司法系统的有效性和会计标准。结果发现：普通法系的国家对投资人保护最好因而其资本市场最发达，法国法系的国家对投资者保护最差，故其资本市场发展滞后，而德国法系和斯堪的纳维亚法系国家的投资者保护和资本市场的发展状况居中。因此他们认为对投资者法律保护的不同决定了各国股票和债券市场的发达程度并最终影响了企业的融资方式选择。拉·波尔塔等人（1998）研究了两类机制，其中一种采用了明线规则，如一些对股东保护比较弱的国家可能采取强制性股利。更重要的是，这类国家的所有权更为集中，因为这样的结构为高强度的监督提供了激励并且可以防止管理层的卸责。他们发现，在具有法国法系的国家里，所有权的集中程度比其他国家高出很多。因此，他们推论一些对投资者保护比较弱的体系，会出现替代性的机制。

阿西莫格鲁等人（Acemoglu et al.，2001）重新研究了 La Porta et al. 提出的法律制度与投资者保护之间的相关性，他们研究欧洲的殖民过程后认为，殖民方式对金融契约制度的影响大于法律体系的影响。一类是欧洲人不愿去的地方，采取了"榨取性制度"，对私有产权几乎没有保护，投资者权益得不到保障，这使当地资本市场难以发展。另一类是欧洲人大量殖民的地区，对私有产权和投资者权益保护严格，法律制度也完善，因此这些地区的股票债券市场发达。

达维登科和弗兰克斯（Davydenko and Franks，2004）运用法国、德国和英国在银行债务中违约的一些小企业的样本来考察各国的债权保护状况。其中法国对于债权人权利保护最弱，法庭依法实施的程序是为了追求企业继续经营以及保持就业。如果清算，即使是有担保的借款人，其优先求偿权也排在国家和员工之后。而在英国，有担保的债权人可以强制实行债务契约所确定的私人契约程序，从而在追回索取权时取得绝对的优先权。达维登科和弗兰克斯（2004）发现：债权人索取权的平均回收率，在英国、德国和法国分别为92%、67%和56%。故法国的企业愿意提供更多的抵押和担保品来弥补可保证收入的不足。

艾伦等人（2005）检查了中国法律体系的测量值并与拉·波尔塔等人（1998）研究中的49个国家的平均测量值进行比较。得出结论：就法律制度对债权人和股东的保护这方面来看，无论和拉·波尔塔等人（1998）样本中的发达国家还是发展中国家相比，中国的法律制度和执行力度都处于劣势。他们首先检查中国法律体制的措施并把它们和在拉·波尔塔等人（1998）论文中研究过的49个国家的常用措施进行对比。从债权人权利的总体情况来看，中国处于英国法系中有高度保护措施的国家和法国体系中保护措施极差的国家之间（即就总体债权人权利而言，中国介于英国法系国家和法国法系国家之间，英国法系国家对债权人权利保护最为充分，而法国法系国家最为不充分）。这也解释了我国企业债券市场长期发展滞后的原因。

德米尔古克肯特、马克斯毛维克（Demirguc-Kunt，Maksimov-ic，1999）通过30个国家在1980～1991年的样本数据，研究了一个国家金融和法律制度的不同如何影响该国企业对债务尤其是债务期限的选择。他们的结论主要有：（1）法律体系的效率对企业的债务期限决策有较大影响。在效率较低的法律体系中，企业倾向于使用短期债务。（2）金融体系的结构也是一个影响企业融资的重要决定因素。股票市场活跃的国家拥有较多的长期债务，并且期限较长；银行部门主导的国家，小公司拥有较少的短期债务，而且债务期限较长。（3）政府对产业的补贴与所有企业长期债务的使用正相关，政府补贴将给投资者以低风险的信息，而通货膨胀则与长期债务的使用负相关；钱和斯特拉恩（Qian and Strahan，2007）研究了43个国家的法律制度环境对债务期限的影响，研究发现在债权人法律保护更好的国家，债务契约的期限越长；范等人（Fan et al.，2008）基于不同国家制度环境差别对企业债务期限结构进行了详实的实证研究；他们的研究表明制度差异对融资结构选择有重要的影响，薄弱的法律体系会导致更多的债务融资和更短的债务期限；裴和高耶尔（Bae and Goyal，2008）研究了48个国家债权人法律保护和法律契约执行力的差异对债务契约的影响，结果显示更好的债权人保护和契约执行力可以导致更长的债务期限。

3. 会计信息质量

Sreedhar T. Bharath，Jayanthi Sunder and Shyam V. Sunder（2006）研究了会计信息质量在不同债务签约中的作用，尤其是实证检验了会计信息质量如何影响借款人发债和贷款的选择，并且考察了这两种债务契约的设计如何随着各自市场的会计信息质量而变化。他们发现会计信息质量确实影响企业债务市场的选择，差的会计信息质量企业偏好银行贷款，这和银行具有优越的信息渠道并且有能力减少借款人的逆向选择是一致的。会计信息质量对各债务契约有显著不同的影响，这与信贷市场和债券市场重订契约的适应性不同相一致。对有更大重新签约弹性的银行贷款而言，价格（利率）和非价格（期限和抵押）条款对差会计信息质量的企业更严厉。而对企业债券来说，只有价格条款更严格，并且会计信息质量对债券利差的影响是对贷款利差的 2.5 倍，因为债券只有价格条款反映了会计信息质量变化的影响。

▶▶ 2.2.6　金融管制

上述文献分别论述了法律、产权、会计质量和宏观经济周期与公司金融的关系，强调了这些外部环境会影响企业融资选择，然而对于有些转轨经济国家来说，法律并不完善、持法薄弱，产权保护不力，会计质量也很差，因此金融管制对融资结构和融资工具选择的作用凸显。

国外有关金融管制的理论经历了三个发展阶段：第一阶段是 20 世纪 30 年代到 60 年代末，主要基于市场失灵和公共利益的分析。第二阶段是 20 世纪 60 年代至 80 年代，主要基于政治经济学的分析。Stigler（1964）等通过实证检验发现，监管只能带来高额的成本而无收益可言。在此之上形成了"俘获理论"和"利益集团理论"。第三阶段是 20 世纪 80 年代以来基于法与金融的分析。我们集中金融管制对金融结构的影响来分析。

1. 金融管制对宏观金融结构的影响

拉·波尔塔等人（1998）发现法国法系的国家所有权的集中程度比其他国家高出很多。由此推论一些对投资者保护比较弱的体系，会出现替代性的机制。成熟的证券市场主要靠法律来治理，新兴国家的证券市场由于法律环境的缺乏，政府管制是一个次优的选择和良好的替代（Glaeser and Shleifer，2003）。徐程刚和凯瑟琳娜·皮斯特（Xu Chenggang and Katharina Pistor，2004）首先提出了不完备法律下的执法，通过理论模型和大量的模拟以探讨不完备法律对法庭或监管者执法的影响，他们得出：如果法律设计不当，则不完备法律将会导致阻吓失灵甚至执法失败。他们用比较的证据显示：美国、英国和德国金融市场的监管者都是为了解决高度不完备法律下司法机构执法效率低而出现的。徐程刚和凯瑟琳娜·皮斯特（2005）进一步以中国的股票市场为例，分析了转轨经济中证券市场的治理。他们提出行政治理能够替代正式的法律治理。而行政治理的核心是配额制。在首次公开发行阶段，配额制提供了激励，以刺激地区竞争，收集分散的信息。然而，他们没有分析中国的企业债券市场和信贷市场，而这两个市场作用不亚于股票市场，并且其治理方式也不完全相同。

拉·波尔塔等人（La Porta et al.，2006）、贾科夫等人（Djankov et al.，2008）研究了不同国家的证券法对股票市场发展的影响。发现强制信息披露和通过责任规则促进私人执法的法律对股票市场发展有益。世界银行（2006b）认为证券法的公开执行不太重要，而把私人执行作为核心，以此寻求推动全球金融市场发展。而豪厄尔·E·杰克逊和马克·J·罗（Howell E. Jackson and Mark J. Roe，2009）研究表明公开执法在解释世界各地金融市场成果的时候和披露一样重要，甚至比私人责任条约更重要。因此，提醒世界银行不要低估强有力的公开执法与资本市场发展的关联程度。汉斯·B等人（Hans B. et al.，2011）通过分析欧盟有关加强监管"滥用市场和透明度"两个重要指令，利用同一监管变化的不同执行时机来确定其资本市场效应。研究发现，市场流动性随着欧盟国家加强"滥用市场和透明度"监管而增加，这些效应在严格执行指令的国家更显著。

在银行主导的金融体系中，对企业债券的管制尤其严格。然而随着金融体系的市场化，管制政策的逐渐放松，企业对银行贷款和发债又将如何选择？白砂洋子和彭徐（Yoko Shirasu and Peng Xu，2007）对日本进行了研究，日本从20世纪80年代中后期开始放松金融管制，到1993年彻底取消了债券发行的法规约束。他们发现管制放松后优质的日本企业离开主银行转而发行债券，而低质量企业更多求助于银行贷款。虽然日本银行倾向于贷款给高质量的公司，但由于优质大企业更多选择公开发债，这迫使银行更多贷款给中小企业。彭徐（2008）进一步指出企业债券的发展主要依靠放松管制。管制造成东亚企业对短期银行债务过度依赖，这加剧了银行的资产负债的期限错配。为避免金融危机，取消债券发行管制，发展企业债券市场是有效办法。当国内市场基础设施比较薄弱或者监管过严，企业进入欧美等离岸债券市场也许是降低金融危机的一个途径。

2. 金融管制对微观企业融资的影响

金融管制对微观企业的融资结构和选择行为有何影响？卢兹·黑尔和克里斯蒂安·洛茨（Luzi Hail and Christian Leuz，2003）探讨了不同国家法制和证券监管效率和股权资本成本的相关性。他们研究了 40 个国家公司股权资本成本的差异发现，即使控制各种风险和国家因素后，证券监管和信息披露较多以及法制执行机制较强国家的资本成本要比法制较弱的国家低。杜胡克、李和吴（Daouk，Lee and Ng，2005）从四个和证券市场监管有关的因素（会计披露透明度、内部交易、卖空限制和公共机构腐败）出发，研究发现，在这四个监管方面做得好的国家的上市公司融资成本比做得不好的国家的上市公司低。

钱和斯特拉恩（2007）研究了 43 个国家的法律制度环境对债务期限的影响，研究发现在债权人法律保护更好的国家，债务契约的期限越长；裴和高耶尔（2008）研究了 48 个国家债权人法律保护和法律契约执行力的差异对债务契约的影响，结果显示更好的债权人保护和契约执行力可以导致更长的债务期限；约瑟夫·P·H·范、谢里丹·蒂特曼和加里·特怀（Joseph P. H. Fan，Sheridan Titman and Garry Twite，2010）通过 39 个发达和发展中国家的公司横截面数据来探讨制度环境对资本结构和债务期限选择的影响，研究发现，一个国家的法律和税收制度，腐败可以很好地解释杠杆和债务到期比率的变化。

3. 金融管制指标的量化研究

投资者保护是金融管制的一个重要维度。这方面拉·波尔塔等人（1998，2006）所构建的投资者保护指标最具代表性，包括法律渊源、股东保护立法、债权人保护立法和法律实施四个方面。后来就法律实施中的强制披露、责任规范和公共执行等问题广泛调查了 49 个国家律师的意见。贾科夫等人（2008）对拉·波尔塔等人所定义的"抗董事权"进行重新修订，还通过向律师发放问卷的方式考察 72 个国家对同一起控股股东关联交易的规范程度，另行创设了一个更为直接的投资者保护指标——抗自我交易指数，用于衡量少数股东抵制控股股东自利性关联交易的法律保障程度。

衡量金融管制比较全面的是 Sundararajan，V.，Das，U.S.，and Yossifov，P.（2003）构建的独立性、责任性、透明度、监管操守四维金融监管治理评估框架；James R. Barth，Gerard Caprio，Jr. and Ross Levine（2006）建立了一个包括 150 多个国家在内的银行监管数据库，并首次就银行监管对银行运营的影响进行了全面的跨国评估，同时评估了《巴塞尔资本协议》对银行监管方式影响的有效性。世界银行经济学家丹尼尔·考夫曼、阿尔特·卡拉伊以及马西莫·马斯特鲁济（Daniel Kaufmann，Aart Kraay and Massimo Mastruzzi，2011）从 1996～2011 年连续每年编制全球 200 多个国家和地区的治理指数，指标包括话语权和问责制、政治稳定、治理效能、监管质量、法治水平以及腐败控制程度六个维度。总量指标的构建结合不同国家大量企业，公民和专家受访者的意见。个体指标的数据来源于各种不同的调查机构，包括各种非政府组织和国际机构。

▶ 2.3 国内债务工具选择和债务结构的理论和实证文献的评述

▶▶ 2.3.1 国内债务工具选择和债务结构的理论研究述评

1. 债务工具的选择

国内有关企业对贷款和公开发债选择的理论研究很少，多局限于对国外理论的介绍和述评。郭斌（2005）通过对企业债务融资的两种主要方式银行贷款和企业债券的比较，分析和梳理了国外关于影响企业债务工具选择的文献，总结得出，企业债券融资是一种对市场进入"门槛"要求更高的债务工具，一般更适宜于那些规模大、净值高、盈利能力强、负债水平低、自有资本大及市场声誉好的成熟的企业群体。胡援成等（2010）就国外关于债务结构选择的文献进行梳理，便于进一步理解债务结构的理论研究。

何佳等（2004）对债务工具选择进行了初步的理论探讨，用一个博弈模型分析了不同债务融资方法中，道德风险和过度投资问题形成的成本。从模型分析看，有三种债务工具：普通公司债、银行贷款和可转换公司债、可转换公司债在解决道德风险和过度投资问题中效果最差。他们建议大力发展普通公司债，对发展可转债采取慎重态度。接着夏晖、何佳（2005）扩展了斯坦因（1992）的模型，从控股股东角度出发考察在有控制权利益的情形下，企业对不同融资工具的选择，包括发行普通债券、可转换债券以及股票三种融资形式。控制权利益的存在使得"好"企业有内在动力发行可转换债券，Stein 模型中无成本的分离均衡将不是唯一的。企业发行可转换债券是市场上各类企业的控股股东和外部投资者相互博弈的结果，而控股股东追求控制权利益的行为会给市场带来更多的不确定因素，增加了企业融资的代理成本，加剧了市场波动和投机行为，对此有必要加以控制。

对企业债券的理论研究大致可分为两个阶段，前期主要是从宏观和市场的角度对改革进程中我国债券市场的发展进行分析。近期有学者借鉴西方的资本结构理论，开始关注中国企业融资行为和债券市场的关系。王一萱（2004）具有代表性，她借用"资本结构理论"论述了银行体系失效和公司债券的发展。朱武祥和成九雁（2007）分析了 20 世纪 90 年代初期我国国有企业债券违约行为的政策后果，用数理模型解释了目前企业债的发行管制是为了防止企业债违约而导致的政府埋单。这篇文献表明了在法律等正式治理制度缺失下，金融监管是可供选择的经济治理方式。

2. 债务期限结构

近几年国内学者对企业债务结构的研究主要集中在企业债务期限方面的研究，涉及长短期债务的治理机制和外部治理环境。潘敏（2002）通过在戴蒙德（1991）的模型中引入企业家的自有资本和投资项目清算价值的不确定性等因素，从理论上探讨了企业长期债务、短期债务融资与企业自有资本之间的联系。陈耿和周军（2004）从债务代理成本的角度对债务期限结构进行了理论上的分析。他们认为，债务融资的主要代理成本资产替代与债务期限存在密切的关系。在债务期限较短的情况下，企业面临较强的流动性压力，对企业的投资选择产生较大的约束。雷森、李传昭和李奔波（2004）从信号传递博弈的角度，研究了不完全信息如何影响企业选择其债务期限结构进行了分析。针对信贷配给所带来的交易费用，重点研究了在什么情形下会出现分离均衡，即好的企业进行短期债务融资，差的企业进行长期债务融资。

▶▶ 2.3.2 国内债务工具选择和债务结构的实证研究述评

1. 企业发债的宏观因素实证研究

国内对债务结构的宏观因素实证分析很少见。有限的研究主要集中在对企业债券的发行规模上。代表性的研究是汪红丽（2003）对企业发债规模的实证研究，采取 1986～2001 年的宏观变量数据实证得出如下研究结论：银行等金融机构贷款与企业债券发行规模存在显著的互补性，大规模发行国债显著地排挤了企业债券的发行，居民的银行存款增速与企业债券发行规模显著负相关，而股票融资额和固定资产投资增长率都不能通过 T 检验，二者不是影响企业债券发行规模的关键因素；此外，陈嘉明（2003）对融资方式与经济增长的关系进行了实证研究，选取的经济增长指标用国民生产总值的对数作为被解释变量，由于融资行为发生到对 GNP 产生实际效果间存在一定的时滞，被解释变量为银行贷款额选取一、二期滞后变量，债券和股票的发行总额选取二、三期滞后变量。实证研究结论表明，银行贷款、发行债券和股票对经济增长都具有推动作用，三种方式从大到小的推动作用排序为：企业债券＞股票＞银行贷款。陈嘉明的研究证明了发行企业债券对经济增长有推动作用，但并没有分析企业债券的发行还受到其他因素的制约状况。

蒋屏（2005）正好相反，说明了企业债券发行受到哪些宏观经济因素的影响，采用了各宏观经济指标占 GDP 的百分比的统一量纲来进行分析，样本区间为 1991～2001 年。运用了主成分分析方法，比较了企业债券的发行和股票、贷款和国债发行的相互关系，发行企业债券受经济增长率、国民储蓄率以及通货膨胀率的影响，得出如下研究结论：（1）股票发行量、金融机构的贷款、国债发行以及经济增长率从多元回归的角度看对企业发行债券规模影响的显著性水平不高。而企业债券的发行规模与国民储蓄率存在显著性较高的负相关，因此，增加发行规模，可以分流部分居民储蓄，从而增加我国投资者的投资品种，加速储蓄向投资的转化，达到扩大内需的效果。（2）从相关性来看，企业债券的发行规模与股票发行规模、金融机构的贷款规模、国债发行都存在负相关，这说明企业债券发行与股票和金融机构贷款融资方式具有排斥的影响，而经济的增长对企业发行债券的规模是有利的。由于我国利率还没有完全市场化，特别是企业债券利率受到法律、法规的限制，因此，通货膨胀率对企业债券的发行几乎没有影响。

从上述文献可以看出，目前国外相关融资结构影响因素的实证研究水平比国内起步得更早，研究得更深入，考虑了宏观经济给企业融资结构带来的诸多影响。而在我国，融资结构宏观影响因素的实证研究才刚刚起步，尚存在许多问题。

2. 债务结构的微观实证研究

债务期限的实证研究主要采用资产负债表的长期债务比率来表示债务期限，没有运用增量法来研究。韩德宗、向凯（2003）以1999～2001年医药和生物制品业上市公司作为样本，对我国上市公司的债务结构进行实证研究。他们的研究结果为：企业的风险越大，银行就越趋向于短期借款，故短期融资的比率就越高；公司规模指标与长期融资比率成正比，表明公司规模对债务期限结构有一定的影响；孙铮、刘凤委和李增泉（2005）实证分析了地区市场化程度对当地企业债务期限结构的影响。结果表明，企业所在地的市场化程度越高，长期债务的比重越低。他们认为，当司法体系不能保证长期债务契约得以有效执行时"政府关系"是一种重要的替代机制。肖作平、廖理（2007）在控制相关变量下，从代理成本视角经验检查了在中国债权人法律保护较弱的背景中，大股东是否影响公司债务期限结构的选择。接着肖作平、廖理（2008）结合中国制度背景，理论推演了公司治理与债务期限水平之间的关系，实证检验法律制度对债务期限水平的影响，表明公司治理与短期债务的使用之间存在替代效应。杨胜刚、何靖（2007）通过对分别以"债务期限"和"债务杠杆"为因变量的联立方程模型进行 2SLS 检验，运用中国上市公司的具体数据来研究股权集中度和股权制衡度对债务期限结构的影响。谭小平（2008）基于上市公司的自身特征，经验检查了影响上市公司债务期限结构的内在因素。

蒋屏（2005）则从企业角度和总经理持股的微观层面分析了企业的融资行为，以此说明了中国企业债券融资的空间。吴育辉等（2009）从财务状况和公司治理两个视角，实证检验了我国上市公司发行短期融资券的主要影响因素。

3. 金融管制对融资结构和行为的影响研究

谢平、陆磊（2003）分析了金融监管腐败的一般特征——胁迫与共谋，并进一步比较银行监管腐败与证券监管腐败的部门差异。江春、许立成（2005）运用 80 个国家的数据系统检验了各种金融监管理论的有效性。指出中国金融发展需要提高金融监管机构的独立性、改善投资者权利的法律保护；殷剑峰（2006）讨论了在我国的金融结构从银行导向为主向市场导向和银行导向并行转变过程中的货币政策实施问题。指出尽可能地保持宏观的货币环境的稳定，而不对各种金融变量进行频繁干预，借以减少货币因素对金融结构调整过程的不利冲击。张新、朱武祥（2008）分析了证券发行管制与证券市场发展的关系，提出从行政管制向市场化监管的过渡的建议。张雪、吴文锋（2009）通过对比短期融资券与公司债券市场的发展，提出公司债券市场的监管边界。马勇、杨栋、陈雨露（2009）以全球范围内具有代表性的 66 个国家或地区的跨国数据为基础，系统考察了信贷扩张和金融监管在金融危机中的作用与实现方式。

唐国正、刘力（2005）针对我国特殊的利率管制政策和税制，从理论上分析了公司债务融资相对于股权融资的资本成本优势，说明利率管制导致的利率扭曲对我国上市公司的资本结构选择具有重要影响。张宗新、朱伟骅（2007）以中国违法违规上市公司为样本，检验证券监管的处罚效率。朱武祥和成九雁（2007）分析了20世纪90年代初期中国国有企业债券违约行为的政策后果，用数理模型解释了目前企业债的发行管制是为了防止企业债违约而导致的政府埋单。曾海舰、苏冬蔚（2010）考察1998年信贷扩张与2004年信贷紧缩对中国上市公司资本结构的影响。研究表明，资本市场供给面因素对公司资本结构具有重要影响，而且中国货币政策松紧对不同类型的公司个体具有不同的信贷渠道传导效应。

祝继高和陆正飞（2009，2011），王正位、赵冬青和朱武祥（2006），张新、朱武祥（2008），朱武祥等（2008，2011），王良成等（2010，2011），田利辉（2010）分析了证券发行管制政策对公司各种股权融资行为的影响，对股票的发行审核制度最终对股票市场发展所起的作用褒贬不一。

张育军（2003）阐述了证券监管效率的含义，从违法违规行为、市场规范性、执法力度等具体指标对证券监管效率进行了解析。谢平、陆磊（2005）以6000份问卷调研为基础来分析金融腐败对中国金融资源配置、资本形成和经济产出的影响，编制了包括银行业腐败指数和证券业腐败指数在内的中国金融腐败指数。冯兴元、夏业良等（2008）构造了中国各地区企业资本自由度指数。沈艺峰等（2009）从抗董事权、信息披露和投资者保护实施等三个方面对中国投资者保护执行情况的现状和问题进行分析，构建了投资者保护执行指数。叶永刚、张培（2009）建立了我国的金融监管指标体系，为系统性定量分析框架的建立奠定基础；赵峰、高明华（2010）通过借鉴国际经验并融入独立设计的指标，针对我国银行业构建了金融监管治理评估指标体系。

总而言之，我国对债务工具的选择研究尚不够细致深入：在理论上，还没有将国外较为成熟的债务结构理论向前推进；在实证检验方面，国内学者近几年主要集中在运用资产负债表法对债务期限的影响方面。对银行贷款和企业债券虽有一些各自的研究，但对这两种企业债务选择的理论研究和实证检验很少有人涉及,而从政府规制的宏观视野来研究企业对债券和贷款的微观选择行为尚属一片空白。而国外一些债务选择的实证研究多局限在一些市场已成熟的发达国家,因其金融监管和法律制度完善,故理论和实证结果比较吻合。对新兴市场经济国家的研究处于开创阶段,基本以案例和比较研究为主,缺乏严谨的实证检验。因此,本书将分别运用了多种计量方法来实证研究我国企业发债和贷款选择的决定因素,力图从宏观和微观两个视角系统地研究我国上市公司的债务结构问题。

▶ 2.4 本 章 小 结

我们通过对比银行贷款和企业债券选择的上述理论和实证研究文献,对其契约特点、执行程序、治理机制和外部治理环境等进行分析,总结见表 2 – 1。

企业债券以中长期市场契约为主,债券市场是治理风险性交易的一个有效机制,投资者可以利用公开信息通来买卖。由于交易条款在资金最初预付时已经作了相对完备的规定,因此此类交易通常只需要一个最低程度的事后监管,故可采取类似的完全契约安排。同时企业债券契约是一种标准化的距离型契约,其良好市场治理机制关键在于存在低成本的公正的法庭,独立的信用评级机构和完善的市场规则。

而银行贷款优势在于短期贷款,其交易属性是非标准的。银行通过增强以相机抉择和不完全契约为基础的治理能力,为此类交易的头寸提供保证。银行家通过更深入的甄别,不断地获取私人信息,持续实施监督对项目的成功至关重要。然而银行在纳入一定的层级治理机制的时候,逐渐会与贷款人发展成一种关系型契约,这会导致逆向选择和道德风险,即银行贷款的软预算问题。因为借款人一旦违约,第一笔贷款就会成为沉没成本。可预期贷款人会通过

表 2－1　银行贷款和企业债券对比的国内外文献总结

	项目	银行贷款契约	企业债券契约	理论文献	实证文献
契约特点	契约期限	短期契约	长期契约	Barnea, Haugen and Senbet (1980), Raghuram G. Rajan, 潘敏 (2002), 吴育辉 等 (2009)	Greenbaum and Thakor (1995), James (1987), Joachim Schuhmacher (1998), Esho 等 (2002), 杨胜刚, 何靖 (2007), 谭小平 (2008)
	契约属性	不完全契约（有不确定性）	准完全契约（具有风险）	Huberman and Kahn(1998), Hart and Moore (1998)	
	担保机制	以抵押和担保贷款为主	以无担保债券为主（借重信用评级）	Rajan and Winton(1995)	胡奕明等 (2004)
	提前求偿	可提前求偿，有改变约定的弹性	偿付条件不能随意改变，有可赎回条款和可回售条款	Barnea, Haugen and Senbet (1980)	Gilson, John and Lang(1990)
	融资规模	融资额通常较大	融资额较小，受限于银行的信用额度	Careyetal (1993), Berger and Vdell (1998), Krishnaswami, Spindt and Subramaniam(1999)	汪红丽 (2003)
	发行成本	小企业贷款成本低	大企业发债较低，有规模效应	Careyetal(1993)	Berger and Vdell (1998), Esho et al. (2002)
	上市交易	可上市交易，能转手，有较好流动性	不公开，不上市，几乎无流动性	何佳等 (2004), 夏晖, 何佳(2005)	Allen and Gale(2000)

续表

	项目	银行贷款契约	企业债券契约	理论文献	实证文献
契约治理机制	执行程序	法庭消极作为下的私人秩序	法庭积极作为下的自我实施		
	治理机制	相机抉择的中介治理（关系型）	规则治理（市场型）	Williamson(1988)	Pe－tersen and Raian（1994），肖作平，廖理(2007)
	约束程度	预算软约束	预算硬约束	Neave(1998)，Hart(1995)	
	破产程序	有效率地再谈判、重组和清算	分散的债权人可能导致无效率的清算	Berlin and Loyes（1988），Chemmanur and Fulghieri(1994)	Gilon，John and Lang(1990)
	债权人类型	投资者分散，包括个人和机构投资者	少数银行及相关金融机构	Hart and Moore（1998），Allen and Gale（2000），Huberman and Kahn(1998)；Boot and Thankor（1977），Ramakrishnan and Thakor(1984)	
企业特点	信息不对称	企业信息不对称程度高	企业信息不对称程度低	Ramakrishnan and Thakor（1984），Boyd and Prescott（1986），Hadlork and James（1997），Bhattacharya and Chiea（1995），Yosha（1995），Hadlork and James（1997），Krishnasnami，Spindt and Subramanium 1999，雷森，李传昭和李奔波(2004)	Allen N. Berger et al.（2005），Flannery（1986）and Diamond（1991），Allen N. Berger

续表

项目		银行贷款契约	企业债券契约	理论文献	实证文献
企业特点	企业类型	信誉低、未成熟的和规模小的企业	信誉高、成熟的和规模大的企业	Raghuram G. Rajan(1992),郭斌(2005),蒋屏(2005)	Holmstom and Tirole (1990)及Freixas and Rochet (1997), Hoshi 等(1993), Cantillo and Wright(2000), Hooks (2003), Hoshi,Kashyap and Scharf stein 1993, Honston and James (1996), Johnson(1997), Krishnaswami 等(1999), CahtiUo and Wright (2000), Denis and Mihov(2003), Hosono(2003), Danis and Mihov (2002), 韩德宗,向凯(2003)
宏观因素	发展阶段	发展中国家	发达国家		Booth 等人(2001), 陈嘉明(2003),蒋屏(2005)
	利息,通胀率	通胀期间,短期银行贷款有较高的利率风险	通胀期间,对债券需求上升		Corcoran (1977), Zwick (1977), DeAngelo and Masulis (1980), Fisher 等人,1989; Leland, 1994, 1998, Graham and Harvey(2001), G. Barr and John Y. Campbell (1997), Nejadmalayerz(2002), Jinwoo and Catherine(2002)

续表

	项目	银行贷款契约	企业债券契约	理论文献	实证文献
制度背景	金融体系	银行主导型、关系型融资	市场主导型、距离型融资	王一萱(2004)	Asll Demirguc – Kunt and Vojislav Maksimovic（2001）, Kester(1988)
	外部环境	市场化程度低,法律执法效率差	市场化程度高,法律执法效率高	Allen and Gale(2000),武祥和成九雁(2007)	Smith and Watts(1992), Demirguc – Kunt, Maksimovic(1999) Krishnaswami et al.(1999), La Porta et al.(1997,1998,1999, 2000),Acemoglu et al.(2001), Davydenko and Franks(2004), Qian and Strahan(2007),Fan et al.（2008）, Bae and Goyal（2008）,Xu Chenggang and Katharina Pistor(2004),孙铮、刘凤委和李增泉(2005)

契约的修订继续提供贷款。虽然借贷双方对原始契约的再谈判而获益，但降低了事前承诺的有效性。而债券市场在承诺拒绝进一步融资方面比银行有优势。因为"搭便车"的问题，企业会发现同分散的债券持有人进行再谈判非常困难，这导致企业债券的硬约束。对每个企业来说，债务融资方式的最终选定，必然要求达到最低成本的治理结构。

第 *3* 章

企业债券市场发展与
监管的国际经验

近年来我国债券市场快速发展，企业重信贷、轻债市的局面大为改观。但是，与欧美发达市场相比，我国债券市场还存在较大差距，主要表现在：市场规模偏小，债券品种有限，期限和结构不尽合理，发行监管体制不健全等，企业通过债券市场融资的需求难以得到有效满足，债券市场对实体经济的支持和促进作用没有充分发挥。本节通过债券市场的国际比较，归纳和总结我国企业债市场的优势和不足，并分析我国企业债市场未来的发展空间。

▶ 3.1 从国际比较看我国债券市场的
发展潜力

从国际经验来看，债券市场在资本市场中一直占据着重要的地位，无论市场规模还是融资金额均高于股票市场。国际清算银行的数据显示，2010 年全球债券市场的总规模达到 94.8 万亿美元，是全球股票市场总市值的 1.67 倍。2010 年，美国、欧元区、日本的债券市场规模分别为 32.4 万亿美元、24.8 万亿美元、14.2 万亿美元，上述国家和地区的债市规模均已超过自身 GDP 的两倍之多。和发达国家有所不同，发展中国家由于管制等原因，债市相对不够发达。但是，近几年一些国家重股轻债的格局也正在改变。以韩国为例，通过实施多元化战略，韩国债券市场近年来发展迅速，2010年债券托管量达到约1.25万亿美元，债市规模已超过股市总市值。

目前，我国资本市场正处在"新兴与转轨"的阶段。一方面，债券市场正处在快速发展的黄金时期，债券存量已经从2000年的两千多亿美元迅速增加到2010年年末的3.1万亿美元，总体规模跃居全球第5位，和发达国家的差距正在不断缩小。另一方面，从我国的经济总量和股市规模来衡量，我国债市规模仍然偏小，未来还有很大的发展空间。截至2010年年末，债市市值/股市市值、债市市值/GDP两项指标分别为77%和53%，不但远低于美、日、欧等发达国家，即使和韩国、巴西等国相比也存在不小的差距（见表3－1）。

表3－1　　　　　　　　　全球债券与股票市场规模

市场	债券		股票		债券/股票	债券/GDP（%）
	金额	全球比重（%）	金额	全球比重（%）		
美国	32394	34	17283	30	187	221
欧元区	24757	26	5707	10	434	203
日本	14154	15	4100	7	345	259
英国	4788	5	3613	6	133	213
中国	3107	3	4028	7	77	53
加拿大	2117	2	2170	4	98	135
巴西	1463	2	1546	3	95	70
韩国	1254	1	1092	2	115	125
澳大利亚	1649	2	1454	3	113	133
其他	9142	10	15829	28	58	—
合计	94825	100	56822	100	167	—

资料来源：WFE、BIS（单位：10亿美元；截至2010年年末）。

▶ 3.2 从美国债券市场经验看我国公司债券市场的发展方向

▶▶ 3.2.1 美国公司债券市场规模

债券市场是美国公司融资的主渠道。从发行人角度分析，这主要有以下两方面原因：一是在股东利益最大化的驱动下，公司更倾向于通过债券融资。通过股票增发进行再融资，会稀释现有股东的权益，而通过债券融资，不但可以改善资本结构，有效降低公司税收支出，而且由于债券对发行人有诸多的硬性约束，债券融资有利于提高公司治理水平和维护中小股东的权益；二是债券结构灵活，能够满足发行人不同的需求。债券和股票的一大区别是债券并非标准化产品，债券的发行方式、利率结构、期限等要素都可以根据发行人的融资需求量身定做，这为发行人在不同的宏观经济环境下进行融资提供了极大的便利。

美国公司债券市场的规模近年一直稳定增长，公司债是仅次于国债、抵押债的第三大债券品种。2011 年公司债市场规模为 7.79万亿美元，占美国债市和 GDP 的比例分别为 21% 和 52%。2007 年美国公司债券发行规模创纪录地达到了 11275 亿美元的规模，在整个美国债券市场中成为除了住房抵押债券这类资产证券化衍生金融工具之外的第二大子市场，在过去的 11 年里，美国公司债券发行规模在整个债券市场中的比重平均保持在 17% 左右（见表 3-2，表3-3）。从每年的募资金额来分析，公司债的募资额远大于股票市场，1990~2010 年，公司债募资额和股票募资额之比基本稳定在 3:1。2011 年公司债券募资规模超过 1 万亿美元，而股票市场包括 IPO 和增发的总募资额仅为 1984 亿美元，公司债和股票的募资额达到 5:1（见图 3-1，图 3-2）。

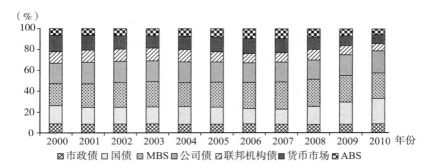

图3-1　美国债券市场结构（2000~2010年）

资料来源：SIFMA。

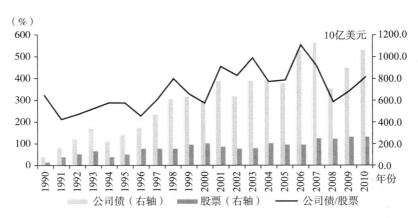

图3-2　美国公司债和股票历年融资规模（1990~2010年）

资料来源：SIFMA。

表3-2　　　　　　　1996~2011年美国债券市场年度

发行规模一览表　　　　　单位：十亿美元

类别\年份	市政债	国债	按揭贷款相关产品	公司债	联邦机构债	资产抵押债券	总发行额
1996	185.2	612.4	493.3	343.7	277.9	168.4	2080.9
1997	220.7	540.0	611.4	466.0	323.1	223.1	2384.3

续表

类别 年份	市政债	国债	按揭贷款 相关产品	公司债	联邦 机构债	资产 抵押债券	总发 行额
1998	286.8	438.4	1151.0	610.7	596.4	286.6	3369.8
1999	227.5	364.6	1020.0	629.2	548.0	287.1	3076.5
2000	200.8	312.4	687.7	587.5	446.6	281.5	2516.5
2001	287.7	380.7	1668.9	776.1	941.0	326.2	4380.6
2002	357.5	571.6	2316.9	636.7	1041.5	373.9	5298.1
2003	382.7	745.2	3184.6	775.8	1267.5	461.5	6817.3
2004	359.8	853.3	1911.1	780.7	881.8	651.5	4556.4
2005	408.2	746.2	2242.7	752.8	669.0	753.5	5572.4
2006	386.5	788.5	2149.5	1058.9	747.3	753.9	5884.6
2007	429.3	752.8	2237.5	1127.8	941.8	509.7	5998.1
2008	389.5	1037.3	1384.5	707.2	984.5	139.5	4642.5
2009	409.8	2185.5	2032.8	901.8	1117.0	150.9	6797.8
2010	433.0	2303.9	1925.4	1062.7	1032.6	109.4	6867.1
2011	294.6	1616.7	1660.2	1005.5	703.6	124.8	5405.3

资料来源：U. S. Department of Treasury，Federal Aencies，Thomson Reuters.

表 3 – 3　　　　　　　2005～2011 年美国债券市场

存量一览表　　　　　　　单位：十亿美元

类别 年份	市政债	国债	按揭贷款 相关产品	公司债	联邦 机构债	货币 市场	资产抵 押债券	总计
2005	2225.9	4165.9	6161.8	4964.7	2616.0	3433.7	2111.0	25679.0
2006	2403.3	4322.9	7085.6	5344.2	2634.0	4008.8	2700.6	28499.3
2007	2618.9	4516.7	8161.1	5947.3	2906.2	4170.8	2945.3	31266.3
2008	2680.2	5774.2	8396.1	6198.6	3210.6	3790.9	2600.0	32650.6
2009	2808.9	7260.6	8506.9	6862.7	2727.5	3127.2	2326.5	33620.2
2010	2928.0	8853.0	8515.8	7519.0	2538.8	2864.9	2034.2	35253.7
2011	3743.3	9928.4	8440.0	7790.7	2326.9	2572.0	1815.4	36616.7

资料来源：U. S. Department of Treasury，Federal Aencies，Thomson Reuters.

▶▶▶ 3.2.2 美国公司债券市场结构

1. 美国公司债品种丰富。从信用等级来看，美国公司债市场形成了以投资级债券为主，高收益债券为辅的格局。在标准普尔的评级中，BB 级以上至 AAA 级属于投资级债券，通常具有较高的安全性。BB 级以下（具有投机倾向）至 D 级（具有无法支付利息或破产申请及违约特征）之间属于高收益债券（垃圾债券），虽然投资风险会高一些，但是对投资者来说其潜在的回报率也是可观的。美国历年投资级公司债和高收益公司债的融资比例大致维持在 85∶15 左右。不过，随着宏观经济环境的变化，上述比例也会出现一定的变化。在经济衰退时期，高收益债受冲击最大，违约风险大增，投资者避险情绪高涨导致高收益债发行停滞，规模不断缩水。表 3 - 4 中高收益债募资的低谷期——2000 年和 2008 年，也正是美国经济处于衰退的时期。美国的高收益债的违约风险并非预期的那么高（见表 3 - 5），宏观经济好的年份高收益债违约率不到 1%，次贷危机期间 2009 年达到最高的 8.26%。

表 3 - 4　　　　美国历年投资级公司债和高收益公司
募资金额及占比（1996～2011 年）

年份	投资级	高收益债	高收益债占比	发行总额	平均年限（年）
1996	285	58.7	0.17	343.7	9.5
1997	358.1	107.9	0.23	466	10.1
1998	481.1	129.6	0.21	610.7	9.2
1999	544.9	84.3	0.13	629.2	8.3
2000	553.2	34.3	0.06	587.5	7.2
2001	698.3	77.8	0.1	776.1	8.9
2002	579.5	57.2	0.09	636.7	8.3
2003	644.7	131.1	0.17	775.8	8

续表

年份	投资级	高收益债	高收益债占比	发行总额	平均年限（年）
2004	642.8	137.9	0.18	780.7	7.4
2005	656.5	96.3	0.13	752.8	8.6
2006	912.3	146.6	0.14	1058.90	10.1
2007	991.5	136	0.12	1127.50	13.5
2008	664.1	43	0.06	707.2	13.7
2009	754	147.8	0.16	901.7	12
2010	798.9	263.9	0.25	1062.70	13
2011	788.0	224.1	0.22	1012.1	13.1

资料来源：SIFMA。

表 3 – 5　　　　　2000～2010 年美国公司债券信用违约率

年份	投资级（%）	投机级（%）	全部（%）
2000	0.11	4.83	1.99
2001	0.11	8.14	3.13
2002	0.33	5.69	2.16
2003	0.00	3.12	1.07
2004	0.00	1.17	0.41
2005	0.03	0.79	0.30
2006	0.00	0.79	0.29
2007	0.00	0.45	0.17
2008	0.31	2.92	1.36
2009	0.23	8.26	3.41
2010	0.04	1.60	0.65

资料来源：根据穆迪评级公司债券 2000～2010 年年报编制。

2. 私募是美国公司债券发行的重要方式。截至 2010 年 4 月底，美国私募债券数量约 4000 只，存量规模 1.7 万亿美元，占公开发行的公司债券市场规模的 1/4。美国公司债券市场的债券期限结构分为短期（1 年以内）、中期（1～10 年）和长期债券（10 以上）几类。长期债券的发债主体一般是公共事业机构和工业企业机构。

20世纪90年代以来，考虑到长期债券的高利息成本，美国企业发行的债券大多以中期债券为主，20年以上期限的债券发行规模不大，债券的平均年限在10年左右。

美国144A债券的融资规模迅速扩大，发行金额和存量余额占比达到90%以上，成为私募债券的主要形式。144A法案于1990年4月生效，最初3年发行规模很小，到1993年1月底，一共只发了178亿美元债券。之后10多年，发行规模迅速扩大，2006年达到顶峰。2006年基于144A规则的债券发行了3321只，融资金额8760亿美元，当年私募债券共发行4267只，发行金额9060亿美元，144A债券发行数量和金额分别占当年私募债券的77.8%、96.7%。

受次贷危机的影响，2006年以后私募债券发行呈减少趋势。在金融危机最严重的时候达到谷底，2008年发行1346只私募债券，发行金额只有4810亿美元，降幅近44%。随后3年有所回升，2011年发行额达到7130亿美元。144A债券发行走势也如此，但无论从数量还是金额来看，144A债券都是私募债券的主要构成形式，2006~2011年六年来，发行数量占比平均为83.56%，发行金额占比达到96.56%（见表3-6和图3-3）。

表3-6 　　　　2006~2011年私募债券及144A债券发行情况

发行年份	数量（只数）			金额（千亿美元）		
	私募债券发行	144A发行	144A占比（%）	私募债券发行	144A发行	144A占比（%）
2006	4267	3321	77.83	9.06	8.76	96.68
2007	3342	3010	90.07	8.61	8.31	96.48
2008	1346	1136	84.40	4.81	4.67	97.02
2009	1266	1063	83.97	6.17	5.98	96.85
2010	1776	1468	82.66	7.85	7.53	95.96
2011	1632	1391	85.23	7.13	6.89	96.60
总计	13629	11389	83.56	43.63	42.13	96.56

注：原始数据来自Bloomberg。

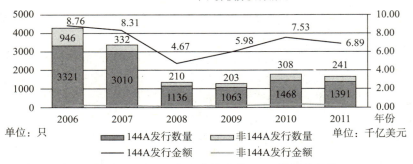

图 3 – 3   2006 ~ 2011 年私募债券及 144A 债券发行情况

注：原始数据来自 Bloomberg。

▶▶▶ 3.2.3   美国公司债投资者结构

投资者多元化是美国公司债市场的一大特色。图 3 – 4 显示，

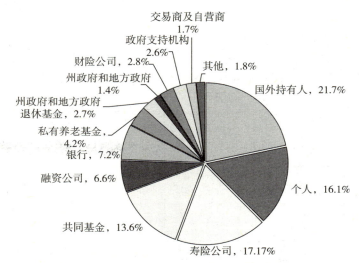

图 3 – 4   2010 年美国公司债投资者结构

资料来源：Fund Flows Account of Federal Reserve。数据截止到 2010 年年末。

各类基金、保险公司、境内外合格投资者是公司债券市场的主要投资者，其持有比例高达90%；而商业银行并不是公司债券的主要投资者，其持有比例仅为7.2%，这是因为债券市场直接融资功能的发展本身就是一种对传统商业银行间接融资业务的替代，如果银行大量持有公司债券，显然会导致直接融资变相信贷化，不利于大力发展直接融资，分散和降低金融体系风险。

▶▶ 3.2.4　美国公司债券市场发展的历程

在美国资本市场上，公司债变得举足轻重是从20世纪80年代后期开始的。20世纪80年代前期，公司债的规模基本与银行对法人贷款持平，但随后公司债的发展速度大大超过了银行对法人贷款（图3-5）。比较1980年年底与2009年3月底美国的公司债市场规模，其余额由4586亿美元发展到7.2万亿美元，增至15.7倍。这期间，银行对法人贷款额由3910亿美元发展到1.2万亿美元，仅为3倍。

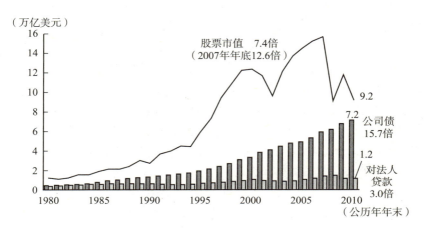

图3-5　1980～2010年美国公司融资结构趋势

进入 20 世纪 80 年代，美国企业的财务战略进入了提高杠杆率的时代，而这也促进了美国公司债市场（而不是法人贷款）的扩大。20 世纪 70 年代后期至 90 年代中期发生的"美国银行资金中介功能降低"也可算是其主要原因之一。20 世纪 70 年代后期至 80 年代初期，通货膨胀引起利率飙升。在这一时期，银行因受到存款利率上限的约束，无法通过提高存款利率来追随这一变化，从而导致银行存款作为投资产品的魅力相对下降。同时，银行的不良债权问题（与拉美银行危机有关）及其引起的信用级别下降以及 1981 年出台的对银行的资本充足率管制，这些都限制了银行的授信能力。另一方面，企业扩大了公司债融资，而债券基金的规模也开始扩大，这形成了公司债供给与需求的良性循环。20 世纪 80 年代后期至 90 年代中期，由于银行不良债权问题再次发生、资本充足率的管制进一步加强以及银行信用级别下降等原因，对法人贷款的余额没有增长。同时，银行为提高收益，开始自行销售投资信托产品，银行销售的投资信托产品起初也以债券基金为主，这扩大了债券投资人基础。

美国公司债市场之所以能发展到如此庞大的规模，是离不开其稳定的发行额度的。从发行市场来看，2000 年至次贷危机发生前这段时间，发行市场的规模达到每年约 0.6 ~ 1.2 万亿美元的水平（表 3 - 1），是同期日本公司债发行额的 10 倍以上。

美国发行的公司债，其特征首先是持续发行 BB 级以下的、也就是高收益的债券。2005 ~ 2009 年，公司债发行额中高收益债券所占比例达到 18%。后来，由于次级贷款问题和金融危机，发行额一度缩小。进入 2009 年后，包括高收益债券在内，公司债发行额又逐渐恢复。到 2009 年下半年，高收益债券的比例占到 35%，竟达到了近年来的最高水平（表 3 - 4）。

▶▶▶ 3.2.5　对中国公司债券发展的启示

随着短期融资券、公司债和中期票据的相继推出，我国企业债市场近几年取得了长足的进步，但是和美国公司债市场比较，无论是在发行规模、发行主体、产品种类等方面均存在不小的差距，企业债券市场在支持和服务实体经济发展上仍较为欠缺。

从托管量来看，2011 年 10 月末全部企业债①余额为 4.77 万亿元，占债券总托管量的 23.2%。其中，企业债券余额 16356 亿元，短期融资券和中期票据余额为 26588 亿元，而无银行担保的公司债余额仅为 2583 亿元，占 GDP 的比重只有 0.64%。

从信用等级来看，我国几乎所有的信用债均集中在高评级上。以上市公司债为例，信用等级为 AAA 的债券在所有公司债的募资占比为 56.6%，AA + 占比为 24.2%，并且所有公司债的信用评级均在 AA - 以上。事实上，不论是银行间市场还是交易所市场，主要还是为国有大中型企业的融资服务，真正意义上为民营企业、中小高科技企业服务的高收益债券市场还未被有效开发。

美国公司债市场为我国公司债市场的发展提供了参照系。从市场规模分析，公司债市场还有巨大的发展空间。按照现有公司债券试点口径，截至 2011 年 10 月末所有上市公司②的净资本是 8.28 万亿，这意味着公司债券公开发行的理论上限是 3.3 万亿（8.28×40%）。扣除上市公司已发行的公司债、中期票据、企业债共约 1 万亿，理论可发债余额为 2.3 万亿。从发展路径来分析，借鉴美国公司债市场的产品结构，未来市场应从高信用、无违约风险的债券逐步向高收益、有违约风险的债券扩展，从单一产品向多元化产品发展，从而不断提高公司债融资在直接融资中所占比重。

与美国的情况恰恰相反，我国企业债券市场的投资者仍以银行为主。商业银行所占比重最高，达到 49%，其次是广义的基金类机构（公募基金、社保基金、企业年金、商业银行理财等）占比

---

① 统计口径包括企业债、短期融资券、公司债、中期票据、可转债。
② 扣除银行等金融类的上市公司。

19%，排名第三的是保险公司，份额为 16%，而个人投资者直接持有的企业债券比例基本上可以忽略不计。在目前我国利率仍存在管制的条件下，商业银行通过在银行间债券市场投资企业债券，会导致直接融资变相信贷化，这和大力发展直接融资比重的初衷可谓是背道而驰。

比较中、美两国投资者结构，扩大公司债的需求应大力发展多元化机构投资者。我国目前人均 GDP 水平在 4000 美元左右，但是资产管理规模仅约为 GDP 的 30%，该比例只相当于美国二十世纪六七十年代的水平。根据国际经验，人均 GDP 达到 4000 美元意味着完成了居民财富的原始积累，社会财富的理财需求加速增长，资产管理规模将以大幅超过 GDP 的增速发展。因此，在挖掘公司债市场的需求上，不能仅局限于引入商业银行进入交易所债券市场，而是应以个人投资者的潜在投资需求为重点，积极引导和鼓励个人投资者通过债券类基金、社保基金、年金等方式参与公司债市场，实现财富的保值和增值。

▶ 3.3 美国公司债券灵活丰富的发行制度

▶▶ 3.3.1 美国公司债券公募发行制度

由于债券被视为证券的一部分，美国很少对债券单独立法，债券立法融合在所有证券的统一立法中，相关立法包括联邦立法和州的立法。联邦层次的立法包括 1933 年《证券法》、1934 年《证券交易法》、1939 年《信托契约法》、1940 年《投资公司法》、1940 年《投资顾问法》、1978 年《联邦破产法》等。公司债券的发行主要遵循 1933 年《证券法》和 1939 年《信托契约法》，交易主要遵循 1934 年《证券交易法》。并且，根据 1933 年《证券法》的规定，美国证券市场形成了公募发行和私募发行两种方式。

1. 公募发行实行注册制

根据 1933 年《证券法》第 5 条的规定，任何人不得销售或推销任何证券，除非该次销售或推销已向 SEC 注册，或得到相应豁免。公募发行注册的标的实际上是该注册涵盖的特定证券销售及推销行为，一旦该行为结束，该注册即失效，任何新的就同一证券的销售及推销行为必须再次注册（或得到豁免）。

就《证券法》的注册程序而言，首先，涉及证券发行的企业必须向 SEC 递交一份注册说明书，并在其中披露有关该企业及证券的若干规定信息。其后，SEC 按照一定的内部标准（例如，该证券和企业是否存在较高风险）决定是否审查该注册，以及是全面审查还是有限审查[①]。对于 SEC 决定不审查的注册，会在企业指定的时间点宣布注册说明书生效。对于决定审查的注册，SEC 会根据审查标准提出修改意见，并在满意注册说明书达到标准后宣布该注册说明书生效。当注册说明书生效后，整个注册就基本结束。随后，注册人即可合法开始注册所涵盖的证券销售行为。

值得注意的是，SEC 的注册审查是严格审查而不是简单备案。首先，向 SEC 注册必须得到 SEC 同意后方可生效，而不是自动生效。其次，向 SEC 注册在实际中是一个相当耗时耗力的过程。注册说明书不是一般的法律文件，披露要求详尽全面，通常篇幅很长且内容庞杂琐碎。并且，从企业递交注册说明书初稿到 SEC 基本满意信息披露情况的整个过程至少需要两三个月时间，如果遇到棘手的信息披露问题或申请积压时，需耗时更多，这也正是为什么企业会尽力设法满足某项豁免的条件从而可以避免注册即进行融资的原因。

---

① 全面审查即从法律披露和会计披露角度全面审查注册说明书，而有限审查只审查注册说明书的某个方面，例如只从会计披露角度审查。一般而言，基本上所有的注册都会被 SEC 全面审查。

当然，SEC 对于注册的审查标准与包括我国在内的很多国家的类似审查不同。SEC 审查完全以信息披露情况为标准，而不决定于注册企业和证券的实质。只要 SEC 认定注册说明书按要求披露了所有重大信息且无重大错误及遗漏，无论该证券的实质投资价值如何，SEC 都必须宣布该注册说明书有效。其理论基础是政府监管机构只负责要求完整准确的信息披露，而在此基础上的实质投资价值判断则完全留给市场做出。由此也可以看出，美国对高收益债的发行并没有特殊的要求。如果高收益债券的目标投资者是面向所有公众（包括机构和个人）发行，即采用公开发行的方式，则发行企业需要向 SEC 注册，并履行《证券法》等法律法规所规定的相关信息披露义务。

2. 信息披露制度是公募发行和交易监管的核心

从 1933 年《证券法》和 1934 年《证券交易法》出台至今，美国证券市场已经形成了一套成熟的信息披露制度，充分体现了信息披露制度真实性、准确性、完整性、及时性和公平性的原则，在保护投资者合法权益和促进证券市场发展过程中发挥了重要作用。

美国证券市场的核心就是建立以信息披露制度的市场监管体系。如，美国证券交易委员会在其职能的表述中非常明确的提到："SEC 的着眼点在于：通过制定证券法规，促进重要信息的披露，以保护投资者利益。"自 1933 年以来，美国这一套信息披露的体系从法律、修正条款、监管条例以及监管体系等均有非常明确的制度设计。

1933 年证券法规定，任何人想要在证券市场上发行证券，都必须按照法律规定公开披露有关发行的信息资料，证券发行时需公开的文件主要是募集说明书，证券交易时要披露年度财务报告、中期财务报告、季度财务报告、临时报告等信息，如图 3 - 6 所示。

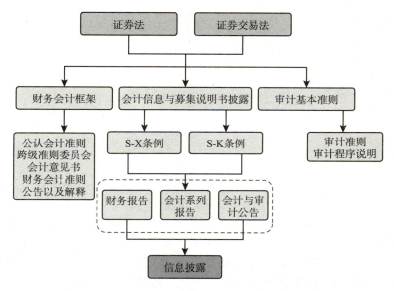

图 3 - 6 美国证券公开发行的信息披露体系

1933 年《证券法》确立的信息披露制度，主要对证券发行阶段信息披露进行了规定。该法在附件中详细列举了发行人首次发行证券必须披露的具体内容：例如，规定在证券首次发行时必须按照该法的具体规定向 SEC 提交注册说明书和募集说明书等一系列文件，以及明确规定了信息披露违规行为的惩罚方式和措施。1934 年《证券交易法》进一步对《证券法》中未有效规定的信息披露内容进行了补充，该法主要对证券持续信息披露要求以及持续信息披露违规行为处罚措施进行了明确的规定。此外，2002 年颁布的《萨班斯—奥克斯利法》针对当时上市公司普遍存在的选择性披露问题和财务信息披露不实问题，对信息披露提出了更加严格的要求：一是要求发行人对其财务和经营状况的重大变化进行"实时披露"，二是要求公众公司披露所有对公司财务状况有重大影响的表外交易和关系，三是缩短了主要股东或高级管理者披露股权变更或证券转换协议的强制期间。《萨班斯—奥克斯利法》严格禁止企业债券发行公司的董事或高级人员采取任何欺诈、胁迫、操纵或误导任何审核该公司财务报表的独立审计员的审核行为。债券发行公司的首席执行官和首席财务官要必须为其提交给美国 SEC 定期报告的准确性负责。同时建立了针对信息披露过程中欺诈等行为的刑事处罚制度：包括界定了公司债券发行业务中渎职犯罪的适用范围以及对公司债券欺诈犯罪的处罚规定。上述三部主要的成文法为整个美国证券市场信息披露制度体系奠定了基础。

次贷危机背景下 SEC 对重点债券的信息披露及监控做出了专门规定，2008 年 12 月在美国证券交易委员会通过加强企业债券发行评级监管的一系列措施中明确提到：投资者理应对市场中存在的风险、投资品种的真实信息和市场交易有知情权。要注重投资者的权利保护，加强对有次级债务背景的高收益债券产品的信用评级标准的规范性、信息披露的透明度和程序进行监督。

在上述证券法律框架下，SEC 制定了多项表格以直接对监管对象的信息披露进行规范。

一是 S–X 与 S–K 规则。SEC 采用统一监管制度对所有类型证券市场进行监管，其最重要的两项信息披露规则分别是规范发行企业财务信息披露的 S–X 规则和规范发行企业非财务信息披露的 S–K 规则。S–X 与 S–K 规则内容十分翔实，不仅涵盖了财务信息披露与非财务信息披露的全部内容，并且对每一内容板块都进行了细致的描述，使得该两项规则具有很强的操作性（见表 3–7）。

表 3–7　　　　　　　　　S–X、S–K 规则主要内容

S–X 规则主要内容（财务信息披露）	S–K 规则主要内容（非财务信息披露）
该规则的适用性	概要信息
会计师的资格和声誉	业务
财务报表的一般指引	注册证券
合并财务报告	与财务信息相关的而非财务信息

续表

S－X规则主要内容（财务信息披露）	S－K规则主要内容（非财务信息披露）
规则的一般适用性	公司治理与管理相关信息
商业和工业公司	注册申请和募集说明书内容
注册为投资公司	附件
雇员购买股票、存储和类似计划	杂项
保险公司	滚动交易
银行持股公司	资产支持证券非财务信息
中期财务报告	
预估财务信息	
表格和附件内容	
再保险公司	

　　二是SEC注册表格。除S－X、S－K及其他同层次规则外，SEC还针对不同证券种类制定了各种表格，规定证券发行企业在信息披露时须选择和填写特定表格，并按照信息披露规则的详细规定填写表格，以此规范披露信息格式。SEC对注册表格的编制根据发行阶段信息披露和存续期信息披露划分为两种类型，分别归属于《证券法》与《证券交易法》框架下。以《证券法》为例，其下属表格包括F系列、S系列和144－Form等其他表格，其中F系列主要填写发行企业信息，S系列及其他表格主要填写投资者信息。对于表格的具体内容，以表格F－1为例，发行企业需根据《证券法》及S－X、S－K规则的相关规定以规范格式填写以下信息：发行企业注册信息、募集说明书要求信息、非募集说明书要求信息、发行企业及相关责任人签字。

　　SEC一直奉行"充分信息披露主义"下的注册制，SEC要求发行人在公开发行前20天注册（registration），并提交募债说明书的初稿。SEC规定了募债说明书要披露的信息，包括发债收入的用途、发行价格如何确定以及分销计划（plan of distribution）。SEC注册与公开发行之间的时期称为静默期（cooling-off period）。在静默期，SEC 审核注册文档和相关材料。如果发行人在以前的发行中有好的合规记录并满足持续信息披露要求，债券的公开发行最快可在 SEC 注册后 48 小时进行。

SEC 要求发行人在公开发行证券时，依法将应公开的所有信息向证券监管部门申报，并通过相关媒体向社会公众披露，发行人对该信息的真实性、完整性承担法律责任。证券监管部门的主要职责是最大程度的保障投资者得到相关信息，对申报材料仅进行形式审查，而不对发行人及证券本身做价值判断。按照这种制度，发行人向主管机构提交有关资料，经一段时间后如主管机构无异议，申请自动生效。发行人也可使用"储架"注册（'shelf' registration）程序：发行人在 SEC 注册后，可推迟至两年后再公开发行。

此外，信用评级也是债券公募发行必不可少的一个环节。信用评级对于增强信息披露透明度，有效缓解投资者与公募发行人之间信息不对称的问题上发挥着重要的作用。虽然《证券法》对于债券信用评级没有强制要求，但是债券投资者均将信用评级作为债券重要的定价指标和信用风险管理指标。因此，几乎所有公募发行的债券均获得了信用评级。根据 1975 年 SEC 规定，在监管金融机构的投资风险时，依靠市场公认的、具有公信力的信用评级机构提供的评级，并定义了"全国认可的统计评级机构（Nationally Recognized Statistical Rating Organization，NRSRO)"。穆迪、标准普尔和惠誉是首批获得 NRSRO 资质的信用评级机构。根据上述三家机构的信用评级标准，一般将获得 BBB 及以上信用等级的债券认为是投资级债券，将获得 BBB 以下信用等级的债券归为高收益债券。

▶▶▶ 3.3.2 美国公司债券市场私募发行制度及监管原则

虽然在美国债券公开发行的注册程序较为简单，但发行人后续信息披露却需要付出高额成本，这为私募发行提供了巨大的发展空间。美国债券私募发行的制度建设始于 1933 年，该年颁布的

《1933 年证券法》规定了私募发行可以豁免注册要求，为私募发行奠定了法律基础。《1933 年证券法》相对于第 5 条的注册要求设定了若干豁免条款，其中第 4（2）条规定，"本法第 5 条不适用于不涉及公开发行之发行人的交易"。这是私募发行豁免制度最早的制定法渊源，但内容过于原则和抽象。为给这一豁免提供更加客观的、确定的条件以便人们使用，1972 年 SEC 出台 144 规则，为私募证券的转售提供了一个具备客观标准的"安全港"。1982 年，SEC 颁布 D 规则，简化和统一了私募发行和小额发行豁免制度，组成了三种注册豁免规则，其中的第 506 条款即专门规定私募发行环节的豁免。此后，为进一步解决私募证券的流动性问题，SEC 于 1990 年出台了 144A 规则，放宽了私募债券的转售限制，解决了私募市场的流动性问题。根据上述 144A 规则，又可以将美国的私募发行细分为一般私募发行和 144A 发行。

1. 一般私募发行

D 条例给出了三种可获得注册豁免的证券发行情形，即提供了三个注册豁免的"安全港"。

（1）小额发行豁免

《证券法》第 3（b）条授权 SEC 自行设定的条件豁免任何总额不超过 500 万美元的证券销售及推销。据此，SEC 制定了 D 规则中的第 504 和 505 条款及 A 规则来具体实施小额发行豁免。

根据第 504 条款，只要不是该条款排除的投资公司，或是根据 1934 年《证券交易法》注册的公司，或是"空头支票公司"，其他发行企业的任何在 12 个月内总额不超过 100 万美元的向任意数量投资者（合格或非合格投资者均可）的销售及推销行为可依赖《证券法》第 3（b）条得到豁免。

在信息披露方面，虽然使用 D 规则获得豁免的公司不需要向 SEC 注册，但公司在首次销售证券后，仍必须向 SEC 递交 D - 表格（Form D），该表格实际上只是一个简短的通知，包括公司的名称、地址、管理层等信息，但 D – 表格不包括公司其他的详细信息。

SEC 制定的 A 规则也是针对小额普通证券的销售及推销行为，但是由于此规则更类似于一个简化的注册程序，而不是实际意义的豁免，这里不作详细的介绍。

（2）小额发行和私募发行的混合豁免

根据第 505 条款，发行企业的任何在 12 个月内总额不超过 500 万美元的向任意数量的合格投资者及不超过 35 个非合格投资者的销售或推销行为可依赖《证券法》第 3（b）条得到豁免。但是必须注意的是，发行企业不能是投资公司而且必须符合"好家伙"（Good Guy）[1] 原则。此外，该条款明确规定利用该条款进行的销售及推销不得采用公开劝诱或公开广告形式，并且投资者所获得的是"受限制的证券"，意味着在 6 个月内无法转让。

D 规则的第 501 条款对 505 条款的"合格投资者"（Accredited Investors）进行了详尽的定义。根据 501 条款，合格投资者主要包括：（a）银行、证券经纪商、保险公司、投资基金等金融机构投资者；（b）总资产超过 500 万美元的慈善及教育机构；（c）发行企业的董事、高管及无限责任合伙人（General Partner）；（d）任何拥有或与配偶共同拥有资产超过 100 万美元的个人；（e）任何年收入超过 20 万美元的个人及与配偶共同年收入超过 30 万美元的个人；（f）总资产超过 500 万美元的信托等。

对于非"合格投资者"，D 规则要求投资人本身或其受托人具有商业或财务专业投资背景，或者成为有"资历经验"。衡量资历经验是要重点考察其教育背景、职业、商业经验、投资经验、谈判磋商能力等，这类投资人不得超过 35 人。

在信息披露方面，根据 505 条款获得豁免的公司除了必须向

---

① 好家伙原则，是对申请豁免的发行主体的限制，即如果发行人过去曾经触犯过相关法律；或是发行人在过去 5 年之内呈报登记文件，但被 SEC 拒绝或下令禁止发行的；或是在过去 5 年中受到 SEC 的处分；或是在过去 5 年中被法院判处有关证券犯罪等情况。

SEC 递交 D–表格以外，公司可自主决定对合格投资者信息披露的内容，只要所披露的内容不违反反欺诈条例。但是对于非合格投资者，公司必须提供和注册发行大致相同的信息披露文件。如果公司向合格投资者提供信息，其也必须向非合格投资者提供上述信息。并且，该公司必须同意随时向潜在投资者提供有关该公司的规定信息。

对于财务报表，505 条款也有一定的要求：一是财务报表需要由独立的注册会计师认证；二是如果除有限合伙以外的公司需要大量努力或支付高昂的费用才能获得经审计的财务报表，可以只提供在证券销售开始前 120 天内经过审计的资产负债表；三是如果有限合伙企业需要大量努力或支付高昂的费用才能获得经审计的财务报表，可以只提供根据联邦所得税法编制的经审计的财务报表。

（3）私募发行的豁免

D 规则 506 条款被认为是私募发行的"安全港"，根据该条款，满足特定条件的发行企业可以向任意数量的"合格投资者"（Accredited Investors）和不超过 35 个非合格投资者发行任意数量的证券，而该发行可确保被视为《证券法》第 4（2）条之下的"非公开发行"，从而可以无须注册自由进行。

506 条款规定的主要条件有：一是每个涉及的非合格投资者或其代表应具有使其能够评估此项投资的价值与风险的财务及商业方面的知识与经验；二是发行企业必须向每个涉及的非合格投资者在销售前提供规定的信息披露（和上面 505 条款的信息披露要求一致）；三是不得采用公开劝诱或公开广告形式；四是投资者获得的是"受限制的证券"，从而在一年内无法转让。

2. 144A 私募发行

虽然《证券法》第 4（2）条和 D 规则针对私募证券的第一次发行环节规定了豁免，但同时《证券法》对私募证券的转售规定了限制，以防止豁免被滥用。根据《证券法》第 2（a）（11）条，任何从发行企业或发行企业关联人处购买了证券，并在购买时计划再转售分销而非持有作为长期投资的人，及任何直接或间接参与证券发行的人，都是"承销商"，根据《证券法》第 4（1）条将被排除在豁免之外。上述规定的原因是担心发行人通过先向符合条件的购买者销售证券，然后再由后者向其他人转售来达到公开发行的目的。然而，在转售困难的情况下，证券流通受阻将阻碍价格发现功能的发挥。

为此，SEC 制定了 144 规则，为私募证券的转售提供了一个具备客观标准的"安全港"。按照该规则，满足以下条件的转售可确保不被视为是"发行"的一部分，而可依赖《证券法》第 4（1）条豁免自由进行：（a）市场上必须存在有关证券发行企业的、充分且最新更新的公开信息；（b）转售者必须已持有该证券至少 6 个月（若发行企业是公众公司）或 1 年（若发行企业不是公众公司）；（c）转售者在 3 个月内转售量不可超过该证券总量的 1% 或该证券的周平均交易量（取两者最大值）。

144A 规则进一步放宽了私募证券的转售限制。依靠上述 144 规则，私募证券可以安全地转售。但是，144 规则有持有期、转售量等多个限制，私募证券的流动性仍不高。为了改变这一状况，提高私募证券在机构投资者之间的流动性，SEC 于 1990 年颁布了 144A 规则，该规则的效果是："合格机构投资者"（Qualified Institutional Buyers，QIB）之间可以自由地、不经注册地进行不限数额、不限交易对象多少的对交易所交易证券之外的任何证券的交易，即使该证券从未在《证券法》下注册过（即私募证券）。与上述 144 规则一样，144A 规则实现此效果的方式是规定任何上述"合格机构投资者"之间的证券交易都不视为"发行"的一部分，因此，交易的投资者不视为"承销商"，而可依赖《证券法》第 4（1）条豁免自由进行交易。在投资者、信息披露、发行主体方面，144A 规则有以下主要特点：

（1）合格机构投资者

144A 规则下的合格机构投资者主要包括：（a）任何拥有并自主投资至少 1 亿美元于非关联人证券的保险公司、共同基金、养老基金等机构投资者；（b）任何拥有并自主投资至少 1 千万美元于非关联人证券的证券经纪商；（c）任何拥有并自主投资至少 1 亿美元于非关联人证券，并拥有 2500 万美元净资本的银行等。

对"合格机构投资者"资格的核实，144A 规则列举了以下几个主要的信息来源：一是最新的财务报告；二是投资者向 SEC、联邦或州政府管理机构、外国政府管理机构提交的最新文件及报告；三是权威性的证券手册的最新公开信息；四是投资者的管理层如首席财务官（CFO）等提供的证明。如果投资者是美国机构，上述信息应是 16 个月以内的，如果是外国机构则应为 18 个月以内。

（2）信息披露要求

如投资者提出要求，出售者有责任向证券发行人索取下述基本财务信息：一是发行人的业务性质和主要产品；二是最近两年内经审计的资产负债表、损益和留存收益表。报表并不需要符合美国公认会计准则（GAAP）的标准。

总体来看，144A 法案中的信息披露要求十分有限，不应给美国发行者造成很大负担，对于外国公司来讲，当地的信息披露要求一般都高于 144A 的要求，144 规则也不会给这些外国公司造成额外的不便。

（3）发行主体

一是 144A 规则的便利性使其逐步成为高收益债券发行的最主要方式。Fenn（2000）研究显示，1997 年美国超过 80% 的高收益债在 144A 市场发行。Denis 和 Mihov（2003）的研究发现自身信用资质是发行企业选择公开发行、144A 或银行贷款的主要决定因素。具体而言，他们发现，高信用资质企业选择公开发行、中等信用资质企业选择银行贷款，而低信用资质公司则会选择非银行私人贷款机构（主要是合格机构投资者）。这可能是因为合格机构投资者较其他投资者更有经验，能够较快完成相关尽职调查工作，从而使有迫切融资需求的公司能够在144A市场上快速募集资金。

二是多数144A证券随后会转换为注册的证券，以进行公开交易提高流动性。根据 Huang 和 Ramirez（2009）的研究显示，1991～2004年，144A市场约88%的可转换债券和约91%的公司债在首次销售后即向 SEC 注册，并且80%的此类债券是在交易结束后的3个月内即递交注册申请，因此，多数144A证券实际上只是暂时利用144A市场融资的便捷性。

三是144A市场已经成为外国高收益债的主要发行渠道。由于来自新兴市场的外国公司通常规模较小、信用资质较差（部分公司没有信用评级），并且外国公司遵守美国信息披露的成本过高，因此，此类公司更倾向于通过144市场进行募资。根据查普林斯基和拉姆什特（Chaplinsky and Ramchand，2002）的研究，1991年外国公司通过144A债券融资3.78亿美元，到1997年已经增长到121亿美元。更为重要的是，1991～1993年期间50%的外国公司高收益债通过144A市场发行，而到1997年该比例已经上升到了97%，显示了144A市场对外国公司具有较强的吸引力。另外，Regulation S 允许美国公司向美国以外个人或机构发行债券无需 SEC 注册。许多美国公司使用 Regulation S 进行离岸发行（offshore offerings）。

因此，美国 SEC 根据不同种类的发行公司和投资者设计了灵活的公司发债制度，包括公开发行注册，私募发行和144A规则发行。尤其是通过私募发行和144A规则发行的比率越来越高，这促进了高收益债的快速发展。

▶▶▶ 3.3.3 公司债券债权人利益保护制度

美国公司债券市场发达的另一个基石是严格的投资者保护制度。按照美国证券交易法规定，在市场中必须建立起一个公司债券发行的信用约束和偿付保障体系，给投资者提供可接受的信用支持并保护投资者利益。

1. 债券发行的指定受托人制度

1939 年美国出台了《信托证书法》，该法律要求，凡是企业大规模发行债券需要专门指定一个受托人，该受托人负责代表企业债券的投资者参与债券发行的各项事宜，监督发行过程中的各个程序是否合规，检查发行企业的行为是否与契约条款所约定的相符。如果发现问题，受托人有权依法代表投资者对违规企业提出诉讼及赔偿，以维护投资者权益。

2. 建立偿债基金制度

为了降低企业债券的信用风险，美国 SEC 要求企业债券的发行人每年按照一定比例赎回自己的债券，这种债券的发行结构可以被设计成到期所有债券都得以清偿或者是部分得到清偿。一般做法是，企业债券的发行人可以通过支付相当于欲赎回债券面额的现金给专门的受托机构，然后由它随机选择出等量债券予以赎回，企业债券的发行人也可以选择在市场中购买相当于欲赎回债券面额的债券交回给受托机构来履行偿债要求。

3. 偿债担保追索制度

按照规定，企业债券应由发行公司担保偿债的，如果发行主体为控股公司，则担保者也将包括其旗下的子公司。所以如果控股公司有任何的拖欠行为，企业债券的投资人可以选择控股公司母公司也可以选择负有共同担保责任的所有子公司执行其债务追索权。

4. 初期利息支付保证制度

这是要求部分特定的企业债券发行人要做到债券发行后 1～2

年内，企业的收益必须保证按照契约预定的时间和金额优先支付利息以维护投资者的权益。同时，在这种制度安排下，这些债券的发行者也会被要求建立一个交由第三方托管的储备账户，将债券发行的收益按规定比例存入账户中，以保证每半年支付一次利息（也有的是1年4次付息，这取决于企业财务状况），这种做法被叫做"reserve note structure"，账户中的资金被限定只能投资于国家及政府债券，所获得收益企业债券的发行者是无法从该账户中抽取去投入业务经营，以此来保证这些特定债券在发行初期的偿付能力。此外，当债券出现违约，债券持有人可以依据相应的偿债保障机制进入到破产清算程序使自己的权益得到保护。

灵活自由的债券发行制度，充分的信息披露、完善的债权人保护机制和对发债公司高管违法行为的严刑峻法是美国公司债券市场成功的经验。

▶ 3.4 日本公司债券市场的发展概括

1. 日本公司债券市场的现状

日本是银行主导型的典型国家。长期以来，银企关系在主办银行制度的约束下，日本的企业债务融资主要依赖于银行放款。与美国这类市场化程度很高并拥有成熟债券市场的国家相比，日本的公司债券市场发展相对滞后。1993年日本公司债券的融资规模仅占GDP的0.73%，然而从2000年以来公司债券融资额占其GDP比重不断上升，到2010年达到了18.8%，显示出企业债券市场的高速发展。2008年次贷危机后，日本企业开始更多地利用公司债市场。2010年年底日本公司债市场中普通公司债发行金额达到99333亿日元，金融债发行规模为31300亿元，两者总共达到了13.06万亿日元（11135亿美元），创下历史新纪录（见图3-7）。

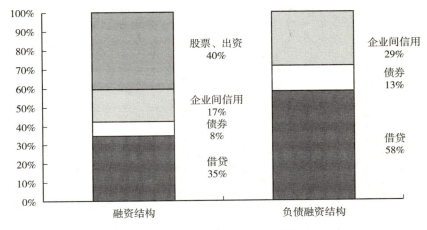

图 3－7　日本企业的融资结构

注：数据出自野村资本市场研究所，统计时间 2009 年 12 月 31 日。

　　但是间接融资目前在日本仍然处于重要地位，这些年来日本企业依靠银行贷款的融资比重平均仍保持在 50% 左右。相对于美国而言，日本的直接和间接融资发展相对更均衡一些。2009 年年底企业融资中借贷占 35%（见图 3－6）。考虑到多数日本企业与有交易关系的其他企业及银行互持股份的情况，实际借贷占负债的比例将达到 58%，可以说企业融资对借贷的依存度非常高。

2. 日本公司债以高信用级别为主、公司债投资者分布不均

　　如表 3－8 所示，日本的公司债市场绝大部分集中在 BBB 级以上，投机级债券很少，以投资级降级（堕落天使）为主。普通公司债中，2006～2010 年，未发行过 BB 级的债券。就连 BBB 级的发信规模都要远远小于 AA 级和 A 级，与美国的公司债市场情况大不相同。同时，从投资者的结构来看，日本公司债投资者主要是银行，截至 2010 年年底其持有的份额约 50%。而在美国的公司债市场，投资者分散在海外、家庭、投资信托等各个领域，由多样化的投资者撑起公司债市场。

表3-8　　　　　　　　　日本各类债券的发行金额　　　　单位：亿日元

年份	附息国债	政府担保债	地方债	财投机构债等	普通公司债	金融债	日元外债	合计
1998	269531	26100	17540	—	104534	104646	1525	523875
1999	385761	33246	20610	—	77875	105794	8671	631957
2000	523339	51410	22690	500	76371	88053	24019	786382
2001	606879	43154	22250	7305	81724	71545	13080	845937
2002	658932	44456	28366	25650	73182	64645	6706	901936
2003	714407	68978	46212	26630	69928	53554	9429	989138
2004	773695	87521	56596	30186	58950	48413	16768	1072129
2005	805068	70021	61894	47216	69040	60364	15920	1129523
2006	824571	43014	58604	43991	68295	48445	7975	1094895
2007	790518	42983	57213	49413	94014	53125	26470	1113735
2008	764003	47514	63460	41586	96049	45482	20821	1078918
2009	892584	46671	73608	47350	103002	34049	11924	1209188
2010	951730	41973	74821	50633	99333	31300	19190	1268980

注：国债统计了附息国债、财投机构债等中包括地方政府机构发行的债券。政府担保债仅限于公募债、小型公募债、银行等买入债的合计。金融债是统计了附息金融债。
出处：日本证券行业协会网站、地方债协会网站。

3. 日本大企业逐步摆脱对银行的依赖，转向公司债券市场

经过高速发展期，大企业的自有资本不断积累，信用度也不断增强，于20世纪70年代后期开始重新审视与主要银行之间的关系。由于大企业在资本市场中的地位的提高，作为信息制造人的主要银行开始逐渐丧失其作用。日本的企业为了最大限度地利用自己的信用及企业价值实现低成本融资，开始转向直接金融。比起银行贷款，更多企业开始进入竞争更为充分的债券和股票市场。另一方面，国内的债券市场为确保银行的优先地位，对市场施加了诸多限

制。（1）商法上对公司债发行额度的限制（1990年的净资产一体化、于1993年废除）；（2）承销·委托业务的进场规定；（3）对商品性的规定（不能发行变动利率债、零息债券、连动式债券、居住者外币债券等）；（4）起债标准的限制；（5）手续费体系卡特尔；（6）证券公司的外汇业务上的限制等。为回避这种国内的限制，公司债券发行交易纷纷流向了限制较少的海外市场，20世纪80年代欧洲日元债券市场增长很快。而国内的公司债券市场无法满足上述需求，市场增长反而较慢。

日本大企业的融资手段变化见表3-9、表3-10，20世纪80~90年代中期，公司债券有较快的发展，银行贷款的增长率明显放缓，20世纪90年代末至21世纪初，大企业的股票融资大幅增长，而由于大企业去杠杆的过程，公司债和银行贷款出现负增长，尤其是银行贷款出现萎缩。

表3-9　　　日本公司债等各信用等级债券的发行金额　　单位：亿日元

评级	2006年	2007年	2008年	2009年	2010年
AAA	27418	36390	41674	22420	22772
AA	20448	32803	39099	43812	34955
A	13745	20120	8040	20190	24498
BBB	7790	6810	1100	3640	7275
合计	69401	96123	89913	90062	90500

注：统计了事业债以及财投机构债。事业债中除去了银行债自身的公司债。财投机构债中除出了高速道路机构的竞价购入。按照发行金额统计。

表3-10　　　　　　日本大公司融资手段的变化

时间	融资金额（万亿日元）	比例				
		发行证券		借款（%）	内部准备金（%）	折旧（%）
		增资（%）	公司债（%）			
1961~1965	20	17	13	3	41	42	22
1966~1970	40	9	6	3	41	51	23

时间	融资金额（万亿日元）	比例					
		发行证券			借款（%）	内部准备金（%）	折旧（%）
		（%）	增资（%）	公司债（%）			
1971～1975	58	9	4	5	41	50	29
1976～1980	73	15	8	6	21	64	35
1981～1985	97	19	12	7	17	64	44
1986～1990	219	25	14	11	18	57	33
1991～1995	149	9	7	2	3	88	69
1996～1900	150	10	11	−1	−7	97	75
2001～1904	90	−5	4	−9	−23	129	105

注：资本金在 10 亿日元以上的企业　　出处：财务省《法人企业统计》。

▶ 3.5　日本公司债券监管制度的变迁

▶▶ 3.5.1　日本公司债发行制度的演进：从管制到放松管制

20 世纪 80 年代前，公司债券在日本一直都处于高度监管的状态下。此外，日本公司债券发行一般都要求担保，实行公司债券银行托管制度，实际上就是对公司债券发行的变相限制，是一种事实的审核制。对于公司债券的发行主体来说，只有经过严格的信用评级才能得以发行，对于债券发行企业来说发行条款的限制太广、发行成本很大。这就决定了日本公司债券市场只能是作为银行间接融资的附属存在，这与美国的直接融资主导型模式截然不同。

日本公司债市场的真正发展始于 20 世纪 90 年代后半期，其公司债券市场曾经长期处于金融监管部门和银行的管理下，并且在 20 世纪 90 年代中期以前一直被作为银行金融的补充性融资手段。20

世纪 90 年代初期，由于无法适应企业融资行为的变化，国内市场出现衰退和萎缩。直到 1996 年取消发债条件限制、债券市场完全放开后，国内市场才真正发展壮大起来。其监管制度的改革历程见图 3－8。

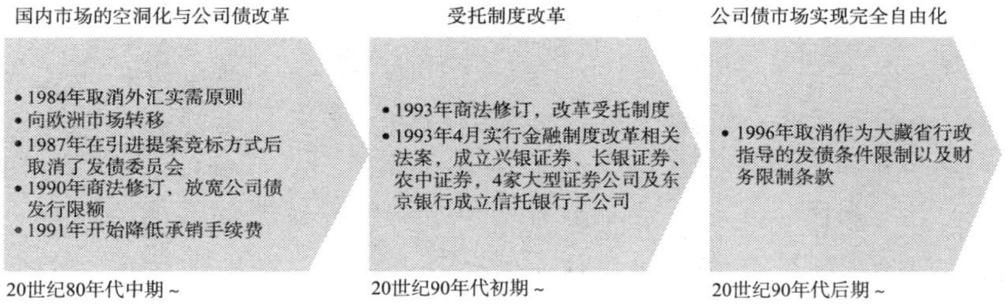

国内市场的空洞化与公司债改革

- 1984年取消外汇实需原则
- 向欧洲市场转移
- 1987年在引进提案竞标方式后取消了发债委员会
- 1990年商法修订，放宽公司债发行限额
- 1991年开始降低承销手续费

20世纪80年代中期～

受托制度改革

- 1993年商法修订，改革受托制度
- 1993年4月实行金融制度改革相关法案，成立兴银证券、长银证券、农中证券，4家大型证券公司及东京银行成立信托银行子公司

20世纪90年代初期～

公司债市场实现完全自由化

- 1996年取消作为大藏省行政指导的发债条件限制以及财务限制条款

20世纪90年代后期～

图 3－8　日本公司债管制放松的步骤

1. 1977 年证券交易审议会报告

1977 年，证券交易审议会基本问题委员会提交《关于公司债市场理想的发展方向报告》，提出了公司债市场自由化和国际化的建议。公司债市场的改革思路：①取消以大型受托银行为中心的发债会、实现自由发债；②阻止承销业务向 4 家证券公司集中的倾向，促进竞争；③丰富债券种类、满足投资者的需求；④在探讨对购买无担保公司债的投资者也实施保护等问题的同时，将之作为拓展债券种类的一个环节；⑤发展由第三方机构进行的评级业务，帮助投资者甄别债券质量。受此影响，债券种类的多样化有所提高，发债标准有所放宽，但仍非常有限，改革并不彻底。

2. 1986 年证券交易审议会报告

从 1984 年后，在日美日元美元委员会报告的影响之下管制得以放宽，从欧洲债券市场融资的成本降低，融资手段由国内银行贷款和公司债转向了发行欧洲债券。日本企业中投资欧洲债券的投资者多为日本国内投资者，因此欧洲债券市场扩大的原因就是规避国内市场管制。为了避免国内市场空洞化，1986 年证券交易审议会公司债特别分会报告《公司债市场发展方向》提出了修改担保原则、改进发债机制等建议。依次实施的改革措施包括：①1987 年，引入提案竞标方式；②1988 年，实施对象扩大到所有债券。取消债券发行协议会，引入发行登记制度。③1990 年，放宽公司债发行限额。统一实行净资产标准。④1991 年，为防止进一步出现证券公司竞争过度导致债券价格在流通市场暴跌的现象，大藏省对证券公司规范普通公司债承销条件进行了指导；⑤1991 年，公正交易委员会对证券公司在受托手续费上可能存在的"卡特尔联盟"现象做出提醒。

然而，公司债受托管理制度依然存在。公司债受托管理制度的彻底改革，是通过 1993 年商法修订来实现的。

3. 1993 年的金融制度改革与商法修订

为了使存在意义不断降低的长期信用银行转变为投资银行，允许银行从事证券业务。银行为此将取消公司债受托制度作为与证券公司交涉的筹码。

1993 年商法修订的内容包括：①取消"公司债募集受托公司"；②增设"公司债管理公司"，原则上强制设立；③公司债管理公司包括银行、信托公司、依据有担保公司债信托法取得营业资格的公司，公司债管理公司只能从事发行后的公司债的管理业务；④取消公司债发行限额。

募集公司债的受托公司改称公司债管理人，其职能局限于公司债发行后的管理业务。这样一来，原来由公司债受托公司承担的发债标准等的确认成了承销证券公司的工作。1996 年进一步取消了发债标准及财务限制条款设定义务，实现了发债自由化。同时，对于面向机构投资者的公司债，允许设置手续费较低的财务代理人来取代公司债管理人。在公司债受托管理制度下，日本的公司债市场长期以来受到政府金融部门及银行的影响，但随着管制逐步放宽，终于实现了发债自由化，公司债的发行方式可采取公募注册发行和私募发行。

4. 公司债券监管权力的集中

第二次世界大战以后很长一段时间里，日本公司债券市场的监管是由日本财政部（负责发行审批、场内、外市场监管）、证券交易委员会（负责场内、外市场交易监管、交易信息披露监督）及日本银行（负责交易清算体系支持）等监管主体构成。1998 年，日本成立金融监督厅，作为日本总理府外局，行使原财政部享有的金融机构检查、监督功能；证券交易监督委员会也划入到金融监督厅，2000 年 7 月，在金融监督厅的基础上成立金融厅，统一了原财政部对公司债券市场的检查、监督和公司债发行备案等全部职能。

▶▶▶ 3.5.2　日本公司债券发行上市与投资人保护制度

1. 日本公司债券发行审核制度

《日本证券交易法》的规定类似于美国《1933 年证券法》，日本证券发行的主管机关是大藏省。《日本证券交易法》第 4 条规定："有价证券的募集或推销，在发行人未向大藏大臣就有价证券的募集或推销进行呈报时，不得进行。"第 8 条规定，"大藏大臣受理提交的呈报书之日 15 日内产生效力"，生效时间比美国少 5 日，其效率更高。但是该条还规定，大藏大臣认为呈报书"在形式上不完备或该文件记载的重要事项记载不充分"或"在重要事项上有虚假记载以及应记载的重要事项或为免生误解所必要的事实起记载有缺陷时"，"可以命令呈报人提交订正报告书，在认为必要时，可以命令呈报人停止提交的呈报书的效力"。如果呈报者按照规定提交了修正报告书，且大藏大臣认为适当时，可解除该项规定的停止生效命令。从以上规定看，日本的证券发行制度与美国如出一辙，日本1948 年 4 月 13 日制定的这部《证券交易法》是日本在第二次世界大战后，由典型的大陆法向英美法转变的又一例证。

2. 日本公司债券发行信息披露制度

《日本证券交易法》是以美国证券法为蓝本的，吸收了美国信息披露制度的核心内容。《日本证券交易法》专设"企业内容等的披露"一章，其中就证券发行的信息披露作了详细规定。《日本证券交易法》要求"有价证券的募集或推销，在发行人未向大藏大臣就该证券的募集或推销进行呈报时，不得进行"。（第4条）并规定应包括以下事项："一、有关该募集或推销的事项；二、该公司的目的、商号及有关资本和出资的事项，该公司的营业及其经营状况及其他有关事业内容的重要事项，该公司的负责人或发起人的有关事项，以及其他依大藏省令规定为公益及保护投资者所必要的事项"。"有价证券的发行人，在募集或推销时，必须制作计划书"，计划书"对提交的呈报书应记载的事项的内容必须加以记载"。（第13条）当发行人向投资者招揽时，必须预先或同时向对方交付应告知的书面文件，并将有关呈报表和披露的文件备置于大藏省供公众查阅。

3. 日本公司债券债权人保护制度的安排

日本公司债券发行的投资者保护制度是在其《商法》、《公司法》、《证券交易法》的制度规范下构建起企业债券发行的信用约束及偿债保障机制。此外，日本借鉴了美国的《1939年信托契约法》为附担保企业债券发行专门制定了《附担保企业债信托法》，来保障债券投资者的权益，在日本企业债券市场发展中，依据该法律发行的附担保企业债券成为了日本企业债券的主要形式。

这项制度是要求企业发行有担保债券的时候，要依据《附担保企业债信托法》对交易进行规范，明确发行人与受托人缔结信托契约，代表企业债权人的利益来对发行事务进行管理；发行无担保债券时，依照日本商法297条的规定，原则上发行人应当为公司债债权人委托公司债券管理公司，1993年修订的日本商法中，扩大了可以作为公司债管理人的范围，并设置了公司债管理公司制定的强制性义务，以保护债权人的权益。根据日本新的商法规定，企业债券管理人的主要权限包括：（1）具有为保护企业债权人获得投资偿还及确保其他债权的实现所必需的一切诉讼及诉讼之外的行为；（2）召集企业债权人集会、并在集会上陈述自己观点，执行会议决议；（3）具有根据会议决议，对所有企业债券行使延期支付、和解、破产及企业重组程序上的权力；（4）为行使以上权利，经日本法院批准后具有对发债企业的相关业务及财务状况进行调查。

这项制度的意义在于：由于公司债券的存续期通常较长，投资者个人对债券发行主体相关责任人的渎职行为做出正确的判断与反应的能力有限，更容易受到蓄意欺诈等不当行为的侵害。因此，受托人可以通过企业债券债权人授权取得召开会议，交流意见并依法处置债券发行主体相关责任人，在很大程度上维护债券投资者的权益，促进了债券市场稳定的发展。

日本监管部门持续对债券发行管制的放松、逐步废除了企业债券银行托管制度，降低企业债券发行费用，直至取消公司债券发行原有的严苛条件，保护债权人利益。以此为契机，可转换债券和附认股证债券得到了飞速发展，整个公司债券市场规模迅速扩大。发行管制的放松和市场的培育是日本公司债券市场崛起的关键因素，这也是对我国发展公司债券市场的最好启示。

▶ 3.6　欧元区公司债券市场及发行上市监管制度分析

▶▶▶ 3.6.1　欧元问世前欧洲公司债券市场的发展

欧元地区公司债券市场是在欧洲货币市场的基础上发展起来的，发展历程与日本有着相似之处，直到 20 世纪 90 年代末，才有了快速的发展，成为世界上主要的公司债券市场之一。从传统的融资结构上看，欧元地区各国家银行贷款占企业融资规模的比重很大，股票市场及债券市场的市值在 GDP 中占的比重较低，银行贷款对于国内经济增长率的影响是十分明显的。(参见图3－9)。

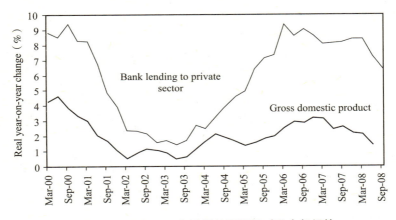

**图3－9　2000～2008 年欧元地区银行对私人部门的
贷款变动率与 GDP 变动率**

资料来源：IMF working paper（WP/09/69）"From Subprime Loans to Subprime Growth？Evidence for the Euro Area"

从图3－9 显示的欧元地区各国银行对私人部门的贷款变动率曲线和 GDP 变动率曲线的走势来看，两者成较为一致的起伏变化。2000 年，欧元地区银行对私人部门的贷款增长率达到9.5%，当年 GDP 增长率也保持在近8 年来的最高值4% 以上，而2002～2003 年欧元地区 GDP 增长率处于最低点的时候，欧元地区银行对私人部门的贷款增长率也正是处于最低点1.5% 左右。

以欧元地区公司债券市场中的主要代表德国为例，在经济发展过程中，企业以债券形式融资曾经受到了很多制度约束。早在德国工业化初期，为了迅速推进工业化进程，德国政府鼓励银行与企业紧密联系，鼓励银行积极为企业提供生产扩张所需要的资金，客观上导致了德国企业对银行信贷支持的依赖度较大，这与日本主银行制度下银企关系颇为类似。

第二次世界大战之后的20世纪60年代及以后，众多德国大银行以"全能银行"的身份被允许同时涉足商业银行及证券经营业务，可以同时握有企业的股权和企业的债权，银行既可以为企业提供信贷放宽，也可以协助企业发行债券，但是从自身利益考虑，德国银行更愿意以向企业发放贷款而对企业发行债券不太积极。对企业来说，接受银行贷款既方便，成本也更低。此外，德国的企业如果要公开发行债券，政府往往有诸多的条件限制，手续也十分繁琐，这造成了德国的企业债券市场的低迷。然而即使是到了20世纪80年代，金融自由化席卷全球的情况下，德国的企业债券融资地位虽然有所提高，但是依然没有改变德国银行间接融资占主导地位的格局，这也正是欧元地区公司债券市场发展状况的一个缩影。

表3-11显示，1991~2008年，德国企业融资结构中企业债券融资平均占各种资金来源比例仅为2.3%，银行贷款占各种资金来源比例接近了40%。而1993~1994年连续两年德国企业债券发行规模由1992年526亿欧元（由当时的货币德国马克折算而成）迅速扩大至1000亿欧元规模以上，随后又回复到原有水平，这期间正是欧元地区各国公司重组浪潮的高涨时期。此外，在德国统一之后的两三年中前东德的银行被前联邦德国银行接管，大量的不良贷款需要重新整合，因此银行贷款在此期间有所控制，而不少企业靠发行企业债券获得资金。

表3-11　　　　　1991~2008年德国非金融企业负债与
所有者权益规模一览表　　　　单位：十亿欧元

年份	股票	公司债券	银行贷款	负债与权益合计
1991	420.7	32.7	726.8	1701.8
1992	393.8	52.6	765.3	1736.6

续表

年份	股票	公司债券	银行贷款	负债与权益合计
1993	558.9	109.5	802.0	2023.7
1994	596.8	129.9	799.5	2122.1
1995	640.4	53.8	854.1	2153.7
1996	793.6	49.2	909.8	2379.9
1997	998.5	44.2	966.8	2684.1
1998	1243.8	42.8	1032.1	3029.9
1999	1619.9	35.8	1090.4	3540.3
2000	1395.7	38.4	1278.1	3699.1
2001	1312.1	42.1	1359.1	3742.3
2002	759.1	50.7	1383.5	3263.4
2003	928.8	67.6	1350.5	3740.1
2004	979.2	79.2	1274.2	3506.5
2005	1137.4	89.6	1277.4	3690.0
2006	1336.7	91.1	1348.3	4033.6
2007	1564.3	82.2	1405.9	4400.5
2008	963.5	96.8	1485.2	3949.5

资料来源：根据德国联邦银行网站 www.bundesbank.de 数据整理而成。

▶▶ 3.6.2　欧元问世后一体化公司债券市场迅速发展

　　欧元区公司债券市场在 20 世纪 90 年代末有一个较快的发展，主要原因有以下几方面：（1）在 1999 年之前欧洲各国发行企业债券的收益率标准差存在着较大差异，资本在各成员国之间流动的结算成本也很高。随着欧元问世后的统一使用，各国债券的承销商原来在承销本币企业债券市场上的优势被进一步削减，使得企业债券发行者的成本费用也间接地降低了，债券融资更加具有吸引力。（2）欧元的问世，使各国投资者对以本国货币计价的债券偏好发生了变化，欧元地区货币汇率波动及结算的风险消除了，增大了市场的透明度也有利于统一定价机制的形成，各国债券市场的关联度也进一步增强，这对欧元地区企业债券市场的一体化进程起到了很大的促进作用。（3）欧元地区企业债券通常是以"离岸"为特点发行的，也就是企业债券的发行是不受控制该种货币的外国债券发行的规则和条例的管制，现在则更接近于统一的企业债券市场了。欧元区内不同国家的发行企业可以利用这管制较小的市场绕开金融壁垒的种种限制，委托辛迪加集团代理发行债券，跨国界的债券投资壁垒进一步减少，企业债券投资活动增长迅速。（4）欧元地区经济因素的变化，也影响着该地区企业债券市场的发展。伴随着世界互联网、IT业在20世纪90年代末出现的衰退和经济紧缩，市场中对权益类的金融工具需求进一步下降，人们更倾向于选择能够到期还本付息的债券作为更稳妥的投资选择，而此时欧洲银行业也纷纷缩紧了信贷政策，对企业的放款减少了许多，于是企业靠发债来融入资金的需求得到了迅速扩大（见图3-10）。

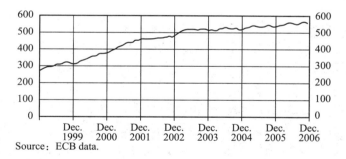

Source：ECB data.

**图3-10 1999～2006年欧元地区未清偿非金融
企业债券规模变化** 单位：十亿欧元

图3-10显示，1999～2006年欧元地区的非金融企业所发行的欧元债券总额从2710亿欧元扩大到了5610亿欧元，增加了96%。其中1999～2003年的增速为最快，而这几年正是欧元地区统一货币后企业债券市场发展势头最好的阶段。欧元地区所在国的企业逐

渐改变了单一依靠银行贷款的间接融资形式，企业债券发行规模有了较大增长，同时高收益债券也开始崭露头角，进一步完善了欧元地区企业债券市场的结构。

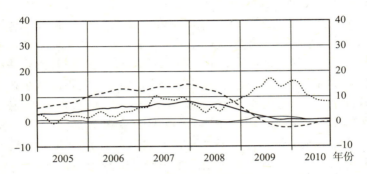

图 3 – 11　2005～2010 年欧元地区非金融企业外部融资增长率变化

注释：—— 表示总的外部融资增长率；…… 表示企业贷款增长率；- - - 表示企业债券融资增长率；—— 表示股票融资增长率；数据来源：欧洲中央银行（ECB）。

2009～2010 年，欧元区公司债券发展迅速，年增长率超过10%，股票发行略有增长，而金融机构的贷款出现负增长，整个外部融资的增长率出现下滑，可见公司债券市场对信贷市场产生了一定的替代作用。

欧元企业债券的持有人者主要是银行、机构基金和保险公司等机构投资者，持有量占了企业债券市场的七成以上，这与美国、日本等世界主要企业债券市场的持有人结构是一致的。然而与日本所不同的是，这些机构投资者对于非投资级的企业债券也表现出很大的兴趣，持有比例占市场中非投资级企业债券的九成以上，成为这些高风险和高收益企业债券的绝对投资主力。在欧元面世前，投资者比较注意企业债券发行的国别和不同货币的计价，这在一定程度上会影响投资者对高收益债券的兴趣选择，而统一后的市场也促进了对高收益债券的市场需求。

▶▶▶ 3.6.3　欧元区公司债券的监管制度

1. 公司债券的监管主体

当前欧元区公司债券市场监管的主体包括：（1）欧洲证券监管委员会（Committee of European Securities Regulators，CESR），它成立于2001年9月，是一个独立的咨询机构，其任务是在欧洲委员会组织下，就资本市场监管的技术执行措施及政策问题向欧洲委员会提出建议，确保欧盟共同体法规在资本市场领域里的有效执行；（2）欧洲证券委员会（the European Securities Committee，ESC），它成立于2001年，其职责是向欧盟委员会提出关于资本市场监管的政策性建议，保证成员国之间更好地进行合作，并通过加强监督合作促进欧盟相关法律的规范实施。此外，国际证券市场协会（the International Securities Markets Association，ISMA）作为市场的自律机构设立了企业债券交易的程序化规则，对市场交易进行约束。

从具体情况看，欧元地区各国的企业债券市场监管主体也呈多样化趋势，以德国为例：证券交易委员会和市场准入委员会负责企业债券发行的审核；证券交易委员会和各地方交易所监管机构负责交易所交易；财政部负责企业债券的柜台交易监管；各地方交易所监管机构、交易所监管小组和德国银监局负责交易清算体系支持。

2. 欧盟债券公开发行规制的演变

一般而言，证券发行是证券上市交易的前提，但欧共体对证券市场进行统一规制的过程中，长期将证券上市作为规制重点，在制定相关的证券发行指令之前，规制证券上市的《准入指令》和《上市说明书指令》已获通过。由于欧共体未统一证券公开发行的强制信息披露要求，各成员在实际操作中存在较大差异。随着未上市证券公开发行比率的提高，对证券公开发行信息披露进行统一规定需要愈显迫切。欧洲委员会于 1989 年 4 月通过了《可转让证券公开发售的公布上市说明书起草、审查、分发要求协调指令》（简称《公开发售指令》）。该指令是现行欧盟证券公开发行规制的制度基础，其核心内容是公开发行信息披露制度，包括信息披露文件的起草、审查、分发等详细内容。

随着时间推移，《公开发售指令》及《上市说明书指令》等证券信息披露指令所建构的发行人信息披露体制在欧盟资本市场整合中越来越难以发挥作用，投资者的需求不能得到满足。欧洲议会与欧盟理事会于 2003 年 11 月 4 日通过《证券公开发售或交易公开招股说明书及修改第 2001/34 号指令的指令》（简称《修改说明书指令》），该指令统一了证券公开发行招股说明书及交易说明书，对上市说明书不再单独立法。其建立了一个新的统一信息披露体制，该信息披露体制是对现行信息披露体制的革新，一旦该指令被成员国转化实施，原有的信息披露体制将失效。

3. 基于"实质审查主义"的核准制

实质审查制是指证券主管机构在公开原则基础上，依据法定标准，对发行人经营状况、管理人资格、资金流向、投资价值等进行实质审查并核准。核准制以英国为代表。由于对证券进行实质审查，核准制可以排除大量不良证券的发行，从而减少投资者的投资风险。同时核准制吸收了公开原则的精神，使投资者获得了双重保障，即先通过主管机构实质条件的衡量，再由投资者从公开信息资料中了解发行人情况。在核准制下，证券主管机构有权否决发行人的申请。但核准制也存在明显局限性：（1）核准制体现了行政权力对市场经济的干预，干预的范围与程度难以把握，经常处于不足或过度状态；（2）核准制以降低效率为代价；（3）公众投资者易于产生依赖心理及错误的安全感，不利于投资心理的成熟，也加大了投资风险；（4）证券发行条件设置的合理性与科学性值得怀疑；

（5）可能扩大主管机构的寻租空间，滋生权钱交易的腐败行为。由于注册制与核准制都存在优势与不足，近年来，世界各国出现了两种制度逐渐融合的趋势，发展中的欧盟证券法也反映了这一趋势。

4.《公开发售指令》和《透明度指令》

根据《公开发售指令》的规定，任何在欧共体成员国内公开发行可转让证券的发行人必须在公开发行之前公布或向公众提供招股说明书。但是，《公开发售指令》对同时申请正式上市和未申请正式上市证券公开发行招股说明书采用双轨制的信息披露方式，即作不同的信息披露要求。相应的，《公开发售指令》对两类证券采用不同审核方式。

首先，对于申请正式上市证券的公开发行，无论是申请在同一成员国上市还是申请在另一个成员国上市，证券发行的审核均按照《公开发售指令》规定的内容和程序进行，审核主体由发行人根据公开发行的具体环境选定。《公开发售指令》对拟上市证券及发行人做出具体信息披露要求，只有满足这些条件，主管机构才可能批准该证券在正式交易所上市，此时，采用的是核准制。因此，对于申请正式上市证券的公开发行，主管机构的审核是对证券及其发行人进行实质审查，并由此作出发行人是否符合发行实质条件的价值判断，从而有效的保证证券及其发行人的质量，避免不良证券进入市场。

其次，对于未申请正式上市债券的公开发行，《公开发售指令》没有要求招股说明书在公布之前必须由主管机构进行审核，但是，成员国可以自主决定要求事先审核招股说明书，招股说明书由发行人根据发行的环境按照《公开发售指令》的规定起草、审查、分发，在这种情况下，实现审核的主管机构由成员国指定，而不能由发行人自行选择。

《公开发售指令》还规定了属于该指令规制范围但豁免公布招股说明书的几类情况：（1）在共同体内根据特别法设立或受公众监

管的信贷机构，以持续或重复方式发行债券，但该信贷机构必须定期公布年度会计报表；（2）在共同体内给予国家垄断地位的公司或其他法人发行债券，且该公司或法人根据特别法设立或由成员国或成员国地方政府对其贷款予以无条件不可撤销的担保；（3）在共同体内根据特别法设立及经营管理的非公司法人发行债券，且该法人的主要业务是通过债券筹集资本及提供金融产品；（4）如果单一发行的一部分以发行，另外一部分发行时不必再公布招股说明书；（5）如果发行人在前 12 个月内已公布一份全面的招股说明书，当同一发行人在同一成员国内发行其他不同的可转让证券时，则仅需将自上次公布以来可能影响证券价值评估的信息编入招股说明书，已公布的信息可不再重复公布。

发债企业信息披露的透明度指令（Transparency Directive）是欧盟委员会于 2004 年 12 月 31 日为在欧洲金融服务市场上建立一个公平竞争环境而通过的一项措施。在企业债券的发行过程中，该指令重点要求发行者在发布价格敏感性新闻和信息时要满足一定的最低披露标准，及时提供发债公司经营业绩和财务状况等相关信息。同时披露信息要以支持同步发送的方式在欧盟各地发布，从而让机构投资者和散户投资者、媒体以及大众在重大新闻公布的那一刻都能平等地获得这些资料，从而更好地保障投资者的权益。指令要求债券的发行企业必须向公众提供其最近半年度的财务报告，此外，债券的发行企业有义务确保所有债券持有人无论排名先后都将享有同等待遇，而且债券持有人有能力依法行使自己的权利（包括通过电子信息设备对发债主体的市场声誉进行投票）。

5. 《修改说明书指令》

《修改说明书指令》的目的在于同一证券在受管制市场上公开发行说明书或交易说明书的起草、审查及分发的要求，该指令对公开发行的证券部在进行申请正式上市和未申请正式上市的划分，而是将发行说明书与交易说明书一并作出统一要求，不再另行规制上市说明书。同时，《修改说明书指令》还将"欧洲证券"列入豁免规制范围。

《修改说明书指令》的一项引人注目的改革措施引入发行人"护照"制度，这项制度的建立以核准制兼具登记制的审核制为基础。

首先，母国控制机制。发行人"护照"制度要求所有说明书由母国主管机构审核，说明书不经事先审核不得公布。信息披露文件也由母国主管机构负责归档，排除东道国对发行进行审核的权力。在此机制下，母国主管机构不仅负责审查并批准招股说明书，母国主管机构还拥有应发行人请求向东道国主管机构提供批准证书及招股说明书副本的职权，该批准证书以通知的形式作出用以证明前述招股说明书已符合本指令要求。母国主管机构对公开发行进行审核时，不仅有权要求提供或补充该指令规定的信息，而且可以要求发行人的审计人员、管理人员和金融中介机构提供必要信息。《修改说明书指令》的上述规定体现了发行审核核准制度的实质审查注意精神。

参照美国上架登记制度，《修改说明书指令》为在受管制市场上频繁融资的发行人在发行计划或抵押债券中提供"快车道"程序和新的登记文件系统。根据该登记文件系统，招股说明书由三份独立文件组成：发行人信息的登记文件、关于证券信息的证券附注及一个概要附注。这些文件由母国主管机构审查与归档，并在公布后12个月内有效，而登记文件每年可以更新一次，一次更新将在接下来的12个月内有效。这三份文件的审查可以遵循独立程序，一旦登记文件已经主管机构审查，只需草拟另外两份文件并经主管机构审查就可进行证券公开发行。

《修改说明书指令》建立了一个统一信息披露体系，发行人基于同一信息披露文件即可进入欧盟领域内的证券发行市场和证券交易市场，大大简化了融资程序，加速了资本的有序流动。但是《修改说明书指令》体现的理念缺乏市场导向性。《修改说明书指令》

统一公开发行、交易招股说明书要求，虽然对规制重点有所改变，但仍未给市场力量的发挥留下应有空间。

6. 债券及其发行人上市条件

《准入指令》规定债券发行主体有两类：一类是企业，该指令要求其组织及经营管理必须符合法律、条例的规定；另一类是公共机构，包括国家、地方政府和国际性公共机构。《准入指令》对企业债券设置的上市准入条件明显比公共机构债券上市准入条件严格。申请上市的债券必须符合其产生所依据的法律、条例，此外，拟上市债券还必须满足以下条件：

（1）可转让要求。上市债券必须可自由转让。对于未全额支付的债券，若发行人对确保此类债券的可转让性不受限制作出安排以及通过向公众提供所有信息使交易公开和恰当进行，主管机构可自主决定将其作为可以自由转让的债券对待。

（2）流动性与整体上市要求。对于已经公开发行申请上市的债券而言，首次上市时间必须是提交认购申请期间届满之后，但认购终止期限未确定时不作此要求。申请上市的范围必须包括所有已发行的同一系列债券。

（3）债券实物形态要求。成员国发行人申请在另一成员国上市时，申请上市债券的实物形态应当与上市成员国规定的债券实物形态标准一致。

（4）最小发行额为20万欧元。对于该限制，成员国也有变通实施的自由裁量权，既是债券为满足20万欧元最小发行额要求，只要主管机构认为有"足够的市场"供给该债券运作，主管机构就可以赋予其上市资格。

（5）附选择权企业债券的上市，包括可转换或可交换债券、有认股权证的债券。在以下三种情形下，附选择权企业债券可以上市：首先，相关股票已在同一证券交易所上市；其次，相关股票已在其他受管制、运作规则、得到认可的开放市场上市；最后，附选择权的企业债券与相关股票被同时批准上市。

3.6.4 欧元区公司债券市场监管特点的总结

保护投资者利益、鼓励金融竞争与创新、增强市场的稳定性及突出监管效率是欧元地区公司债券市场监管特点的基本特征，体现在以下这些方面：

1. 体现出国际化统一标准金融监管的特点

近年来，欧洲金融市场的交易规模几乎是 20 世纪 90 年代末期的两倍，欧元地区企业债券市场作为一体化欧洲金融市场的重要组成部分，在这些年中为地区经济的发展发挥着重要作用。在当今的欧元地区企业债券市场已经很难分清国内和国外的交易区域了。因此，在全区域一体化市场条件下，制定统一的监管标准与执行规则，对市场的债券发行、交易、结算及信息披露进行统一约束，就成为欧元地区企业债券市场监管的必然要求，这也是推进市场健康发展的重要保证。

2. 注重保持对市场监管立法的正确性与可接受性

近些年以来，欧元地区企业债券市场监管立法或指令的出台，通常都会经过这些程序：①提前公开在社会中发布相关监管立法或指令的基本内容，接受社会各界（包括监管机构人员与受控主体）的反馈意见作为法令调整及修正的依据，确保法令制定的有效性与正确性；②聘请专家针对监管立法或指令的推出可能对经济形势产生何种影响进行效果论证；③相关监管立法或指令的出台后，尽可能加大对这些法令的政策目的、操作要求等重点内容进行宣传，让市场的投融资主体短时间内更清晰地理解措施的操作意图，提高监管法令的实施效率。

这一点与美国的企业债券市场监管理念较为类似：即监管部门

通过提供一种利益协调、诉求表达机制，鼓励调控社会公众能够参与到监管机构政策制定中来。这个理念的核心价值在于，监管机构与社会公众之间能够形成良性互动关系，实现共同的利益，也能够通过公开对话与意见反馈来产生和交换更多的信息，以减少政策制定者因有限理性所带来的问题，减少人为的政策失误。

通过社会公众的积极参与，来了解监管机构所采用的政策被大众所接受的程度，并以此作为政策选择的一个参考依据，这是监管效率化的重要保证。

3. 重视适时进行市场监管策略的调整

2008 年 6 月，欧盟委员会针对美国次贷危机在全球开始蔓延并冲击欧元地区金融市场的情况，决定在金融市场的监管策略上做出转变，同样也对欧元地区企业债券市场监管产生了影响。应当说，这些措施的推出就有很强的时效性和针对性。鉴于次贷危机所引致的危害在金融市场中对金融工具的违约率及安全性影响较大，因此欧盟委员会把新的监管要求侧重在四个方面：①进一步提高市场交易结算的透明度；②严格规范对信用工具风险的估价标准；③加强对金融机构与市场审慎监管的力度；④加强对信用评级机构工作规范性的检查。

总体而言，欧洲公司债券市场发展的经验就是将欧元地区公司债券市场中的监管重点放在了信用违约风险和市场的透明度这两个方向，在保持市场中的投资者、融资者对于信用中介机构和市场监管机构有充分信心的基础上，促进公司债券市场的平稳发展。

▶ 3.7　国内外企业债券市场的对比

美国和日本是不同金融体系的代表，都拥有发达的债券市场。

通过对比美国、日本和中国的企业融资工具结构，可以看出中国企业债券融资的落后。见表3-5，美国是典型的资本市场主导型的金融体系，其股票市场筹资额占 GDP 的比重最高，比率基本在 1 以上，多数年份接近于1.5；企业债券占比也最高，而且呈现直线增长的趋势，在2008年达到 GDP 的44%；而银行贷款额占 GDP 的比重一直稳定在46%左右。日本是主银行金融制度，银行贷款融资曾是企业融资的首选，但最近 10 年银行的市场份额逐渐减少，占 GDP 的比重从 2000 年的62%降到 2007 年的46%，低于50%；其资本市场却得以飞速发展，股票市场总市值已和 GDP 相当，企业债券的发行也逐年成长，2008 年企业债券的余额占 GDP 的比率超过了11%。中国银行贷款一直占主导地位，每年的银行贷款余额都超过当年的 GDP，远超美国和日本的银行融资比率；不过近 10 年股票市场也有较快的发展，2008 年股票市场总市值达到 GDP 的65%，企业债券市场占比最低，即使经过了快速的增长，到 2008 年年底企业债券余额占 GDP 的比率也只有4%，和美国相差 10 倍，也远落后日本 10 年前的水平。因此可以看出我国企业债券市场起点低，发展空间大（见表3-12）。

表3-12　　　2000~2008 年美国、日本与中国企业融资结构
（金融资产占 GDP 比重）

年份	美国			日本			中国		
	企业债券	股票	银行贷款	企业债券	股票	银行贷款	企业债券	股票	银行贷款
2000	0.342	1.253	0.472	0.099	0.676	0.622	0.009	0.525	1.002
2001	0.379	1.172	0.468	0.106	0.600	0.595	0.003	0.440	1.024
2002	0.395	0.923	0.464	0.108	0.535	0.558	0.003	0.364	1.091
2003	0.409	1.608	0.454	0.108	0.707	0.683	0.007	0.481	1.171
2004	0.411	1.488	0.443	0.105	0.796	0.473	0.009	0.331	1.115
2005	0.400	1.490	0.444	0.103	1.045	0.463	0.018	0.348	1.059

续表

| 年份 | 美国 | | | 日本 | | | 中国 | | |
	企业债券	股票	银行贷款	企业债券	股票	银行贷款	企业债券	股票	银行贷款
2006	0.405	1.587	0.454	0.101	1.082	0.484	0.026	0.497	1.069
2007	0.431	1.555	0.491	0.105	1.018	0.460	0.031	1.537	1.061
2008	0.435	0.826	0.498	0.111	0.656	0.490	0.043	0.646	1.009

注：美国的统计数据根据《美国统计年鉴 2009》，www.federalreserve.gov，www.sec.gov 的相关数据计算整理而成。日本的数据根据《日本统计年鉴 2009》、www.boj.or.jp 及日本统计局网站的相关数据计算整理而成。中国的数据来自 2000～2009 年的金融统计年鉴。企业债券是非金融类企业债券余额，股票是各国上市公司的股票市值，银行贷款余额排除了对政府部门的贷款。

　　美国和日本是发达国家的代表，债券市场规模位居全球前 2位，而我国作为发展中国家，有必要比较一下包括新兴市场国家特别是东亚各国的金融市场格局，可以更清晰地看出这些发展程度类似的国家金融结构和债券市场的发展程度的差别。从图 3－12 可知，截至 2011 年 12 月底，和亚洲邻国相比，我国的间接融资的比率是最高的，银行贷款余额占总金融资产（信贷余额、股票市值和债券余额）的比率达到 60%。我国内地的债券融资占比 20%，除了中国香港、新加坡外（因为中国香港、新加坡是国际金融中心，尤其是地区股票市场中心，所以股票占比较高）基本是最低的，和印度尼西亚差不多。日本和韩国的债券融资占比为 41% 和 37%，而菲律宾、马来西亚和泰国的债券占比也分别达到了 24%、26% 和 25%，可以看到我国债券市场和大多数东盟国家相比都有不小的差距。股票市场也有类似的结论，除了日本，东亚其他国家股票市场占比都高于我国。因此，无论是相对于成熟市场经济国家还是新兴市场经济国家，我国债券市场尤其是企业债券市场的发展滞后，这也说明我国发展债券市场的紧迫性，要继续大力发展企业债券市场。

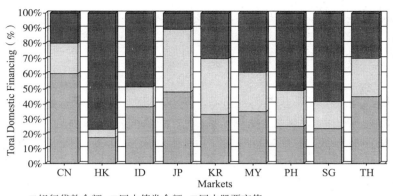

图 3 - 12 2011 年东亚各国融资结构

注：绘图的相关数据出自 www. AsianBondsOnline，根据各国的中央银行和证券交易所的原始数据计算整理而成。数据截止时间为 2011 年 12 月 31 日。债券是所有类别债券的余额，股票是各国国内上市公司的股票市值，银行贷款余额为各国国内各类贷款的余额。纵坐标是各类金融资产占总资产（国内贷款余额、债券余额和股票市值的总和）的比率。上述国家或地区依次是中国、中国香港、印度尼西亚、日本、韩国、马来西亚、菲律宾、新加坡和泰国。

▷ 3.8 本 章 小 结

通过分析美日欧公司债券市场发展和建设历程，以下制度设计的经验可供我国发展企业债券市场借鉴。

1. 美国公司债券市场灵活自由的发行制度、充分的信息披露、完善的债权人保护机制和对发债公司高管违法行为的严刑峻法是其成功的经验。

2. 日本监管部门对公司债券发行管制渐进放松、逐步废除了公司债券银行托管制度，降低公司债发行费用，直至取消公司债发行原有的严苛条件，保护债权人利益。发行管制的放松和市场的培育是日本公司债券市场崛起的关键因素。

3. 欧洲公司债券市场发展经验就是将欧元地区公司债券的监管

重点放在信用违约风险和市场透明度这两个方向，在保持市场投资者、融资者对于信用中介机构和市场监管机构有充分信心的基础上，促进公司债券市场的平稳发展。

第 *4* 章

中国债务工具与
监管制度分析

      第 2 章总结的西方债务结构理论，如代理成本理论、信息不对称理论等，是在一定时期，一定的制度背景下形成的。如资本市场的有效性较高、完善的破产机制、较敏感的市场利率约束以及较宽广的融资渠道等。凯斯特、拉詹和津加莱斯、瓦尔德、布兹等人（Kester，1986；Rajan and zingales，1995；Wald，1999；Booth，2001）的研究表明制度特征影响资本结构选择，企业特征因素通过制度因素进而影响资本结构的选择。正如第 2 章对国外债务融资的实证研究评述所指出，外部制度环境包括金融体系、法律制度和会计制度以及金融监管都会影响债务结构和债务工具的选择。我国是新兴市场经济国家，相对于美欧日已成熟的市场经济国家而言，各种金融经济制度处于快速变迁中，债务融资行为的制度背景的把握尤显重要。因此研究我国企业的债务结构，应该首先了解我国企业债务结构的整体特征和演化轨迹。然后重点从我国所特有的经济体制、金融市场结构、管制措施和法律制度环境出发，看能否使我国企业债务工具的选择行为从金融市场格局和制度环境因素中得到合理的解释。

▶ 4.1 金融市场格局

中国金融市场的突出特点是银行贷款在社会总融资量中占主导地位，股票市场、企业债券市场规模相对偏小。我们先梳理一下改革开放后我国银行主导型金融体系的形成和演变。本书从商业银行和资本市场两方面展开：1. 银行主导型融资模式的确立和发展；2. 资本市场的兴起与融资渠道多样化。

▶▶ 4.1.1 银行主导型融资模式的确立和发展

1. 市场化初期银行主导型融资模式的确立 (1979～1997 年)

改革开放以来，我国银行获得了重新发展的机会。1979 年先后重建了中国农业银行和中国银行，并在 1983 年中国人民银行专门行使中央银行的职能。1984 年又从中国人民银行中分离出中国工商银行。在传统国有商业银行恢复与分设的同时，新型的商业银行与其他的金融机构开始设立并发展。于是，打破了国家银行一统天下的金融制度结构，确立了中央银行为核心、国家专业银行为主体，其他金融机构同时并存的金融体系。在这一系列的金融机构调整与其职能的变化过程中，对企业影响深远的是债务工具的变化。国家规定，从 1983 年起，国有企业的流动资金由银行统一供应和管理，原来由财政拨款给企业的流动资金，留给企业作为"自有流动资金"，不再增拨，企业经营不足的部分由银行以贷款形式供应。1985 年，除科研单位、高等院校和行政单位的基础投资项目由财政拨款以外，其他由国家预算安排的基本建设投资，全部由无偿划拨改为银行有偿贷款。这表明企业融资来源在很大程度上已由财政拨款转为银行贷款，形成了银行主导型的融资模式。到 1993 年，银行信贷资金已占企业外源融资来源的 87.91%。同时，从全社会角度看，银行在国民经济中的地位也得到了极大的加强。国家银行贷款占 GNP 比重由 1978 年的 51.05% 提高到 1991 年的 83.30%。

然而"拨改贷"以后，国有企业负债率急剧上升。1994 年国有企业的资产负债率已上升为 68.2%，若扣除实际的挂账损失，国有企业的资产负债率高达 83.3%，问题严重的企业已经资不抵债。有些国有企业固定资产投资和流动资金全靠银行贷款。企业资金主要依赖银行贷款，使企业在资金使用上受到了较多的功能限制，以至于难以根据不断变化的情况灵活地运用资金而只能被动地服从于银行贷款用途的限制。而且，由于银行的资金来源主要是短中期存款，出于资产负债匹配以及资产流动性的考虑，同时为了规避自身风险，银行倾向于发放短期贷款，因此，企业对长期资金的需求难以得到满足，这就使得企业的债务期限偏短，增加了企业还本付息的压力和破产的风险。同时，国有银行信贷资产质量逐步下降，1995 年年末，不良贷款占全部贷款的 22.3%。因此，国有商业银行存在巨大的经营风险，必须进一步改革。

2. 我国银行业商业化改革的全面推进（1998 年至今）

受亚洲金融危机和不良贷款沉重压力的影响，从 1998 年开始，我国商业银行改革进入到深化和攻坚阶段。商业银行进行财务重组、完善治理结构并通过建立地方性商业银行来加强竞争。

（1）商业银行的财务重组

四大商业银行过去背负了众多的政策性贷款任务，导致了高额的不良贷款率。为此，政府通过多种途径，对银行的不良贷款进行剥离，同时注入大量的资本金。1998 年 8 月，中央财政发行了 2700 亿元人民币的特别国债来补充四大国有商业银行的资本金，增强银行抵御风险的能力。1999 年又相继成立了信达、东方、长城、华融四家金融资产管理公司，与各银行相互独立，以账面价格对口购入四大国有商业银行剥离的 1.4 万亿政策性不良贷款，利用金融资产管理公司专业优势和特殊的法律地位，通过债务重组、上市、拍卖等市场化手段，最大限度地实现四大国有商业银行不良资产的价值回收，以改善国有商业银行的资产负债状况。近几年，随着政策性不良资产处置的基本结束，四家资产管理公司又商业化收购了中、建、工、交四大行以及招商、华夏、上海银行等机构的不良贷款超过 8000 亿元；受财政部委托，处置三大银行损失类贷款 4000 多亿元。同时，政府也着力从产权角度加强对商业银行的改革。2003 年，中央汇金公司成立，其形式为国有独资公司，股东单位为财政部、中国人民银行和国家外汇管理局。该公司负责向实施股份制改造试点的商业银行注资，成为这些银行的所有者，行使出资人的权利和义务。通过财务重组，四大行的不良贷款率有了明显下降。

（2）完善商业银行治理结构

好的公司治理结构有利于商业银行确立经营目标，能赢得投资人和社会公众的信任，使商业银行获取更好的发展空间。为此，政府在完善商业银行治理结构方面做了大量工作。首先是引进海外战略投资者。2004 年 8 月，汇丰银行投资 144.61 亿元入股交通银行，占交通银行 19.9% 的股权。此后四大国有商业银行相继和海外的战略投资者签署了关于战略投资与合作的最终协议。其次是海内外上市。2010 年 8 月，中国农业银行 A + H 股成功发行，标志着四大国有商业银行海内外上市完美收官。政府希望完善上市商业银行治理结构来推进商业银行改革。

在信息披露上，我国商业银行也取得了较大的进步。监管部门在 2002 年制定了新的披露准则。银行包括四大行都将遵循新的五级信贷分类系统。2004 年，所有银行都按要求报送按五级标准划分的贷款信息。

（3）新兴商业银行的兴起

在国有商业银行艰难转轨的同时，一批新兴商业银行迅速崛起。由于要在四大国有商业银行的"夹缝中求生存"，承担着生存和发展的巨大压力，这些新兴商业银行一开始就注重按照标准的现代商业银行管理运营模式确定内部管理机制、规范企业行为，都建立了以公有制为主体（中国民生银行除外）的股份制机构和相对完善的内部法人治理结构，产权清晰、制约机制强。正是由于新兴银行的体制性优势，使其能够真正按照"三性"原则经营，根据企业信用状况和风险分析确定企业客户和融资进退，从而得以在市场份额逐步扩大，取得骄人业绩的同时，保持相对较好的资产质量。

总之，自从 1998 年以来，我国政府采取修订法律法规、剥离政策性业务、重塑体制结构、完善治理结构、转变经营模式、加强内部管理等措施，使我国银行业走上了商业化运营的轨道。银企关系日益市场化，双方都成为了独立的市场主体，可以自由选择融资对象。

▶▶ 4.1.2　资本市场的兴起与融资渠道多样化

经过 20 世纪 80 年代的改革后，国有企业开始逐步走向市场化经营，国有银行的商业化经营也步入轨道，一些企业开始自发的尝试其他融资方式。早在 1984 年，少量企业就开始向社会和企业内部通过发债来集资，这是我国企业债券的萌芽阶段；同年北京天桥商场和上海飞乐音响公司相继成立股份制，并以股票形式向社会公开集资，这标志着我国股票市场的发端。不过直到 1990 年 12 月上海证券交易所和 1991 年 7 月深圳证券交易所相继正式开业，股票市场和债券市场才开始向规范化发展，我国有了真正意义上的资本市场，其规模随着市场的改革和发展也在不断扩大。

1. 股票市场的建立与发展

自从 1984 年 11 月，中国第一股——上海飞乐音响股份有限公司的成立，我国股票市场从无到有，从小到大，发展至今，大体经历了五个发展阶段：（1）起步阶段（1984～1991 年）。这一阶段主要是股票市场平台的搭建和企业的股份制改革；（2）逐步完善阶段（1992~1998年）。这一时期股票市场的交易平台逐渐成熟，交易所网络化高速发展，实现了无形席位和无纸化交易；（3）高速发展阶段（1999~2000年）。1999年伴随着国有商业银行的降息、国有企业可以投资股票以及券商的自营证券可进行质押贷款的三大利好政策的出台，我国股票市场步入了一个高速发展阶段；（4）规范阶段。2001年是中国股票市场的监管年。操纵股价、发布虚假信息等违法行为受到严厉打击，中科创、银广厦等一批"庄家"被绳之以法。传统的依靠资金优势抬升股价，弈取暴利的操作手法逐步退出了历史舞台，投资者趋向理性化，上市公司的基本面和诚信备受重视。（5）多层次股票市场发展阶段。2004年我国中小板市场在深交所成立，2009年我国的创业板市场也在深交所正式推出，这完善了我国股票的多层次市场，极大地推动了中小企业的发展。

经过20多年的发展，我国股票市场有了长足发展（见表4-1）。上市公司数量从1990年8家增加到了2011年2342家，290倍于1990年的上市家数；股票市值从1990年的23.82亿元增加到2011年的214758.10亿元，增加了9000多倍，而股票筹资额从1990年的2.11亿元增加到了2011年的6820.94亿元，从图4-1可以看到我国股票实际募集资金额的增长趋势。由此可知我国股票市场规模飞速发展，B股、H股相继诞生，为我国上市公司利用外资开辟了新途径。

表4-1　　　　　　　　　全国股票市场概览

年份	上市公司数 （家）	上市股票数 （只）	股票市值 （亿元）	流通市值 （亿元）	成交额 （亿元）	股票筹资额 （亿元）
1990	8	8	23.82	9.82	0.01	2.11
1991	13	13	120.32	52.93	31.96	10.87
1992	53	71	1206.33	206.35	650.00	221.85
1993	183	218	3531.01	861.62	3627.20	294.32
1994	291	345	3690.61	968.89	8127.62	221.85

续表

年份	上市公司数（家）	上市股票数（只）	股票市值（亿元）	流通市值（亿元）	成交额（亿元）	股票筹资额（亿元）
1995	323	381	3474.28	938.22	4036.45	150.32
1996	530	599	9842.38	2867.03	21332.17	425.08
1997	745	821	17529.24	5204.42	30721.83	1293.82
1998	851	931	19505.64	5745.59	23544.25	841.52
1999	949	1029	26471.17	8213.96	31319.60	944.56
2000	1088	1174	48090.94	16087.52	60826.65	2103.08
2001	1160	1240	43522.20	14463.17	38305.18	1252.34
2002	1224	1310	38329.13	12484.56	27990.45	961.75
2003	1287	1372	42457.71	13178.52	32115.27	1357.75
2004	1377	1463	37055.57	11688.64	42333.95	1510.94
2005	1381	1467	32430.28	10630.51	31664.78	1882.51
2006	1434	1520	89403.89	25003.64	90468.89	5594.29
2007	1550	1641	327140.89	93064.35	460556.22	8680.17
2008	1625	1711	148383.09	45328.096	265423.56	3516.68
2009	1718	1804	290785.93	151377.43	531859.61	5115.48
2010	2063	2159	265422.60	193110.41	544671.46	9594.01
2011	2342	2317	214758.10	164921.30	420072.51	6820.94

资料来源：《中国金融统计年鉴》和 WIND 金融数据库、中宏数据库。

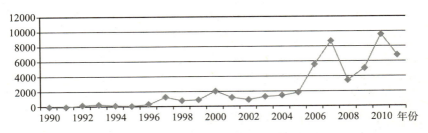

图 4－1 1990～2011 年股票募集资金额

注：数据截至 2011 年 12 月 31 日，纵坐标单位：亿元。资料来源：WIND 金融数据库、中宏数据库。

2. 我国企业债券市场的发展历程

我国企业债券市场的发展也经历了一个曲折的过程，目前已经逐步成长为企业一种主要的债务工具。我国企业债券市场的发展可分为以下五个阶段：

（1）自发阶段（1984～1986年）

从1984年开始，少量企业开始自发地向社会或企业内部集资，这一阶段的集资行为既没有政府审批，也没有相应的法律法规制约，缺乏管理。到1986年年底，这种债券的融资筹集了100多亿的资金。

（2）初步发展阶段（1987～1992年）

1987年3月，国务院颁布实施了《企业债券管理暂行条例》，这是债券市场发展的一个重要标志。从1987年我国正式发行第一支企业债券，到1992年我国企业债券发行规模快速成长，其中1987年发行30亿元，到1992年发行规模已达到684亿元。

（3）治理阶段（1993～2004年）

企业债券前期的迅速发展而相应债券市场基本制度没有跟进，导致有些企业债券出现违约。因此国务院颁布实施了1993年的《企业债券管理暂行条例》对企业债券的发行实行了严格的管制。从管理体制上，国家计委和人民银行负责企业债券的额度和发行审批，我国证监会负责对上市流通债券的监管。其中，中央企业债券和2亿元以上的地方企业债券由人民银行总行和国家计委审批，2亿元以下地方企业债券由人民银行分行会同省级计委审批。这样严格的、僵化的管理体制，大大限制了我国企业债券市场的发展，使得1993～2004年我国企业债券的年发行额都没有超过1992年，在最低点2000年，只发行了83亿元的企业债。

（4）快速发展，不断走向成熟阶段（2005年至今）

2005年开始我国企业债券的发展主要呈现出以下几个特征：

第一、企业债券的发行规模迅速增大，2004年、2005年、2006年分别为327亿元、2046.5亿元以及3938.3亿元。2007年，我国发行的企业债券共募集资金 5059 亿元。1990～2010 年，国债发行额由 197.23 亿元增至 17881.90 亿元，金融债发行额 64.40 亿元增至 13474.20 亿元，企业债券发行额由 126.37 亿元增至 15201.45 亿元。到了 2011 年企业发行债券的总量为 22168.91 亿元，超过国债，与金融债的发行基本持平（表 4－2）。

表 4－2　　　　　　　历年全国债券发行情况　　　　　　单位：亿元

年份	国债		金融债		企业债	
	发行额	期末余额	发行额	期末余额	发行额	期末余额
1990	197.23	890.34	64.40	84.88	126.37	159.44
1991	281.25	1059.99	66.91	118.12	249.96	331.09
1992	460.78	1282.72	55.00	143.12	683.71	822.04
1993	381.31	1540.74	/	108.83	235.84	802.40
1994	1137.55	2286.40	/	95.29	161.75	682.11
1995	1510.86	3300.30	/	1708.49	300.80	646.61
1996	1847.77	4361.43	1055.60	2509.59	268.92	597.73
1997	2411.79	5508.93	1431.50	3628.80	255.23	521.02
1998	3808.77	7765.70	1950.23	5121.13	147.89	676.93
1999	4015.00	10542.00	1800.89	6447.48	158.20	778.63
2000	4657.00	13020.00	1645.00	7383.28	83.00	861.63
2001	4884.00	15618.00	2590.00	8534.48	147.00	190.5
2002	5934.30	19336.10	3075.00	10054.10	325.00	245.5
2003	6280.10	22603.60	4561.40	11650.00	358.00	625.5
2004	6923.90	25777.60	5008.70	14880.00	327.00	895.5
2005	7042.00	28774.00	7117.00	19729.60	2046.5	1447.5
2006	8883.30	31448.70	9080.00	22835.00	3938.30	5532.9
2007	23139.10	48741.00	11918.60	37044.90	5059.00	7683.30
2008	8558.20	49767.83	11785.30	41730.60	8435.40	12850.62
2009	16418.10	59412.45	13748.50	49235.58	15511.90	22248.28
2010	17881.90	65492.85	13474.20	57298.06	15201.45	32660.48
2011	15417.59	69343.45	22994.30	71694.46	22168.91	44206.65

注：数据来源于中宏数据库和 WIND 金融数据库。

第二、发行制度逐步完善。企业债券发行核准程序由先核定规模、再核准发行两个环节简化为直接核准发行一个环节。企业债券发行计划管理体制的改变，确立了市场化导向，为发行规模的迅速扩大奠定了制度基础。

第三、债券品种的创新有所增加。2005 年 5 月 23 日，中国人民银行公布了《短期融资券管理办法》，这是中国企业债券市场不断扩容背景下引入的重要品种。2007 年中国证监会颁布和实施了《公司债券发行试点办法》，上市公司率先试点公司债。实行了主体评级和债券评级两个评级，推出了抵押债券和中小企业集合债券，另外企业可发行无担保信用债券、资产抵押债券和第三方担保债券。推出这三种企业债券的发行方式意味着银行担保角色将有望逐步弱化，信用评级的作用将越来越高。人民银行也开始涉足企业中长期债务市场，于 2008 年 4 月颁布了《银行间债券市场非金融企业债务工具管理办法》。根据该办法，交易商协会出台了一系列相关规则与指引，初步构建起注册制管理框架。在此基础上，2008 年刚推出了中期票据就得到了企业的青睐，2009 年达到了 6913 亿元，同时短期融资券达到了 4612 亿元。在交易所上市交易的公司债和可转债也得到相应的发展。中国企业债券包括了上市公司和非上市企业的全部信用类债券，其具体分类和年度数据见表 4 – 3，从中可见短期融资券和中期票据占大部分，企业债居中，公司债和可转债最少。

表 4 – 3　　　2005～2011 年全国企业公开发行各类债券情况　　单位：亿元

年份	短期融资券	企业债	公司债	中期票据	可分离转债存债	可转债
2011	10162.3	2515.5	1291.2	8199.9	/	413.2
2010	6892.35	2827.03	511.5	4970.57	/	717.3
2009	4612.05	4252.33	734.9	6912.65	30	46.61
2008	4338.5	2366.9	288	1737	632.85	77.2
2007	3349.1	1709.35	112	/	188.8	106.48
2006	2919.5	1015	/	/	99	43.87
2005	1453	654	/	/	/	/

注：数据来源于 WIND 金融数据库。

第四、发债筹集资金的用途逐渐拓宽。以前发行的企业债,通常被称为"项目债",它是额度审批制的基础。所谓项目债,即企业申请发债,必须要有拟投资的项目,债券发行规模不得超过项目总投资额的30%,其中基建项目和技改项目的比例略有不同。但企业融资有多重目的,将募集资金投向纳入固定资产投资计划,按项目审批债券发行规模,或许有助于管理,但不能充分满足企业的融资需求,也不利于其进行资产负债管理。2008年,国家发展改革委员会颁布"关于推进企业债券市场发展、简化发行核准程序有关事项的通知"有关规定,企业发行债券所募资金除用于投资项目外,也可进行并购、债务结构调整和弥补流动资金,由此实现了企业债券融资与项目投资的"脱钩"。这适应了核准制的需要,并大大增加了企业债券融资的潜力。

第五、投资者结构转向以机构投资者为主。交易渠道从交易所市场逐渐拓展到银行间市场。长期以来,我国企业债券投资主体定位于主要在交易所交易的个人和中小投资者。然而,由于企业债券相对于国债具有更高的风险,因此企业债券投资更适合于有较强分析能力和风险承受能力的机构投资者。近年来,机构投资者在我国企业债券市场的份额逐渐增加。2005年12月,人民银行发布了《中国人民银行公告》(2005年第30号),简化了企业债券交易流通的审核程序,从事前审批改为备案制;允许所有银行间债券市场投资者投资企业债券,扩大债券投资主体范围。这项规定的主要创新点就是商业银行被允许投资企业债券,企业债券的投资主体进一步扩大。

3. 我国金融市场的整体结构

从表4-4中国金融资产存量可以看出,虽然股票流通市值和债券余额每年都有较快增长,2009年股票流通市值达到151259亿元,债券余额达到82354亿元,但金融机构贷款总量仍远超过股票融资和债券融资,贷款余额从1979年到2009年增加了190倍,超过了 30 多万亿。银行主导融资下资本市场的发展变化从图 4 - 2 可以看得一清二楚。从表 4 - 5 中国金融资产结构知，贷款余额占全部金融资产比率从 1979 年最高的 94.33% 下降到 2009 年的 43.13%。贷款余额占比从接近全部到不足一半，债券和股票从无到有，2007 年股票流通市值占全部金融资产比率达到 15.38%，债券余额占全部金融资产比率也达到了 8.41%。图 4 - 3 清楚地显示：1986 ~ 2009 年贷款余额占比基本是一条稳步向下的曲线，而股票流通市值占比、债券余额占比和企业债券的占比三条曲线表明总体的向上趋势。这表明资本市场的兴起增加了企业的融资渠道，特别是企业债券市场的发展，增加了企业的债务融资渠道，已经同银行贷款展开了竞争。

表 4 - 4　　　　　中国金融资产总量（1979 ~ 2009 年）　　　　单位：亿元

年份	金融机构资金运用（1）	贷款余额（包含在（1）中）	债券余额	股票流通市值	保费余额	金融资产总量
1979	2162.20	2039.6	0	0	0	2162.2
1980	2624.30	2414.3	0	0	0	2624.3
1981	3170.80	2764.6	48.66	0	0	3219.46
1982	3618.40	3180.6	92.49	0	0	3710.89
1983	4124.90	3589.9	134.07	0	0	4258.97
1984	5370.30	4766.1	176.6	0	0	5546.9
1985	6398.40	5905.6	237.21	0	25.7	6637.41
1986	8462.40	7590.8	393.37	0	42.4	8898.17
1987	10547.40	9032.5	557.26	0	67.1	11171.76
1988	12470.40	10551.30	658.04	0	94.8	13223.24
1989	14650.60	14360.10	878.12	0	122.9	15651.62
1990	19377.00	17680.70	1085.78	0	155.8	20618.6
1991	23973.00	21337.80	1393.14	38.00	209.7	25613.8
1992	29106.60	26322.90	2133.04	335.00	342.9	31917.5

续表

年份	金融机构资金运用（1）	贷款余额（包含在（1）中）	债券余额	股票流通市值	保费余额	金融资产总量
1993	37056. 40	32943. 10	2374. 88	862. 00	456. 9	40750. 2
1994	49558. 40	40810. 10	2962. 95	964. 82	376. 4	53862. 6
1995	64221. 70	50538. 00	3946. 91	937. 94	453. 3	69559. 9
1996	79033. 70	61152. 80	4959. 16	2867. 03	538. 3	87398. 2
1997	95008. 10	74914. 10	6029. 9	5204. 43	772. 7	107015. 1
1998	110420. 50	86524. 10	8442. 63	5745. 59	1255. 9	125864. 6
1999	123230. 60	93734. 30	11320. 63	8213. 97	1406. 2	144171. 4
2000	135483. 70	99371. 10	14535. 63	16087. 52	1596	167702. 9
2001	154876. 10	112314. 70	16626. 63	14463. 16	2109. 4	188075. 3
2002	184024. 50	131293. 93	20633. 63	12484. 55	3053. 1	220195. 8
2003	225313. 30	158996. 23	21951. 6	13178. 52	3880. 4	264323. 8
2004	262740. 00	178197. 78	25409. 24	11688. 64	4318	304155. 88
2005	302042. 80	194690. 39	28875. 99	10630. 51	4932	346481. 3
2006	365230. 10	225347. 20	31879. 67	25003. 64	5640	427753. 41
2007	454267. 80	261690. 88	50924. 71	93064. 00	7036	605292. 51
2008	538405. 59	303394. 64	55556. 81	45213. 90	9784	648960. 3
2009	681875. 00	399685. 00	82354. 00	151259. 00	11137	926625

注：资料来源如下：1. 1978～2002 年债券数据引自：王广谦. 中国经济增长新阶段与金融发展 [M]. 中国发展出版社，2004 年版，第 290～291 页；2. 2003～2007 年债券数据引自中国债券信息网（http：//www. chinabond. com. cn）；3. 2008 年、2009 年金融资产数据引自中宏数据库；4. 其他数据引自《中国金融年鉴》（1989～2008 年）；5. 金融资产总量 = 金融机构资金运用 + 债券余额 + 股市流通市值 + 保费余额；6. 债券余额 = 国债余额 + 企业债券余额。

表 4－5　　　　　中国金融资产结构（1979～2009 年）　　　　单位：%

年份	金融机构资金运用比例（1）	贷款余额占比（包含在（1）中）	债券余额比例	股票流通市值比例	保费余额比例
1979	100. 00	94. 33	0. 00	0. 00	0. 00
1980	100. 00	92. 00	0. 00	0. 00	0. 00
1981	98. 49	85. 87	1. 51	0. 00	0. 00

续表

年份	金融机构资金运用比例（1）	贷款余额占比（包含在（1）中）	债券余额比例	股票流通市值比例	保费余额比例
1982	97.51	85.71	2.49	0.00	0.00
1983	96.85	84.29	3.15	0.00	0.00
1984	96.82	85.92	3.18	0.00	0.00
1985	96.40	88.97	3.57	0.00	0.39
1986	95.10	85.31	4.42	0.00	0.48
1987	94.41	80.85	4.99	0.00	0.60
1988	94.31	79.79	4.98	0.00	0.72
1989	93.60	91.75	5.61	0.00	0.79
1990	93.98	85.75	5.27	0.00	0.76
1991	93.59	83.31	5.44	0.15	0.82
1992	91.19	82.47	6.68	1.05	1.07
1993	90.94	80.84	5.83	2.12	1.12
1994	92.01	75.77	5.50	1.79	0.70
1995	92.33	72.65	5.67	1.35	0.65
1996	90.43	69.97	5.67	3.28	0.62
1997	88.78	70.00	5.63	4.86	0.72
1998	87.73	68.74	6.71	4.56	1.00
1999	85.48	65.02	7.85	5.70	0.98
2000	80.79	59.25	8.67	9.59	0.95
2001	82.35	59.72	8.84	7.69	1.12
2002	83.57	59.63	9.37	5.67	1.39
2003	85.24	60.15	8.30	4.99	1.47
2004	86.38	58.59	8.35	3.84	1.42
2005	87.17	56.19	8.33	3.07	1.42
2006	85.38	52.68	7.45	5.85	1.32
2007	75.05	43.23	8.41	15.38	1.16
2008	82.96	46.75	8.56	6.97	1.51
2009	73.59	43.13	8.89	16.32	1.20

资料来源：本表是根据表 4-4 计算所得。

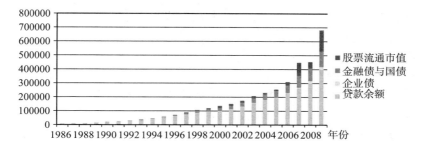

图 4 - 2　1986～2009 年我国金融资产存量结构

注：具体数据见表 4 - 1 和表 4 - 4。

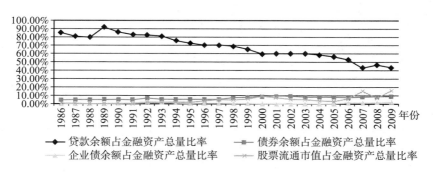

图 4 - 3　1986～2009 年我国贷款、债券和股票占比走势

注：具体数据见表 4 - 2 和表 4 - 5。

▶▶ 4.1.3　信贷市场和企业债券市场的期限结构比较

1. 银行贷款和企业债券期限结构特点

根据企业债务期限结构与融资方式选择理论，企业一般会选择和所投资项目的投资期限和现金流相一致的债务工具，基于再谈判成本和流动性风险的考虑，在短期融资时会优先选择银行贷款，而长期债务融资时会优先考虑企业债券。

从债务工具来讲银行贷款和企业债券在不同的债务融资期限拥

有各自的比较优势，正是这种债务契约功能上的差别在短期造成了信贷市场与企业债券市场替代关系。然而由于每个市场上主导的治理机制都有很大不足，所以企业选择不同的金融契约的行为产生了部分替代。同时，由于企业债券市场有专门独立的信用评级制度，发行债券的企业各种信息的公开披露，投资者在市场上的选择行为会产生一种"溢出效应"，即银行通过观察企业债券的评级和债券价格的波动就可以推断企业的质量，从而更好地做到对借款人分级，节省信息甄别成本，提高贷款质量。反过来，如果一家企业频繁获得银行贷款，基于银行的审慎行为和专业化能力，投资者可以判断企业的质量。银行信贷市场竞争越激烈，其"溢出效应"越大。这样，投资者和银行在市场上的投资策略分别产生了正的外部性，导致股票市场和信贷市场的共同发展。

我国的银行贷款和企业债券期限的特征是否符合上述理论？我们先看 1999～2011 年我国企业债券和银行贷款各自的期限结构。

从表 4-6 可以看出，1999～2004 年我国没有发行 1 年及 1 年期以下的企业债券。2005 年我国银行间市场开始发行期限不超过 1 年的短期融资券，每年发行额越来越大，2011 年发行了 5190.50 亿元短期融资券，发行金额总共为 14998.02 亿元，占企业各类债券发行量的 35%；而 1～5 年的企业类债券有 6675.62 亿元，占总体企业债券发行量的 45%，其主体是中期票据，它的增长率最快，在 2009 年就超过 6000 亿元，是当年发行量最大的品种；5～10 年的企业债券有 3041.90 亿元，占总体企业债券发行量的 20%，发改委审核的企业债券是其发行主体；10 年以上的企业债券有 90.00 亿元，只占总体企业债券发行量的 0.6%，主要是中央企业发行的企业债券。虽然整体上我国 1 年以上的中长期企业债券还略占优势，但近年短期融资券增长非常迅速（图 4-4），而 10 年以上的长期债券严重偏少并且增长缓慢，说明我国的企业公开发债偏重于中长期债务特征并不明显，这是我国企业债券期限结构的突出特点。

表 4 – 6　　　　1999 ~ 2011 年我国企业债券发行的期限结构　　　单位：亿元

期限 年份	1 年以下	1 ~ 5 年	5 ~ 10 年	10 年以上	发行量合计
1999	0.00	10.00	62.50	0.00	72.50
2000	0.00	20.00	30.00	0.00	50.00
2001	0.00	0.00	95.00	45.00	140.00
2002	0.00	55.00	60.00	210.00	325.00
2003	0.00	8.00	220.00	130.00	358.00
2004	0.00	0.00	286.24	40.00	326.24
2005	1453.00	15.00	444.00	195.00	2107.00
2006	2919.50	20.00	449.00	526.00	3914.50
2007	3349.10	106.50	1394.81	331.00	5181.41
2008	4338.50	2130.00	1895.90	366.00	8730.40
2009	4614.70	7192.00	4380.23	300.00	16486.93
2010	6754.03	3951.19	4024.73	610.00	15339.95
2011	5190.50	6675.62	3041.90	90.00	14998.02
合计	28619.33	20183.31	16348.31	2843	68029.95

注：企业债券数据不包括金融债券和可转债。期限：不含下限，含上限日。如 1 年以下含 1 年，1 ~ 5 年含 5 年，下文中同。资料来源：由中央国债登记结算有限责任公司 1999 ~ 2011 年企业债券统计月报整理而得。

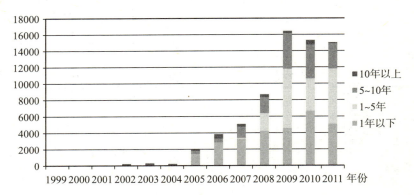

图 4 – 4　1999 ~ 2011 年我国企业债券期限结构

注：绘图数据来源同表 4 – 6，纵坐标数值单位为亿元，横坐标的单位为年份。

我国银行贷款的期限结构如何？我国银行贷款按偿还期限的不同可分为短期贷款、中期贷款和长期贷款。金融机构贷款的期限结构如表4－7和图4－7所示。

表4－7　　　　　1999～2011年金融机构短期贷款和中长期贷款的金额

单位：亿元

年份	短期贷款	中长期贷款	贷款总量（短中长）
1999	63887.60	23968.30	87855.90
2000	65748.07	27931.19	93679.26
2001	67327.23	39238.08	106565.31
2002	74247.90	48642.04	122889.94
2003	83661.15	63401.40	147062.55
2004	86836.83	76707.37	163544.20
2005	87449.16	87460.42	174909.58
2006	98509.53	106512.40	205021.93
2007	114477.91	131539.08	246016.99
2008	125181.65	154999.79	280181.44
2009	146611.31	222418.76	369030.07
2010	166233.38	288930.43	455163.81
2011	203132.62	323806.52	526939.14
合计	1383304.34	1595555.78	2978860.12

注：贷款总量不包括信托类和其他没有归入短期和中长期贷款的贷款项目。

资料来源：根据中国人民银行每年12月公布的金融机构人民币信贷收支表整理而来，短期贷款指贷款期限在1年以内（含1年）的贷款。中期贷款指贷款期限在1年以上（不含1年）5年以下（含5年）的贷款。长期贷款指贷款期限在5年（不含5年）以上的贷款。因为收集数据的困难，我们把中期贷款和长期贷款合并为中长期贷款。

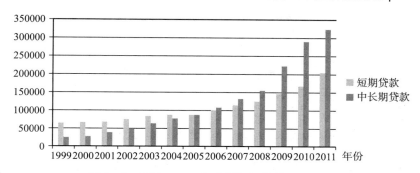

图4-5 1999~2011年我国银行贷款期限结构

注：绘图数据来源同表4-7，纵坐标数值单位为亿元，横坐标的单位为年份。

从表4-7看出，1999~2011年银行短期贷款的总金额为1383304.34亿元，中长期贷款的总金额为1595555.78亿元，银行短期贷款相对于中长期贷款总额仍多出212251.44亿元。但银行的短期贷款与中长期贷款的比率 m（ = 短期贷款/中长期贷款）从1999年的2.67逐步缩小为2011年的0.63。从图4-5明显地看出虽然短期贷款和中长期贷款每年都在增长，但是中长期贷款的增长速度快于短期贷款，并在2005年首度超过短期贷款，2006年以后两者的差距进一步扩大了。这种贷款的期限结构特点说明我国的商业银行过多地涉足没有比较优势的长期债务。

结合表4-6和表4-7的融资期限结构特点来看，我国企业公开发债是以5年以上的企业债券为主发展成短中期债券占优，而银行贷款由以1年期以内（包括1年）的短期贷款为主发展到短期贷款和中长期贷款并重。从两者的融资比重上看：1999~2011年企业债券发行总额为68029.95亿元，而银行贷款总额为2978860.12亿元，企业债券的融资额不到银行贷款的3%，这说明不管是短期债务还是长期债务，银行贷款是企业最重要的融资选择。我国企业债务结构特点表明：我国企业债券市场的发展仍然非常滞后，其在长期债务融资上的比较优势没有充分发挥。银行作为我国主导型的融资渠道，承担了绝大部分企业的中长期债务的融资。同时，商业银行资产负债期限相匹配的风险管理原则很大程度决定了一国信贷市场的边界，银行过多涉足中长期贷款不仅有违其在短期贷款的比较优势，而且积累了大量的风险。同时这也给企业债券融资提供了生长和发展的空间。

2. 银行贷款长期化的产生原因和引致问题的解释

我国企业债务期限结构的现实与理论不太一致。主要因为我国绝大多数企业在债务工具的选择上在很大程度上受制于严格的金融管制和外部市场环境。

第一、我国企业债券市场的严格控制。1993 年国务院颁布了《企业债券管理条例》，按此规定："国家发改委等部门拟订全国企业债券发行的年度规模和规模内的各项指标，未经国务院同意，任何地方、部门不得擅自突破企业债券发行的年度规模，并不得擅自调整年度规模内的各项指标；所筹资金用途必须符合国家产业政策，并且应按照审批机关批准的用途，用于本企业的生产经营；企业债券的利率不得高于银行相同期限居民储蓄定期存款利率的40％。"此规定完全忽视了企业债券契约的交易属性和其市场治理机制的基本原则，企业的发债规模、资金用途和债券利率受到严格的管制。国家发改委等部门以委托贷款人的姿态审核每一笔企业债券，每年的企业债券发行规模只是当年信贷规模的一个微不足道的补充，由监管部门分配给中央和地方的国有企业。这种高度的配额控制使发行企业债券成为大多数企业的一种奢望。即使是中长期债务融资也只能依赖银行贷款，致使企业债券市场相对于银行贷款市场一直是"跛足"。债券市场规模小、市场化程度低、交易成本过高并且发行和交易市场割裂，这反过来又降低了企业发债的融资主动性。

第二、基于我国银行贷款的特有属性所致：一方面，国有银行一直受到保护，政府管制存贷利率，资金价格没有形成真正的市场价格，商业银行因此而获得近4%的存贷利差，在当前银行体系存在大量存差的情况下，扩展中长期贷款是银行获得利润的主要来源；另一方面，国有银行对国有企业的债权长期以来成软约束状态，使很多短期贷款延期为中长期贷款。国有银行难以对违约的国有企业行使破产清算的惩罚权力，这事实上造成了国有企业对国有商业银行融资的一种刚性依赖，基于上述预期，国有企业几乎所有的债务融资（包括中长期债务）都主要来自于银行贷款。

商业银行贷款长期化有巨大的风险。首先，贷款长期化受制于银行存款短期化。在居民部门储蓄存款里面，活期存款占定期存款的比率逐渐上升，2008年已经超过了50%。与此同时，2008年中长期贷款余额占金融机构各项贷款余额的比率超过了50%。其中商业银行的"短存长贷"更加明显，商业银行更多地承担了企业债券市场融资的功能。其次，商业银行存贷期限不匹配造成金融市场风险。一是流动性风险，因为这种期限的不匹配，致使银行必须用稳定的短期资金来源支撑中长期贷款，一旦银根缩紧，储蓄分流使存贷风险上升，商业银行就会面临流动性风险。二是利率风险，根据利率缺口理论和持续期缺口理论，"短存长贷"导致商业银行的利率敏感性资产与利率敏感性负债不匹配，一旦利率变动，就会对银行的净利差收入产生影响。由于我国商业银行的存贷款期限失衡，期限不匹配将是我国商业银行产生利率风险的主要原因。三是信贷风险，银行发放过多中长期贷款，当经济周期转变时，就存在巨大的信贷风险。目前，随着国家宏观调控的实施，一些中长期贷款的风险已经显现。由于中长期贷款主要投放在固定资产和基础设施领域，如钢铁、水泥、电解铝等行业，而这些行业的风险随着经济周期的转变开始加大。

总而言之，商业银行资产负债期限相匹配的风险管理原则很大程度决定了一国信贷市场的边界，银行过多涉足中长期贷款不仅有违其在短期贷款的比较优势，而且积累了大量的风险。这也给企业债券生长和扩大的空间。如何使银行摆脱资产负债不匹配的困扰，专注其在短期债务融资上的比较优势？大力发展企业债券市场，发挥企业债券中长期债务融资的比较优势是一个可行的选择。因为它可以降低金融体系的系统风险。如果存在发达的债券市场，企业就可以转向该市场通过发债来满足长期的投资需求，相应地降低银行借短贷长的压力，降低资产负债的期限不匹配；同时，企业发行长期债券，减少银行借短期外债的压力，货币的不匹配就会减少，从而降低银行发生危机的可能。

▶ 4.2　金融市场的监管

▶▶▶ 4.2.1　中国银行信贷监管的演变

1. 商品经济体制下的银行信贷监管体制（1979～1994 年）

1980 年中国人民银行决定在信贷资金集中计划的前提下，建立总分行的二级管理结构，赋予地方银行若干资金管理权限，以调动地方积极性，并于 1981～1984 年正式制定并实施了"差额包干"为基本特点的银行信贷管理办法。这种资金管理方式的原则是"统一计划、分级管理、存贷挂钩、差额包干"。在中国人民银行正式改组成为中央银行、专业银行承担商业性银行业务的基础上，1985 年国家实行了"统一计划、划分资金、实存实贷"的银行信贷资金管理方式。各专业银行成为独立的经济单位和自负盈亏的商业性机构，专业银行与中国人民银行之间的无偿资金调拨关系被有偿资金借贷关系所取代。在银行的资金使用方面，尽管中央银行仍旧采用信贷计划的方式对专业银行的资金进行质量控制（规定贷款方向与结构）和数量控制（限定贷款规模），但银行对其资金使用负有完全的管理责任。

在这种环境下，加强信贷风险管理已成为商业银行的共识。四大专业银行制定了包含信贷风险管理思想的商业银行资产负债比例管理的细则，专业银行信贷风险管理也取得了一定程度的进展。但是在这个阶段，银行信贷管理也存在很多的弊端，各专业银行的信贷权限管理体制是粗放型的分级管理体制，基本上依照分支机构行政级别或业务量大小等因素划分权限等级。由于总分支行实施各种形式的层层"行长贷款负责制"，虽然在形式上采用审贷委员会和审贷分离管理，其实质仍然是行政领导权与信贷决策权的混合管理，总、分、支三级行政领导都在实质上拥有人事权、费用权的同时也当然地拥有信贷决策权，权力得不到制约。

1978～1993年，四大银行除从事商业性业务外，还承担政策性任务。由于政府仍然是投资的主体，国有专业银行的贷款成为政府经济调控的主要手段和弥补政府财政资金短缺的重要渠道。为了自身需要，政府对专业银行实行"指令性贷款"和其他多方面干预。在银行商业化改革前，由于专业银行与国有企业是"兄弟关系"，因而并不存在严格市场意义上的借贷关系和清偿压力。

2. 市场经济体制下的银行信贷监管体制（1994年至今）

1993年12月25日国务院颁布《关于实行分税制财政管理体制的决定》，从1994年1月1日起正式实行分税制，改革地方"财政包干"体制。地方政府官员在干部人事制度和考核制度的约束条件下开始追求以地方经济发展为主导的所谓"政绩最大化"，使地方政府的行为发生显著的变化。GDP的政绩考核指标导向和地方政府官员的任期机会主义行为，使地方政府有较强动机对本地区金融资源进行剥夺。因此，财政分权改革最终加强了地方政府干预银行信贷资源的动机和强度，从而导致了地方政府加强对银行信贷决策与信贷行为的干预（黎凯、叶建芳，2007）。

1994年我国正式确立要建立商业银行体制，同年组建三家政策性银行，将原国有专业银行的政策性业务分离出来，期望实行政企分开，摆脱各级政府的干预，从而为国有专业银行的商业化改造创造条件。在这一阶段制定了《中华人民共和国中国人民银行法》、《中华人民共和国商业银行法》等一系列法规；颁布了《贷款通则》，推行主办银行制度；建立贷款咨询登记系统；接受并执行《巴赛尔协议》，实行贷款风险分类管理。从 1998 年起，中国人民银行取消对国有商业银行贷款限额控制，实行"计划指导、自求平衡、比率管理和间接调控"的管理体制，国有商业银行经营自主权得到进一步落实。

银监会 2003 年成立负责商业银行贷款的监管，2003 年发布的《中华人民共和国银行业监督管理法》①。银监会更加注重通过审慎有效的监管来促进商业银行内控机制的形成和内控效率的提高，增进市场信心。同时银监会负责银行业的市场准入和运行监督，依法查处违法违规行为等。《中华人民共和国商业银行法》对商业银行的贷款规定了资产负债比率管理，如资本充足率不得低于 8%。《贷款通则》明确了贷款的种类、期限和利率，对借款人基本没有限制。对贷款用途规定：不得从事股本权益性投资，不得用贷款在有价证券、期货等方面从事投机经营。《中华人民共和国银行业监督管理法》特别强调："银行业监督管理机构及其从事监督管理工作的人员依法履行监督管理职责，受法律保护。地方政府、各级政府部门、社会团体和个人不得干涉。"

综合上述法规，银监会对全国的商业银行是审慎监管。对商业银行的贷款只是实行资产负债比例管理，商业银行自主发放贷款。各地银监办是银监会的派驻机构，不受地方政府的行政干预。不仅如此，四大国有商业银行和全国性股份制商业银行也实行一种条状管理，防止地方分支机构的贷款决策受当地政府的影响。从法规和

---

① 1995 年颁布的《中华人民共和国商业银行法》于 2003 年 12 月作了修改，1995 年中国人民银行颁布的《贷款通则》沿用至今。2003 年发布的《中华人民共和国银行业监督管理法》于 2006 年 10 月得到进一步的修改，主要细化了对与涉嫌违法事项有关的单位和个人采取的具体措施。

机构设置上尽力避免各地政府干涉商业银行贷款发放。从 1994 年起，为了化解国有银行的不良贷款，减少地方政府的行政干预，中央就对国有银行的政策性业务和商业性业务进行了分离，1999 年银行不良资产通过债转股开始市场性实施，2003 年对国有银行注资，开始引入战略投资者，对其进行股份制改造，2005～2010 年四大国有商业银行分别在境内外上市。总之，全国性商业银行一系列市场化改革，就是为了理清政府、银行和企业的关系，银行管制的手段越来越市场化，行政干预越来越少。除了地方性的信贷机构，地方政府不能直接干预全国性的商业银行贷款业务①。

3. 贷款利率的管制

银行利率政策长期以来受到中央银行对贷款利率的区间限制。从 1986 年开始，中国开始了贷款利率市场化的尝试，几次反复，进展不大。直到 1998 年中国才基本形成了逐步放松贷款利率管制的趋势。从 1998 年 10 月 31 日起，央行规定各商业银行、城市信用社对小型企业贷款利率最高上浮幅度由当时的 10% 扩大为 20%，最低下浮幅度 10% 不变；农村信用社贷款利率提高上浮幅度由当时的 40% 扩大到 50%。大中型企业贷款利率最高上浮幅度 10% 不变，最低下浮幅度 10%。从 1999 年 9 月起，金融机构对中小企业贷款利率可在法定贷款利率基础上上浮 30%，对大型企业贷款最高上浮 10%；最低下浮 10%。从 2004 年 1 月 1 日起，在人民银行制定的贷款基准利率的基础上，国内商业、城市信用社贷款利率最高可上浮 70%，农村信用社最高可上浮 100%，而浮动下限仍保持在最多 10% 不变。2004 年 10 月 29 日起，金融机构（不含城乡信用社）的贷款利率原则上不再设定上限，贷款利率下限仍为基准利率的

---

① 地方性信贷机构：主要是指城市商业银行、城市信用社。事实上很多地方政府是地方银行的大股东，地方银行的管理人员由地方政府委派，使得地方政府能对商业银行贷款施加压力。不过这些信贷机构也要接受银监会监管，其贷款风险和银行经营的可持续性也使地方政府的干预有所顾忌。

0.9 倍。对金融竞争环境尚不完善的城乡信用社，贷款利率仍实行上限管理，最高上浮系数为基准贷款利率的 2.3 倍，贷款利率下浮幅度仍为 0.9 倍。在利率非市场化的情况下，狭小的浮动区间使信贷资金成本对贷款企业的盈利能力和财务风险呈现出相对刚性，债权人不能灵活调整资金使用价格来缓解同企业实际控制人潜在的代理冲突。

▶▶▶ 4.2.2 中国企业债券监管的演变

1982～1986 年，我国企业债券属于自发阶段，没有监管。1987 年，国务院颁布实施了《企业债券管理暂行条例》，企业债券由国家计委与中国人民银行共同管理，实行了首次分权。人民银行于 1989 年开始发短期融资券，1987～1992 年的分权竞争使企业债券规模的迅速扩大。国务院于 1993 年颁布《企业债券管理暂行条例》对企业债券的发行实行了严格的管制。人民银行 1997 年后也停止审批短期融资券。自 2000 年起，国家发改委（国家计委）成为企业债券的主管部门，负责企业债券额度的申报和债券发行的审核；中国人民银行和中国证监会成为企业债券的会审部门监管作用大大弱化。1993～2004 年是一个集权化的债券监管过程，缺乏监管竞争，限制了我国企业债券市场的发展。

我国企业债券发行的主要监管部门国家发展和改革委员会沿用 1993 年《企业债券管理条例》至 2008 年，对企业发行债券采取严格的审批制，管制的核心内容有四类：（1）进入管制，要求发债企业规模达到要求，企业经济效益良好，发行企业债券前连续三年盈利；所筹资金用途符合国家产业政策，优先审批企业固定资产投资和大型项目债券，企业为日常经营发债限制较大；发债企业必须进行外部信用评级，而且要有国有银行或者大型国有企业提供的连带责任担保。（2）数量管制，即发行额度限制，1993 年《企业债券管理条例》第十条规定："国家计划委员会（后改为国家发展和改革委员会）会同中国人民银行、财政部、国务院证券委员会拟订全国企业债券发行的年度规模和规模内的各项指标，报国务院批准后，下达各省、自治区、直辖市、计划单列市人民政府和国务院有关部门执行。未经国务院同意，任何地方、部门不得擅自突破企业债券发行的年度规模，并不得擅自调整年度规模内的各项指标。"（3）价格管制，企业债券的利率不得高于银行相同期限居民储蓄定期存款利率的百分之四十。（4）程序管制，中央企业发行企业债券，由中国人民银行会同国家计划委员会审批；地方企业发行企业债券，由中国人民银行省、自治区、直辖市、计划单列市分行会同同级计划主管部门审批。1999 年起，中国人民银行将发行审批的主要权力移交国家计委（现国家发展改革委）。上述中央政府对企业债券发行的高度管制，特别是审批程序管制和计划额度管理，使得地方政府对本地企业发行债券的行政干预合理化。地方政府对自己控制的国企和关联企业必定会优先考虑。

　　2005 年，中国人民银行颁布了《短期融资券管理办法》，重新引入了短期融资券，开启了企业发债监管主体新一轮分权竞争。锦标赛的效果非常明显，发改委明显加快企业债的审核发行。2007 年中国证监会颁布和实施了《公司债券发行试点办法》，上市公司率先试点公司债。这标志证监会获得了期待已久的公司债券发行审核的监管权力。《公司债券发行试点办法》和随后的配套措施使得证监会在公司债券市场的整体制度建设上取得了优势。这刺激了国家发改委债券监管制度的创新，于 2008 年年初推出《关于推进企业债券市场发展、简化发行核准程序有关事项的通知》等市场化的监管举措。对 1993 年的《企业债券管理条例》作了如下简要的修改：（1）将先核定规模、后核准发行两个环节，简化为直接核准发行一个环节；（2）企业可发行无担保信用债券、资产抵押债券、第三方担保债券；（3）债券的利率由企业根据市场情况确定，但不得超过国务院限定的利率水平；（4）最近三年平均可分配利润（净利润）足以支付企业债券一年的利息。然而企业的申报程序依然未变，地方企业依然要经过所在省、自治区、直辖市、计划单列市发展改革部门转报。

人民银行也开始涉足企业中长期债务市场，于 2008 年 4 月颁布了《银行间债券市场非金融企业债务工具管理办法》。根据该办法，交易商协会出台了一系列相关规则与指引，初步构建起注册制管理框架。在此基础上，2008 年推出了中期票据。在三部门的监管良性竞争中，债券市场基础设施得以建立和发展，债券市场规模迅速扩大。

▶▶▶ 4.2.3　我国企业债券市场分权监管体系

1. 我国企业债券监管格局

从历史的演变可看出，在发行监管上我国形成了人民银行、国家发改委和证监会三足鼎立的局面，而场内和场外债券交易市场则分别由证监会和人民银行监管。因此我国企业信用类债券的监管是典型的多头监管，基于现行的发行监管机关的不同，可将信用债分为三大类：第一类是企业债和中小企业集合债，由发改委核准发行，其中企业债包括中央企业债和地方企业债，是非上市公司发行的中长期债券；第二类是公司债和可转债，由证监会核准发行，其中公司债一般期限在 1 年以上，只由上市公司发行；第三类是短期融资券（CP）、中期票据（MTN）和中小企业集合票据（SMECN），由中国银行间市场交易商协会（以下简称"交易商协会"）注册发行。债券的发行监管措施见表 3 - 8。

2. 企业类债券监管部门发行审核的比较

（1）发改委对企业债发行采取"审批制"

目前的审批流程是：①中央企业向国家发改委财金司上报申请，地方企业向地方发改委上报申请并转报国家发改委财金司；②财金司直接将相关文件转专业司局征求意见无异议后，返回财金司进行初审并经复核后向委主任上报审批（30 亿元发行规模以上报委主任办公会审批）；③委主任签署同意后，会签人民银行、证监会后发行。发改委最新的监管原则是进行同意或否决的合规性审查，只要企业财务报表支持，募投项目符合国家产业政策即批准发行，并不像以往调减企业发行规模。发改委定期调集少数券商参与初步审核，提高了审核速度。据正在征求意见的《关于企业债有关具体事项的说明》，拟开展商业银行承销企业债券的试点工作。

（2）银行间市场采用"注册制"

中期票据和短期融资券的发行由银行间市场交易商协会自律性监管。他们发布了一系列监管规则和指引，细化了中期票据信息披露等方面的监管要求。具体有：发行注册规则、信息披露规则、中介服务规则；中期票据业务指引、尽职调查指引和募集说明书指引等。目前"注册"的流程是：①交易商协会注册办公室负责接收注册文件，要件齐备的办理接收手续，否则予以退回；②注册办公室对注册文件进行初评，实行初评人和复核人双人负责制，初评人于20个工作日出具书面反馈（如有），复核人对初评人的工作进行复核，可根据需要出具书面反馈；③初审结束后，由注册办公室从注册专家名单中随机抽取5名注册专家组成专门的注册委员会确定是否接受发行注册，每周原则上召开一次注册会议。所有专家均发表"接受注册"意见的，协会接受注册；2名（含）以上注册专家发表"推迟接受注册"意见的，退回注册文件；不属于以上两种情况的，有条件接受注册，发行人对注册材料进行相应补充，经提出意见的专家确认后，接受发行注册。

交易商协会实行"自律管理"：发行人必须成为协会特别会员，并承诺自愿接受自律管理；主承销商必须是具有债务融资工具主承销资格的金融机构；评级机构、律师事务所、审计机构必须在协会登记备案。发行是在银行间市场以向承销团成员簿记建档、集中配售的方式进行。

（3）证监会对公司债的发行采用"核准制"

证监会建立了公司债券发行的规则体系和以市场化为导向的公

司债券发行审核制度。引入股票发行审核中已经比较成熟的发审委制度和保荐制度,以核准制的方式对发行人的质量和信用进行把关。建立了强制性的信息披露制度,规范了资信评级业务,建立了公司债券受托管理人制度。

在市场发展方面,证监会进一步优化了债券投资者结构和债券产品,巩固债券市场进一步发展的基础;以推动商业银行自主进入交易所债券市场为工作重点,推动交易所债券市场和银行间债券市场的统一互联;大力发展债券市场机构投资者。适应市场要求,不断推出债券新品种;在单一可转换公司债券的基础上推出了分离交易的可转换公司债券和上市公司股东发行的可交换公司债券;对完善资本市场结构、促进股票市场和债券市场的协调发展发挥了重要作用。

(4) 审核标准不统一容易引起监管套利

企业债基本上是纯粹的行政审批。①目前主要的发行人是地方政府下属的市政建设公司或者控股的资产经营公司,通常存在着地方政府的隐性财政担保,容易引发道德风险;②企业债的发行人在发行时的信息披露不充分、不透明,审计、评估以及财务数据缺乏公信力,影响了机构投资者的风险判断;③企业债在银行间市场缺乏强制性、持续性和规范化的信息披露约束,有的发行人甚至连续三年没有公布过经审计的财务报表。

中票审核并不是实质意义上的注册制。①其业务流程基本参照核准程序,所谓的注册制只是放松了的核准制;②注册专家库成员基本上全部来自业界,由利益相关方进行同业审核,巨大的利益冲突将使审核过程形同虚设;③与企业债券相似,在短融和中票出现违约风险时,人民银行会要求商业银行用银行贷款进行转贷处理,相当于存在银行的隐性担保。2006 年 3 月,福禧投资控股有限公司发行了 1 年期短期融资券 10 亿元。四个月后,其实际控制人张荣坤受上海社保案牵连,违约的短期融资券由相关商业银行代为偿付。

与前者相比,证监会对公司债券的核准制,(1) 审核严格,但周期相对更长,要求相对较高,容易造成优质发行主体的流失;

（2）审核标准不统一所导致的监管竞争，容易引发发行主体的监管
套利行为，监管标准较低的产品和市场能够在一定时期内获得较快
发展，但同时也会形成风险洼地，导致风险的集中积聚。这种情况
不利于公司信用债券的长期稳定健康发展；（3）在发行方式方面，
证监会主管的各类公司债只有公开发行一种方式，不能满足各类投
资者的不同需求。在美国，发行人可以通过非公开发行方式向其认
定的合格机构投资者发行债券（见表4-8）。

表4-8　　　　　　　　我国企业债券市场分权监管现状

项目	短期融资券	中期票据	企业债	公司债	可转债，可分离转债
发行监管部门	人民银行	人民银行	国家发改委	证监会	证监会
现行主体法规	2008年《银行间债券市场非金融企业债务工具管理办法》；《银行间债券市场非金融企业短期融资券业务指引》；《银行间债券市场非金融企业债务融资工具注册工作规则》	2008年《银行间债券市场非金融企业债务融资工具管理办法》；《银行间债券市场非金融企业中期票据业务指引》；《银行间债券市场非金融企业债务融资工具注册工作规则》	2008年《关于推进企业债券市场发展、简化发行核准程序有关事项的通知》；《企业债券管理条例》（国务院令〔1993〕第121号）	2007年《公司债券发行试点办法》	2006年《上市公司证券发行管理办法》2008年《上市公司股东发行可交换公司债试行规定》
获批程序	注册制	注册制	核准制	核准制	核准制
交易场所	银行间市场	银行间市场	银行间市场，交易所市场	交易所市场	交易所市场
交易监管部门	人民银行	人民银行	人民银行，证监会	证监会	证监会
总托管人	中央结算公司	中央结算公司	中证登公司、中央结算公司	中证登公司	中证登公司

▶ 4.3 法律环境

中国的法律渊源接近大陆法系国家，但在很多方面又不同于大陆法法律国家。中国的法律体系还很不完善，政策和制度仍起着主导作用，执法腐败很大程度地存在。在现实中，中小股东的利益往往得不到保护，他们经常遭受大股东的掠夺。如控股股东非法占用上市公司资金，通过关联交易，利用透支上市公司信用侵占上市公司利益。在中国，无论是对小股东权利还是对债权人权利的保护都不够充分：不论是法律的完备性，还是法律的执行方面，均存在较多缺陷。从宏观视角看，调节资本市场运行需要有《公司法》和《证券法》这两个重要的法律和一系列与之配套的相关法律和法规，但就中国而言，《中华人民共和国公司法》和《中华人民共和国证券法》都带有比较明显的制度缺陷。《公司法》对控股股东监督权的重视程度很不够。如同《公司法》中没有规定控股股东应该对中小股东承担信托责任一样，《公司法》也没有对控股股东应该对债权人承担信托责任作出相应的规定，这使得控股股东在做公司财务决策时较少考虑中小股东和债权人利益。同时，根据《公司法》的规定，董事、监事代表的是股东的利益。这排除了债权人在公司正常经营条件下参加公司治理的法律途径。而我国《证券法》的条文更多地立足于对市场主体不规范行为进行限制，强调对行政监管手段的运用。其立法着眼点在于以行政化的禁止性规定来控制风险，有关投资者保护的条文过于笼统、抽象，缺乏可操作性。我国《证券法》对投资者诉讼的规定并未明确化，对控股股东掠夺外部投资者（中小股东和债权人）方面，没有较详细的规定，没有为外部投资者提供可以自我实施的法律救济措施。同时，由于民法的局限性，现行的《证券法》惩罚范围还不够大，少数大股东不能够将上市公司告上法庭。

　　中国法律对债权人保护程度低于世界平均水平。如果考虑到中国法律执行时比较松懈且随意性大的因素，几乎可以得出结论：中国法律对债权人权利的保护是非常不够的（孙永祥，2002）。与其他许多发展中国家不同，中国没有提供外部投资者的一系列综合法律法规或不能有效地实施治理公司或证券市场运作的现有法律（Kato and Long，2005）。

　　影响企业债务结构另外一个主要的法律制度是破产法律制度。虽说破产清算只是偿还债务的一种事后保障机制，且通常情况下，破产清算只使很少一部分债务能得到偿还，其余部分均血本无归，然而破产法律制度的存在为债权人能如期获得债务的偿还提供了强有力的法律保障。债务人为何会自行履约呢？艾金和博尔顿（Aghion and Bolton，1992）、哈特和摩尔（Hart and Moore，1989）等对债务契约的研究表明，法定的企业控制权转移是债务人自行履约的核心。但我们不难发现，破产法实际上给了所有的债务契约一个暗含的条款，即如果企业不能履约，企业的控制权就会转移给债权人；如果企业不能按规定支付利息，债权人就有权进行重新谈判以重新安排支付、获得对企业的部分控制权直至清算。并且，破产法律制度越是有效，债权人就越有保障，从而债权人不能如期获得偿还的风险也就越小。如短期无担保银行贷款之所以不需要担保、抵押和其他的保障手段，就是因为这些贷款被规定只能作临时性用途，用来购置流动性资产，变现性能好，被认为具有"自我清偿性"。这与戴蒙德（1991，1993）和拉詹（1992）的观点一致。戴蒙德（1991，1993）和拉詹（1992）认为，银行贷款能限制债务人在没有违约的情况下而利用债权来用以自肥的机会主义行为，因为银行能较频繁地监督与检查企业的决策，在必要的时候，银行能及时采取行动保护债权，而公司债券的持有人比较分散，存在搭便车的行为，较难监督债务人。因此在破产制度不够健全、实施效率不够高、或者使用成本高昂的条件下，贷款比公开发债更有可能被使用。由此可得出，破产法律制度体系的有效性能促使企业债券的使用。

我国破产法律制度虽吸收了各国破产制度的普遍原理，具备了破产制度的一般特征，但具有中国特色。我国虽于1986年颁布了《中华人民共和国企业破产法（试行）》并于1988年正式生效，但由于考虑到新中国30多年来没有破产法，缺乏实施的实践经验，集体企业和外商投资企业的情况又比较复杂，而当时公司形式的企业尚不普遍，于是，最后在《中华人民共和国企业破产法（试行）》中规定"本法适用于全民所有制企业"。为改变非国有企业破产无法可依的局面，1991年4月颁布的《中华人民共和国民事诉讼法》列专章规定了"企业法人破产还债程序"，将破产主体扩大到具有法人资格的集体企业、联营企业、私有企业以及外商投资企业等。然而，随着社会主义市场经济的提出与建立，破产法实施的宏观环境逐渐改善，于是，在1994年7月颁布施行的《中华人民共和国公司法》第八章专门规定了公司的破产、解散和清算，打破了破产法按所有制形态划分适用范围的局面。但由于现代企业制度尚未在我国普遍建立，原有破产法仍继续保留，这就形成了我国破产立法长期是《中华人民共和国企业破产法（试行）》、《中华人民共和国民事诉讼法》、《中华人民共和国公司法》三足鼎立的局面，直到2006年8月27日才通过了一部适应所有企业法人的破产法——《中华人民共和国破产法》，于2007年6月1日起施行，《企业破产法（试行）》同时废止。

在新破产法实施之前，我国企业所依赖的是旧破产法律体系。其特点具体表现在以下几个方面：（1）破产法律条文的简明性。《中华人民共和国企业破产（试行）》全文四十三条共5000多字。《民事诉讼法》中破产还债程序和《公司法》中的破产、解散和清算也都比较简明，一般属于原则性的规定，这些原则性规定的可操作性日益跟不上经济发展新形势的要求；（2）破产制度适用范围的有限性。《企业破产法（试行）》适用于全民所有制企业、《民事诉讼法》第十九章企业法人破产还债程序适用于除全民所有制企业以外的其他企业法人、《公司法》第八章有关公司破产的规定适用于采取公司制的法人实体。可以看出，我国长期实行的破产法只适用于企业法人，其他形式的企业如不是法人的企业、个体工商户、个人合伙、独资企业等均被排斥在破产法律制度之外；（3）特别强调国家对破产的干预。这主要是因为我国国有企业曾大面积出现过亏损，而我国与破产制度相配套的各项措施又尚未完善，因此对于破产，尤其是国有企业的破产采取了慎重的态度。另外，在我国的破产制度下，国家从宏观调控的要求出发，对企业尤其是国有企业的破产过程进行适当的控制，以保证破产与客观经济运行的要求相一致。《企业破产法（试行）》就特别强调上级主管部门在破产中的作用；（4）重视破产预防和拯救作用。我国在经济体制改革的发展进程中引入破产机制，一方面是为了保护债权人、债务人的合法权益，借助破产手段淘汰那些经营管理不善的企业，保护市场经济体制下的正当竞争；另一方面，也希望通过在企业，尤其是国有企业中实行破产机制给企业施加压力，促使其通过自身的整顿以自救。即引入破产机制是为了预防企业破产、拯救企业；（5）注重保护破产企业职工的权益；（6）严格追究破产责任。我国破产法律制度的这些特点由于各种原因，使得破产法律制度的法律效力大打折扣。由于事后偿债保障机制—破产法律制度的相对"软"强制性，债务契约如期履行无疑也就缺乏以强有力的法律保障为后盾。于是，分散债权人自然会采取事前的偿债保障措施，如对发债企业要求银行担保，以降低风险。在破产法律制度无效或效力有限的环境下，加上我国上市公司大都由国有企业改制而成，而他们的贷款又主要来自国有商业银行，导致银行对企业负债的软约束。于是，目前有些上市公司尽管财务状况较差，早已达到破产的条件，仍可照样上市交易而并未退市，上市公司总能想出各种法子使其生存下来。当然，导致这种局面的原因有很多，但破产法律制度效力的有限性无疑是其重要因素之一。

我国上市公司的债务资金主要来源于银行信贷，在这样的环境下，发放贷款的银行等金融机构能持续监督借款企业，并可从贷款期限上来理性地控制其资金风险。这是银行贷款的比较优势；只有当我国法律实施环境持续改善，企业公开发债才有更好的契约治理机制，企业债券市场才能稳定的发展。

▶ 4.4 本 章 小 结

银行贷款是我国企业最主要的债务工具，银行不仅在短期债务融资上占有主导优势，然而也承担了大部分企业的中长期债务的融资。银行过多涉足中长期贷款不仅有违其在短期贷款的比较优势，积累了大量的风险，而且从短期看挤压了企业债券发行的空间。我国企业债券市场的发展仍然滞后，其在长期债务融资上的比较优势没有充分发挥。企业债券市场的发展会提高我国企业的债务期限，也有利于银行体系的稳健经营。正是由于我国严格的金融管制、法律制度效力的有限性以及股票市场、信贷市场对企业债券市场的影响，整体上体现出我国"银行贷款占主导地位"的债务结构。随着近几年企业债券发行管制的放松，利率市场化的推行和法制环境的进一步完善，企业债券的加速发展会发挥其应有的比较优势。

第 5 章

中国宏观债务结构的演变：
时间序列的实证研究

从第 4 章金融市场的发展和演变中我们可以看出，虽然我国总体上仍是银行主导的金融市场格局，不过 20 多年来资本市场得到长足的发展，企业债券市场也经历了曲折的成长历程。图 4 - 3 显示了 1986 ~ 2009 年企业债券和银行贷款、国债和金融债、资本市场融资额的比率的变化趋势，这些比率之间到底有何关系？与此同时，我国的宏观经济环境近 20 多年有了巨大变化，一些重要的经济指标如央行基准贷款利率的调整更趋向市场化、经济的货币化程度迅速提高，这些因素是否真正影响企业发债和贷款的选择呢？进而影响到我国宏观债务结构？因此，从中国企业债券市场发展的宏观环境角度分析整体债务结构与宏观经济变量之间的关系，有助于了解我国银行主导融资下企业债券发展的演变规律。本节采取时间序列实证研究方法来分析影响中国债务结构演变的宏观经济因素。

▶ 5.1 中国整体债务结构变迁的描述

虽然我国总体上仍是银行主导的金融市场格局，不过 20 多年来资本市场得到长足的发展，我国的金融市场在不断地演变，直接融资比例显著提高，企业发债增长较快，企业债券市场也经历了曲折的成长历程。图 5 - 2 显示了 1986 ~ 2011 年企业债券和银行贷款、国债和金融债、资本市场融资额的比率的变化趋势。从图可清楚看出 1986 ~ 2011 年我国每年的实际新增的融资金额，包括了商业银行新增贷款、各类债券和股票的筹资额。其中每年新增贷款额一直都是遥遥领先，2009 年接近 10 万亿，达到最高值。随后其发展势头有所减弱，2011 年新增贷款减少至 7.5 万亿。而债券类以及股票筹资的发展速度有所提高。尤其是债券市场，2000 年以后一直保持着大幅度的增长，2005 年企业债发行额突破 1000 亿，2009 年又超过了 1 万亿大关，2011 年企业债发行额增长到 2.3 万亿；国债和金融债的总和早在 1994 年就超过了 1000 亿元，到 2003 年突破了 1 万亿元大关，2011 年国债和金融债发行额增长到 4 万亿；同时，股票市场近 10 多年也是突飞猛进，2000 年筹资额突破 1000亿，且增速明显，尽管 2007 年爆发了全球性金融危机，其筹资总额也超过了 8000 亿左右，2010 年股票融资额达到最高峰近 1 万亿，2011 年回调至 7017 亿元。

1986 ~ 2011 年，企业债券每年的发行额和其他金融市场融资的比率有何变化趋势，它们关系如何？图 5 - 1 给出了明显的答案：从整体上看，这三条曲线都成 U 型，这和企业债券的发展历程吻合，1986 ~ 1992 年是企业债券初步发展时期，1993 ~ 2004 年为调整萎缩期，2005 ~ 2011 年是飞速发展壮大期。企业债券发行额和当年新增贷款比率的曲线直接反映了我国债务结构，它位于三条曲线的最下方，体现我国银行贷款的主导地位，而在 2011 年企业债券对当年新增贷款的比率超过 0.3，表明企业债券在债务结构中已占有一席之地；企业债券发行额和国债金融债发行额的比率曲线严格说是两个 U 型构成，1986~1992 年第一个 U 型，1986 年和 1992 年企业债券发行额对国债金融债发行额的比率超过了 1，即企业债的发行额超过了国债和金融债的总和。但为了保证国债和金融债的顺利发行开始控制企业债的发行，2000 年企业债券发行额对国债金融债发行额的比率接近 "0"，2005 年快速拉升，2009 年逼近 1，随后 2 年国债金融债大幅增发，使得企业债占比稍微有所回落，故 1992~2011 年是其第二个 U 型；最上面是企业债券发行额和当年资本市场（股票和债券）的比率曲线，这反映了企业在资本市场融资工具的选择。企业债的发行最初早于股票，融资额占优。但 1991 年深沪交易所成立后，股票市场迅速发展，其融资额就一直超过企业债。直到 2008 年才翻转过来，当年企业债券发行额占资本市场的比率超过了 0.6，2011 年企业债券发行额大幅超过股票融资，占资本市场融资额的 0.76。总体上讲：在 20 多年的金融改革历程中，我国的债务结构经历了一个 U 型的变化轨迹。这种变化的内在规律是什么？它和整体的宏观经济因素和金融市场结构有何关系，下面通过建立时间序列的计量模型来探讨（见表 5-2）。

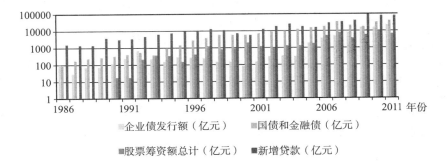

图 5-1　1986~2011 年我国金融市场融资状况

注：原始数据来自 1986~2011 年中国金融统计年鉴及 WIND 数据库。

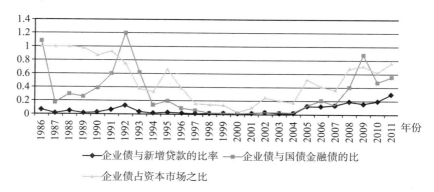

图 5 - 2　1986 ~ 2011 年我国企业债券发行额和其他融资手段的比率

注：原始数据来自 1986 – 2011 年中国金融统计年鉴和 WIND 数据库，比率通过计算得出。

▶ 5.2　理论分析与研究假设

第 2 章的第 2 ~ 3 节已对国内外债务结构的宏观经济影响因素进行了评述。根据上述理论，本节着重分析相关宏观变量和债务结构的关系并提出相应的研究假设。本章债务结构指企业债券融资额占贷款融资额的比率或者企业债券融资额占总债务融资额比率，具体计算指标见表 5 – 1。

▶▶ 5.2.1　利率

银行贷款偏重于短期债务，企业债券主要是长期债务。短期贷款会面临较高的利率风险，因为借款人必须对续借的贷款支付新的市场利率。而对续贷支付较高利率的风险提高了企业破产和财务困境的期望成本。当债务的到期期间缩短时，企业前景的不确定性将导致名义利率的所有三个组成部分都会提高，也就是基础利率、违约溢价和通货膨胀率。由于必须对续贷支付新的基础利率，这是使用贷款的借款人将承担的利息率风险的一部分。而且，如果企业使用大比率的短期债务来提供资金，则违约溢价的波动将更大。对财务实力弱的企业来说，信誉会严重地受到影响，以至于新贷款的违约溢价会达到一个将使存量贷款的续借成为不可能的水平。因此，利息率风险的这种来源严重地威胁到贷款人使用大量的短期贷款。最后，也存在与通货膨胀相联系的利息率风险。如果通货膨胀率变化非常快和不可预期，对续借的短期债务将被支付的利率会是极端不确定。于是，对一个严重依赖短期贷款的企业而言，与通货膨胀相联系的利息率风险也会较大。总之，市场利率偏高时或处于上升通道时，企业将会配置更多的长期债务（企业债券）。

我国的贷款利率和债券票面利率在绝大多数时期受到严格管制，直到最近几年才有所放松，中国人民银行规定的1年期贷款利率是商业银行各类贷款的基准，也是企业债券发行时所参考的利率；1987年和1993年《企业债券管理暂行条例》规定了企业债券的发行利率不得高于银行同期存款利率的40%，这造成债券票面利率低于同期的贷款利率。如果1年期贷款基准利率较高，企业会多选择发债来降低融资成本。如果企业预期央行未来加息，也会有更多企业选择债券这种长期债务来规避利率风险。因此，本书提出：

假设1：我国债务结构和利率成正比。

▶▶ 5.2.2　金融发展水平

从国内外研究文献来看，有很多衡量一国金融发展水平的指标，指标选取的不同，使得文献分析的结论存在很大差异。金融发展深化程度指标国际上通常用戈氏和麦氏指标从总体上衡量。前者是戈德史密斯（1969）提出的金融相关比率，指"某一时点上现存金融资产总额与国民财富之比"，用于衡量一国的经济金融化程度。戈氏指标的完整表达式：$FIR = (M2 + L + S)/GDP$，L 为各类贷款，S = 债券余额 + 股市流通市值 + 保费，债券余额 = 国债余额 + 企业债券余额 +

金融债券；后者是麦金农（1973）运用货币存量与国民生产总值的比重作为指标，衡量一国的经济货币化程度，常简化为 M2 与 GDP 之比。显然，戈氏和麦氏指标的区别在于，前者分子中增加了 L 和 S，与麦氏指标只注重金融负债相比，戈氏指标同时考虑了金融负债和金融资产，因此戈氏指标更全面地反映了我国的金融发展水平。为了充分反映一国的金融发展水平，本书分别选取这两个代表性的指标进行分析。

一国金融的发展往往伴随着金融结构的转变，由银行间接融资为主转化为直接融资占比越来越高，资本市场的企业债券市场会越来越发达。因此，本书提出：

假设 2：我国债务结构和金融发展水平成正比。

▶▶▶ 5.2.3 股票融资

股票和债券是企业直接融资的两个重要手段，西方的理论研究表明：企业优先偏好内部融资、其次是债务融资、最后才是股权融资，即所谓的优序融资理论（迈尔斯，1984；迈尔斯和迈基里夫，1984）。而我国上市公司则存在显著的股权融资偏好（黄少安和张岗，2001、阎达五等，2001、陆正飞等，2004），其次是银行贷款，最后才是发行公司债券。安义宽（2006）认为企业更愿发行股票而不愿发行债券来融资的主要原因是：（1）股票融资是"不用还本"的，一旦发完股票获得资金就"一劳永逸"；而公司债券却有到期还本付息的"刚性约束"。（2）在中国现行股票市场发展及监管体制不完善的情况下，公司经理人员既可通过"内部职工股"获得股份，获得一、二级市场股票价格的差价。同时，还可以通过其掌握"内幕信息"与其他方面"操纵市场"获利。而发行公司债券却完全没有任何个人获利的机会。（3）多年来，在中国各地政府都把上市公司当作本地企业的形象，竭尽全力支持上市公司的背景下，公司一旦上市，公司的高管人员在工资待遇、职权范围、费用支出方面都将得到明显提高或改善。与此相关比，发行公司债券，除了募集资金外，公司高管人员很难从中获得个人好处，反而有还本付息的压力。因此我国企业偏好于股权融资而冷落债券融资。基于此，本书提出：

假设 3：我国债务结构和股票融资比率成反比。

▶▶ 5.2.4　国债融资

国债融资政策最经典的阐释就是凯恩斯主义，凯恩斯主张通过增加政府支出和削减税收来刺激需求。无论是增支还是减税，财政赤字均难以避免，赤字资金来源主要通过发行国债来弥补。自改革开放以来，除 1985 年外，我国财政每年都有赤字。财政赤字主要是通过发行国债解决的，替代了直接向中央银行进行透支和借款。不过，我国的国债资金除用以弥补财政赤字，还大量用于基础设施建设、技术改造、农林水利设施建设、环境保护等领域。这样就在一定程度上对企业债券的融资有挤出效应。特别是企业债券曾长期实行发行额度审批，主要用于国有大中型企业的固定资产投资。有的年份甚至强调要优先保障国债的顺利发行，这样企业债的发行额度就会缩减。基于此，本书提出：

假设 4：我国债务结构和国债融资比率成反比。

▶▶ 5.2.5　银行贷款

从债务工具来讲银行贷款和企业债券在不同的债务融资期限拥有各自的比较优势，正是这种债务契约功能上的差别在短期造成了不同市场的替代关系。然而由于每个市场上主导的治理机制都有很大不足，所以企业选择不同的金融契约的行为产生了信贷市场与企业债券市场的替代性。同时，由于企业债券市场有专门独立的信用评级制度，发行债券的企业各种信息的公开披露，投资者在市场上的选择行为会产生一种"溢出效应"，即银行通过观察企业债券的评级和债券价格的波动就可以推断企业的质量，从而更好地做到对借款人分级，节省信息甄别成本，提高贷款质量。反过来，如果一家企业频繁获得银行贷款，基于银行的审慎行为和专业化能力，投资者可以判断企业的质量。对发债有"溢出效应"。这样，投资者和银行在市场上的投资策略分别产生了正的外部性，导致股票市场和信贷市场的共同发展。按照库珀等人的定义，如果某当事人的战略选择增加了其他当事人的最优战略，那么就存在一种互补关系。我国的企业债券和银行贷款到底是替代还是互补关系？由于我国的信用评级制度不完善，加上担保债券是发行主体，债券评级的信号效应不显著。从前面的图表可清晰地看出：银行贷款占金融资产总量的比率不断下降，而企业债券占金融资产总量的比率不断上升，因此我国的企业债券和银行贷款是一种替代的关系。基于此，本书提出：

假设5：我国债务结构和银行贷款融资比率成反比。

▶▶▶ 5.2.6 银行市场集中度

Cestone and White（2003）研究发现，银行信贷市场集中度的上升会导致大银行占有更大的市场，信贷市场的竞争性越差，即银行间的竞争水平越低，银行就越没有动力给新借款者提供贷款。随着银行信贷市场集中度的上升所导致的信贷供给的减少和贷款利率的提高会对所有的公司造成负面影响；同时银行业的垄断程度越高，银行对贷款企业的谈判能力越强，这样银行就会很大程度上控制贷款企业，抽取租金。质量好的企业为了摆脱大银行的控制，会积极寻求公开发债。

本书的银行信贷市场集中度用 CR_4 来表示：即四大国有商业银行的信贷规模占整个信贷规模的比例，1989 年之前，银行信贷几乎为四大银行所垄断，此后才出现四大国有银行之外的银行的信贷数据，中国银行信贷市场集中一直处于下降的趋势，1989 年为 0.87，

属于典型的寡占Ⅰ型的市场结构，到 2008 年为 0.48，属于寡占Ⅳ
型，尽管中国银行业市场集中度有较大的下降，但直到目前为止，
四大银行的垄断格局并没有变化。因此，本书提出：

假设 6：我国债务结构和银行业的集中程度成正比。

5.3 变量选择与样本数据说明

5.3.1 变量设定

见表 5 – 1。

表 5 – 1　　　　　　　　宏观经济变量的定义

变量名称	变量符号	变量定义	预期符号
被解释变量： 债务结构	DS1	企业债券发行额/增量贷款	
	DS2	企业债券发行额/(增量贷款 + 企业债券发行额)	
	DS3	企业债券余额/贷款余额	
	DS4	企业债券余额/(贷款余额 + 企业债券余额)	
解释变量：			
利率	RATE	商业银行 1 年期贷款基准利率	+
金融发展水平	FIR	(M2 + L + S)/GDP，L 为各类贷款，S = 债券余额 + 股市流通市值 + 保费	+
股票融资占比	STOCK	股票发行额/(增量贷款 + 债券融资额 + 股票发行额)	–
国债融资占比	PDEBT	国债发行额/(增量贷款 + 债券融资额 + 股票融资额)	–
贷款融资占比	LOAN	贷款增加额/(增量贷款 + 债券融资额 + 股票融资额)	–
银行市场集中度	CR4	四大国有商业银行的贷款总额占个贷款规模的比例	+

▶▶ 5.3.2　样本数据

本书样本区间取自 1986～2008 年共 23 年数据，1986～2007 年的宏观金融数据来自《中国统计年鉴（2008）》、《中国金融年鉴（1991～2008）》，2008 年数据来自中国国家统计局网站、中国人民银行网站以及中宏网公布的相关数据。相关数据表见附录，各变量数据经计算得出，见表 5－2。

表 5－2　　　　　　　　1986～2008 年各宏观变量的数据表

年份	DS1	DS2	DS3	DS4	RATE	FIR	STOCK	PDEBT	LOAN	CR4
1986	0.0593	0.0560	0.0110	0.0109	0.0792	1.4400	0.0000	0.0338	0.9120	1.0000
1987	0.0208	0.0204	0.0096	0.0095	0.0792	1.5000	0.0000	0.0728	0.8902	1.0000
1988	0.0497	0.0473	0.0109	0.0108	0.0828	1.4300	0.0000	0.1074	0.8632	1.0000
1989	0.0198	0.0194	0.0102	0.0101	0.1134	1.6100	0.0000	0.0463	0.9408	0.8700
1990	0.0381	0.0367	0.0111	0.0109	0.1013	1.8400	0.0000	0.0640	0.9072	0.8600
1991	0.0683	0.0640	0.0155	0.0153	0.0936	1.9500	0.0012	0.0668	0.8724	0.8100
1992	0.1372	0.1206	0.0312	0.0303	0.0864	2.0300	0.0152	0.0741	0.8009	0.7800
1993	0.0356	0.0344	0.0244	0.0238	0.0986	2.0300	0.0416	0.0503	0.8746	0.7600
1994	0.0210	0.0205	0.0168	0.0165	0.1098	1.9100	0.0160	0.1315	0.8339	0.6700
1995	0.0309	0.0300	0.0128	0.0127	0.1152	1.9500	0.0105	0.1341	0.8287	0.6100
1996	0.0250	0.0244	0.0098	0.0097	0.1113	2.0800	0.0260	0.1406	0.8129	0.6100
1997	0.0186	0.0182	0.0070	0.0069	0.0864	2.3000	0.0652	0.1685	0.7484	0.6100
1998	0.0127	0.0126	0.0078	0.0078	0.0792	2.5100	0.0494	0.2344	0.7071	0.6300
1999	0.0219	0.0215	0.0083	0.0082	0.0612	2.6900	0.0564	0.2522	0.6814	0.6100
2000	0.0147	0.0145	0.0087	0.0086	0.0585	2.7600	0.0785	0.2373	0.6800	0.5900
2001	0.0114	0.0112	0.0082	0.0082	0.0585	2.8500	0.0634	0.2618	0.6669	0.5500
2002	0.0171	0.0168	0.0030	0.0030	0.0545	3.0100	0.0300	0.2281	0.7295	0.5600
2003	0.0129	0.0128	0.0058	0.0058	0.0531	3.1700	0.0234	0.1786	0.7878	0.5600
2004	0.0170	0.0167	0.0078	0.0077	0.0533	3.0500	0.0316	0.2535	0.7030	0.5300
2005	0.1241	0.1104	0.0174	0.0171	0.0558	3.0300	0.0130	0.2717	0.6363	0.5200

续表

年份	DS1	DS2	DS3	DS4	RATE	FIR	STOCK	PDEBT	LOAN	CR4
2006	0.1285	0.1138	0.0260	0.0254	0.0586	3.1200	0.0537	0.1936	0.6668	0.5100
2007	0.1392	0.1222	0.0294	0.0285	0.0662	3.4400	0.1069	0.3202	0.5029	0.4900
2008	0.2019	0.1680	0.0423	0.0406	0.0710	3.0900	0.0546	0.1386	0.6710	0.4800

注：贷款基准利率如果年度内有调整，采用天数加权计算而来。原始数据来源于1986～2008年我国经济统计年鉴、我国金融统计年鉴和中宏数据库。上面各比率的计算根据变量定义表的公司算出。

5.4　方程的设定及结论

根据上述理论分析：我们建立一个回归与时间序列的模型来分析债务结构的影响因素：

$$DS_t = C + \beta_1 RATE_t + \beta_2 FIR_t + \beta_3 STOCK_t + \beta_4 PDEBT_t$$
$$+ \beta_5 LOAN_t + \beta_6 CR4_t \tag{1}$$

虽然从1982年企业就开始自发地债券融资，不过直到1986年才有具体的企业债券统计数据，由于统计资料的限制，本书能够收集的样本数相对较小。但从一般经验来看，当 n－k≥8 或者 n≥3(k＋1) 时 t 分布比较稳定，检验也比较有效（其中，n 为样本数，k 为不包括常数的解释变量的数目）。而本书的样本容量满足了这个模型估计的基本要求。本论文用 Eviews6.0 统计软件进行回归分析，结果如表5-3所示。

表5-3　　　　　　　　　样本回归结果

变量符号	DS1（1）	DS2（2）	DS3（3）	DS4（4）
C	1.234668 *** (12.59852)	1.042367 *** (12.21061)	0.192123 *** (4.957768)	0.184297 *** (4.926171)
RATE	0.674471 *** (3.169830)	0.611319 *** (3.298280)	0.190916 ** (2.269093)	0.186288 ** (2.293402)
FIR	0.037394 ** (2.683611)	0.032915 ** (2.711824)	0.007304 (1.325587)	0.007034 (1.322407)

续表

变量符号	DS1（1）	DS2（2）	DS3（3）	DS4（4）
STOCK	−0.014229 *** （−12.69438）	−0.012350 *** （−12.64867）	−0.001173 ** （−2.645483）	−0.001134 ** （−2.650174）
PDEBT	−1.323185 *** （−22.86080）	−1.113158 *** （−22.07877）	−0.246162 *** （−10.75549）	−0.235647 *** （−10.66487）
LOAN	−1.484903 *** （−24.99319）	−1.267810 *** （−24.49767）	−0.227866 *** （−9.699302）	−0.219032 *** （−9.657247）
CR4	0.111957 ** （2.789430）	0.106630 *** （3.049914）	0.012289 （0.774332）	0.012199 （0.796182）
R-squared	0.982395	0.981364	0.915938	0.914873
Durbin-Watson stat	2.179761	2.459152	1.216525	1.205725

结果中德宾 – 沃森 d 统计量（DW 值）均处于置信度 1% 时无一阶自相关的区域内，表明接受无序列相关的零假设；关于异方差现象，以上结果是以残差绝对值的倒数为权重采用了加权最小二乘法（WLS）而得来的，并对该结果进行怀特检验表明已不存在异方差现象。从实证结果来看，复判定系数（R^2）接近于 1，说明模型拟合得较好。RATE、STOCK、PDEBT 和 LOAN 的 t 检验值在四个方程中都超过了置信度为 5% 的临界值，显著不为零。企业债券融资占比和利率显著正相关，表明短期的基准利率上涨时，企业更偏好发行票面利率比银行贷款利率低且期限较长的企业债券来降低融资成本，假设 1 得以证明；企业债券融资占比和金融发展水平显著正相关，我国金融发展水平的深化伴随着债券市场 20 多年的高速发展。企业直接发债比率越来越高，符合假设 2；股票、国债和贷款的融资占比同企业债券的融资占比成显著负相关，表明在我国资本市场，股票是企业发债筹集长期资金的替代品。在严格管制的债券市场，国债的发行会显著挤压企业债券的发行额。而企业是发债还是贷款都是企业债务结构的选择。因此，实证结果验证了假设 3、假设 4 和假设 5；实证结果表明银行的市场集中度和企业债券融资占比正相关，方程式（1）、（2）显著，而方程式（3）和（4）不

显著，体现了高度垄断的银行信贷市场会迫使企业寻求直接发债，摆脱银行的租金抽取降低债务成本。假设 6 也基本得到验证。

▶ 5.5 稳健性检验

为了检验方程（1）是否具有协整关系，我们运用了单位根检验：

这里采用 ADF 检验，运用 Eviews6.0 对变量及残差进行平稳性检验。在 ADF 检验中，本书采用最优滞后期选取的标准：在保证残差项不相关的前提下，同时采用 AIC 准则，作为最佳时滞的标准，检验的结果见表 5－4。

表 5－4 各变量的单位根检验结果

指标	ADF 值	检验形式 （C，T，I）	AIC	5% 显著水平临界值	10% 显著水平临界值	结论
DS1	－ 1.207824	（0，0，0）	－ 3.499790	－ 2.998064	－ 2.638752	不平稳
ΔDS1	－ 5.544847	（0，0，0）	－ 3.480131	－ 3.004861	－ 2.642242	平稳
RATE	－ 0.983021	（0，0，0）	－ 6.000650	－ 2.998064	－ 2.638752	不平稳
ΔRATE	－ 3.628730	（0，0，0）	－ 5.925336	－ 3.004861	－ 2.642242	平稳
FIR	－ 0.756835	（0，0，0）	－ 0.893409	－ 2.998064	－ 2.638752	不平稳
ΔFIR	－ 5.232002	（C，0，0）	－ 0.844688	－ 3.004861	－ 2.642242	平稳
STOCK	2.646151	（0，0，2）	17.33087	－ 3.012363	－ 2.646119	不平稳
ΔSTOCK	－ 3.855359	（C，T，5）	17.06656	－ 3.710482	－ 3.297799	平稳
PDEBT	－ 2.620204	（0，0，0）	－ 2.834303	－ 3.622033	－ 3.248592	不平稳
ΔPDEBT	－ 7.456170	（0，0，0）	－ 2.704204	－ 3.004861	－ 2.642242	平稳
LOAN	－ 1.928311	（0，0，0）	－ 2.408265	－ 2.998064	－ 2.638752	不平稳
ΔLOAN	－ 3.968650	（C，0，4）	－ 2.228731	－ 3.040391	－ 2.660551	平稳
CR4	－ 1.963692	（0，0，0）	－ 3.975722	－ 2.998064	－ 2.638752	不平稳
ΔCR4	－ 4.486863	（C，0，0）	－ 3.776484	－ 3.004861	－ 2.642242	平稳
RESID	－ 4.199108	（0，0，1）	－ 7.102827	－ 3.012363	－ 2.646119	平稳

注：检验类型中 C，T，I 分别表示带有常数项，趋势项和滞后阶数检验值大于临界值表明时间序列变量存在单位根。

上述 7 个变量均是一阶单整的，即是 I（1）的，并且其对应的残差项不存在一阶单整。表明方程具有一阶协整关系，原方程的回归结果是稳健的，其实证结果可信。作者对 DS2、DS3、DS4 和其对应的变量及残差同样做了 ADF 检验，结果和上面类似，表明方程的回归结果稳健。

▶ 5.6　本　章　小　结

本章通过对我国宏观债务结构的影响因素进行时间序列实证研究，验证了理论假说，解释了我国整体债务结构演化的内在规律。我国基准利率越高，企业公开债务融资比率越高，这符合长短期债务的利率期限结构；我国债务结构和股票融资比率成反比，说明我国股票市场对企业债券市场的替代作用，直接导致了上市公司用股票融资来替代长期债务融资。银行贷款是我国企业最主要的债务工具，银行不仅在短期债务融资上占有主导优势，而且也承担了大部分企业中长期债务的融资，挤压了企业债券的发行空间。因此我国企业债券融资比率和银行贷款融资比率成反比。银行信贷市场集中度的上升所导致的信贷供给的减少和贷款利率的提高会对贷款企业造成负面影响，银行对企业的谈判能力越强，从其抽取租金越多。质量好的企业为了摆脱大银行的控制，会积极寻求公开发债。因为我国政府强调要优先保障国债的顺利发行，这样企业债的发行额度就会缩减，在一定程度上对企业债券的融资产生了挤出效应。

第 *6* 章

中国省际债务结构的差异化：
面板数据的实证研究

第 5 章实证研究了影响我国整体债务结构的宏观经济因素，但我国各地区经济和金融发展程度差别很大。对全国债务结构有影响的因素会分别影响各个省份吗？而且尽管我国具有统一的法律制度，各区域的法律环境和债务契约的实施效率却有很大差异，不同的法律治理环境又如何影响当地的债务结构？20 世纪 90 年代以来的财政分权改革和 GDP 的政绩考核指标使得地方政府有较强的动机对本地区的金融资源进行干预，这会干扰债务契约的自由签订，也会破坏债务契约执行的法律环境，这种政府行为会对当地的债务结构造成怎样的影响？本章通过 1998～2009 年各省的面板数据实证研究来回答上述问题。

▶ 6.1　中国省际债务融资规模和结构的描述

从图 6-1 可看出：1998～2009 年，各省贷款融资总额都是遥遥领先，基本都超过 1000 亿元，大幅领先债券和股票的筹资额，一些经济发达的省份如北京、上海和广东等超过了 10000 亿元；各

（亿元）

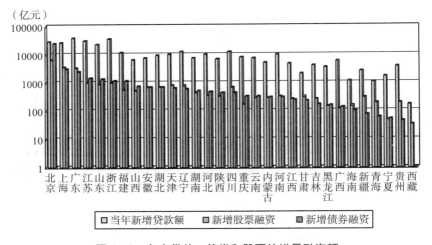

图 6 – 1　各省贷款、债券和股票的增量融资额

注：原始数据来自各省 1998 ~ 2009 年经济统计年鉴，总体数据通过加总而得。

省债券和股票的筹资额相对接近，有的省份债券融资较高，有的省份股票融资额较高，但基本都超过了 100 亿元。经济发达的省份如北京、上海和广东等地股票债券融资额超过了 1000 亿元，北京企业债券融资甚至超过了 20000 亿元，远超过股票融资额，主要因为北京市是中央企业集中地，而中央企业每年都有大量债券的发行。西藏也比较特殊，多年未发行过企业债券。

　　图 6 – 2 显示，各省企业债券融资占资本市场的比率曲线位于最上方，其值基本集中在 0.4 ~ 0.6 之间，表明大多数省份企业发行债券和发行股票的筹资额比较接近；位于中间是各省直接融资和间接融资的比率曲线，大多位于 0.0 ~ 0.2 之间，表明各省银行贷款间接融资占有绝大部分，资本市场的融资额仍是少数；位于最下面是企业债券融资占总债务融资的比率曲线，北京最高达到 0.4 以上，西部省份较低（宁夏、贵州等），东中部省份大多数在 0.2 以下，说明多数省份企业发债融资额远小于银行贷款融资额。上述不同省份金融结构的比率（尤其是债务结构比率）有较大差别，决定这些省份债务结构

差异的背后因素是什么？下面主要用省份面板数据做实证分析。

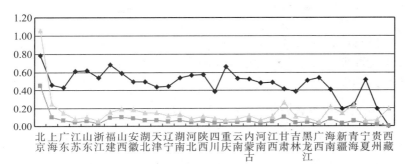

图 6-2 各省金融结构比率

注：原始数据来自各省 1998～2009 年经济统计年鉴的汇总，各项比率通过计算而得。

6.2 中国省份面板数据的实证研究

6.2.1 理论分析与研究假设

正如第4章分析，我国企业债券融资比率和利率、金融发展水平和银行市场集中度成正比，和股票融资占比、国债融资比率及贷款融资比率成反比。然而，我国是个发展中的大国，从人口与 GDP 的角度看，把所有东欧国家、苏联各加盟共和国加总也无法和今天的中国相比，以此衡量，波兰的规模小于中国广东省，而匈牙利还不如上海富有。所以中国省一级的地区相当于一个国家。各个省份经济金融发展程度存在很大差别，而且每个省的法律环境，政府与市场的关系、金融市场格局也不一样，这些因素又如何影响各省的债务结构？我们依然用当地债券融资额占贷款的比率来表示各省的债务结构。

本章首先检验各省国民经济发展水平对当地债务结构的影响，我们选取了各省的经济总量 GDP、固定资产投资额、物价指数和进出口总额占 GDP 的比率，然后从金融市场结构指标股票融资占比和贷款融资占比看如何影响各省的债务融资比率，最后在控制上述变量的情况下，关注当地的法律环境、金融业的竞争程度和政府干预如何影响地区的债务结构。

1. 地区经济发展水平

从债务结构的国际比较来看，一个国家和地区的国民经济发展水平影响企业债务结构的主要因素。国民经济的发展水平会影响到企业债务结构，这是因为现代社会中的企业是国民经济的基本单元，企业发展的总体趋势决定着国民经济的总体运行态势；而国民经济的总体发展水平又反映了企业发展的总体格局，决定着企业发展的宏观环境。企业发展战略的制定、经营项目的取舍、融资方式的选择都必须综合考虑国民经济的发展态势。德米尔古克肯特和马克斯毛维克（Demirguc-Kunt and Maksimovic，1999）的研究表明，不同发展水平的国家在融资模式上存在差异，其中最主要的差异表现在不同债务契约的使用上。

各省 GDP 是反映该地整体宏观经济状况的最具概括性的指标。我们采用 GDP 的自然对数来衡量，它在一定程度上反映了经济周期性波动的情况，是企业融资需求的一个信号指标。各省份经济的整体运行态势是企业发展和增长趋势的总体反映。经济总量高的地区多样化的融资需求大，相对发行企业债券的比率要高。通货膨胀率提供了政府调节宏观经济的方向以及本国货币是否对长期债务契约提供一个稳定的价值尺度。对不同地区企业而言，持续稳定的高通货膨胀将导致公司的实际财富从债权人手中向股东转移，通胀对长期债务比对短期债务影响更甚，因为企业债券偏重于中长期债务，而银行贷款主要是短期债务，因此对高通胀的地区企业会多向银行贷款而少发行债券。固定资产投资是经济周期的先行指标，各地区的固定资产投资对当地 GDP 的增长率贡献很大，其投资的行业主要集中于房地产、钢铁、电力、城建、交通和化工等方面，这些是传统银行贷款的主要贷款对象，虽然早期企业债券也集中于大型项目和基础设施建设，但已逐渐多元化，因此固定资产投资额高的地区银行贷款比率会更高；经济对外开放度即进出口总额占 GDP 的比率反映了一个省份经济的外向程度，外向型企业较多的省份更加偏好直接融资，在债务融资上有更多机会选择发债。因此，综合上述分析，我们提出如下理论假设：

假设 1：各省的 GDP 及经济对外开放度与债务结构正相关；各省的通货膨胀率及固定资产投资与债务结构负相关。

2. 金融市场结构

金融市场结构包括债券、股票和银行贷款的占比，企业选择发行债券、发行股票和银行贷款是互相替代的，西方的优序融资理论表明：企业优先偏好内部融资、其次是债务融资、最后才是股权融资。而我国上市公司则存在显著的股权融资偏好（黄少安和张岗，2001；陆正飞等，2004），其次是银行贷款，最后才是发行公司债券。正如第 4 章所证明全国企业债券融资比率和股票融资占比、贷款融资比率成反比，我国各省的金融结构应有类似的关系。据此，我们做出如下假设：

假设 2：各省债务结构和股票融资占比、贷款融资比率成反比。

3. 制度环境

企业的债务结构与当地的制度环境体系休戚相关，是社会经济体制及其所处发展阶段的内生性结果。而债务结构之所以会受到地区制度环境的影响，是因为债权人与债务人之间的利益冲突会影响到债务履约成本。如果债务工具期限越长，债权人对债务人违约行为的观测成本就越大，从而债务人违约的可能性也就越大。因此，较长期的债务契约对外部履约机制的依赖性就越高。

第 2 章的国外实证研究综述对法律制度环境影响债务结构进行了详细的总结，得出：债务契约的最优选择取决于投资者可获得的信息、所要求的监督和债权人实施合法权利的能力。而债权人能得到的信息量和对债权人权力的保护又依赖于金融与法律制度。银行贷款是一种关系型契约，能有效克服信息不对称问题并持续实施监督。故银行贷款是一种内部治理方式，对债务的外部法律环境要求相对比较低。企业债券以中长期市场契约为主，投资者需要利用公开信息来判断是否持有债券。它需要良好法律治理机制来保证企业债券契约的执行。尽管我国具有统一的法律制度，但各区域的法律环境却有很大的差异。基于上述理论，我们得出如下假设 3：

假设 3：各省债务结构和当地法律环境治理程度成正比。

一个地区金融的发展往往伴随着金融结构的转变，由银行间接融资为主转化为直接融资占比越来越高，企业债券市场会越来越重要。根据本书第 2 章金融发展水平对债务结构影响的研究综述和我国地区的现实得出：在我国金融发展水平高的地区，金融业的市场竞争越激烈，公司就具有更多的融资渠道，不仅可以在国有银行、地方银行和国外银行进行借贷，还可以通过债券市场和股票进行融资，因此对企业债券需求更大。由此我们提出如下研究假设：

假设 4：各省债务结构和当地金融业的市场化程度成正比。

第 2 章的国内实证研究综述对政府干预影响债务结构进行了评论：当司法体系不能保证长期债务契约得以有效执行时，"政府关系"是一种重要的替代机制。政府在降低企业融资成本、保证长期债务契约的顺利签订方面起到了重要作用（孙铮、刘凤委、李增泉，2005）。20 世纪 90 年代以来，地方政府官员在干部人事制度和考核制度的约束条件下开始追求以地方经济发展为主导的所谓"政绩最大化"，使得地方政府有较强动机对本地区金融资源进行控制。

1998 年亚洲金融危机后，国有银行对业务和人员开始真正实行了"垂直管理体制"，银行贷款的权力开始上收，不少基层的支行几乎不再有发放贷款的权力。2003 年银监会成立后进一步强化了对商业银行的专业化监管。推动国有四大商业银行进行股份制改造，希望通过完善银行内部治理和补充资本金来提高国有商业银行的治理机构和市场竞争力。银行管理体制和内控体系的不断完善，使地方政府对商业银行的影响力越来越小。

与此同时，我国企业债券发行的主要监管部门——国家发展和改革委员会将1993年的《企业债券管理条例》沿用至2008年，对企业发行债券采取严格的审批制，其管制机构和程序便于地方政府干预，地方企业发行企业债券，由中国人民银行省、自治区、直辖市、计划单列市分行会同同级计划主管部门审批。1999年起，中国人民银行将发行审批的主要权力移交国家计委（现国家发展和改革委员会）。上述中央政府对企业债券发行的高度管制，特别是审批程序管制和计划额度管理，使地方政府对本地企业发行债券的行政干预合理化。地方政府对自己控制的国企和关联企业必定会优先考虑。因此，相比较银行贷款，我们认为地方政府对地方企业发行企业债券的影响更大。据此，我们提出下面假设：

假设5：各省债务结构和当地政府干预程度成正比。

6.2.2 变量选择与样本数据说明

1. 变量的设定，见表6-1

表6-1 变量定义表

变量类型	变量名称	变量符号	变量定义	理论预期
被解释变量	债务结构	DS1	企业债券发行额/增量贷款	
		DS2	企业债券发行额/贷款余额	
解释变量 （各省经济发展水平）	国民生产总值	LNGDP	取GDP的自然对数	+
	通货膨胀水平	PRICE	当年居民消费价格水平	+
	固定资产投资额	LNVEST	固定资产投资总额的自然对数	−
	经济对外开放度	INTER	进出口总额占GDP的比率	+

续表

变量类型	变量名称	变量符号	变量定义	理论预期
解释变量 （金融结构）	股票融资占比	STOCK	股票发行额／（增量贷款＋债券融资额＋股票发行额）	－
	增量贷款融资占比	LOAN	贷款增加额／（增量贷款＋债券融资额＋股票融资额）	－
解释变量 （制度变量）	法律环境指数	LAW	根据樊纲等（2009）编制的市场中介组织发育和法律制度环境的指数	－
	政府干预指数	GOV	根据樊纲等（2009）编制的政府与市场关系的指数	＋
	金融业市场竞争指数	COM	根据樊纲等（2009）编制的金融市场竞争的指数	＋

对各地区外部治理环境的衡量指标，本书采取了樊纲等（2009，2007，2004，2003）编制的《中国市场化指数——各地区市场化相对进程论文》。这些系列论文发布了中国各地区（包括31个省、自治区和直辖市）的各类指数，包括了政府与市场的关系、非国有经济的发展、产品市场的发育、要素市场的发育、市场中介组织发育和法律制度环境五个一级指标。在每个一级指标下面，包括若干二级指标，有的二级分项指标下面还有若干基础指标。其中，政府与市场关系的指数（Gov）衡量了地方政府对当地企业和市场的干预程度，它是一个反向指标，指数越大表示政府干预越少；市场中介组织发育和法律制度环境的指数（Law）代表了当地法治水平和司法效率，它是一个正向指标，指数越大说明当地的法律制度环境越好，也说明当地的债权保护水平高。金融业的市场竞争指数（Fin）是要素市场的发育的三级分项指标，指数越大，金融市场发展越完善。

2. 样本数据的说明

本书的全部宏观经济变量的原始数据取自1998～2009年的各省统计年鉴和中宏网数据，各省企业债券和股票融资额来自WIND金融数据库。西藏在此期间没有发行企业债，本书的样本不包括中国香港、澳门、台湾和西藏地区。制度变量的数据我们采用了樊纲等（2009，2007，2004，2003）编制的《中国市场化指数——各地区市场化相对进程论文》。

3. 描述性统计

从表 6-2 可以看出，债务结构 DS1 一般大于 DS2，因为一般增量贷款小于贷款余额。DS1 的均值为 0.06，可以看出各省的债券发行额总体上远小于当年的新增贷款额。DS1 的最小值为 -0.06，这表明个别省份当年的新增贷款为负数，即年末贷款余额小于年初贷款余额，该省当年处于经济衰退期，信贷萎缩。从增量贷款融资占比 LOAN 的最小值为 -20.49 也可看出。股票融资占比 STOCK 和债务结构 DS1 比较接近，而增量贷款融资占比 LOAN 的均值为0.89，这说明银行贷款是各省市融资的主渠道。

表 6-2　　　　　对债务结构及相关变量的统计描述

变量	观察数	均值	中位数	最大值	最小值	标准差
DS1	360	0.058995	0.015432	1.881716	-0.061412	0.160862
DS2	360	0.008226	0.001590	0.331306	0.000000	0.025167
LNGDP	360	8.257165	8.358427	10.57341	5.387244	1.022967
LNVEST	360	7.424633	7.430895	9.854008	4.686750	1.046810
STOCK	360	0.068864	0.038661	21.48809	-25.82213	1.846631
LOAN	360	0.890866	0.926690	26.82213	-20.48809	1.848179
GOV	360	7.253156	7.280000	10.91906	1.130000	1.786612
LAW	360	4.803769	4.032595	21.12081	1.150000	2.995680
COM	360	5.692748	5.700000	12.41000	-0.67	2.779563

▶▶ 6.2.3　方程的设定及估计结果

根据上述理论分析：我们建立一个面板数据的模型来分析各省债务结构的影响因素，将基本的计量模型设定为：

$$DS_{it} = \beta_1 LNGDP_{it} + \beta_2 PRICE_{it} + \beta_3 LNVEST_{it} + \beta_4 INTER_{it} + \beta_5 STOCK_{it}$$
$$+ \beta_6 LOAN_{it} + \beta_7 LAW_{it} + \beta_8 GOV_{it} + \beta_9 COM_{it} + \alpha_t + \mu_i + \xi_{it}$$

$$i = 1, 2, \Lambda, N \quad t = 1, 2, \Lambda, T \quad\quad\quad (1)$$

其中，DS_{it} 是被解释变量，本书分别用 $DS1_{it}$ 和 $DS2_{it}$ 来表示。$DS1_{it}$ 即第 i 个省份在 t 年的债券发行额和银行增量贷款额的比率，$DS2_{it}$ 即第 i 个省份在 t 年的债券发行额和银行贷款余额的比率。因为贷款余额是当地银行年末的资产负债表上的贷款总额，是一个时点数，同时存在每年银行贷款累加的效应，因此贷款余额通常大于当年的实际贷款数。而贷款增量是年末贷款余额与年初贷款的差额，似乎和实际贷款数更接近，但是银行短期贷款很多年内到期，这部分数据很难获得，因而我们认为贷款增量比实际贷款数小。由于没有更精确的数据获得，我们同时使用这两个指标来衡量。α_t，μ_i 分别表示时间效应和地区效应。Panel data 回归模型是采用固定效应模型还是随机效应模型？当横截面的单位是总体的所有单位时，固定效应模型是一个合理的模型。如果横截面单位是随机地抽自一个大的总体，则使用随机效应模型较为合适。本书是对全国所有省市的债务结构进行分析，为了控制不同省份的个体特征，本书主要采用固定效应模型。本书在实证研究中通过对模型（1）进行豪斯曼检验（Hausman Test）得到的 P-value < 0.05，显示固定效应模型更为合适。那么，是否需要同时控制地区固定效应和时间固定效应？或者只需控制地区固定效应？对模型（1）地区固定效应和时间随机效应进行豪斯曼检验（Hausman Test）得到的 P-value > 0.1，显示地区固定效应模型和时间随机效应较为合适。本书所有的模型全部过程用 EVIEWS 6.0 软件完成。

对 $DS1_{it}$ 地区固定效应和时间随机效应模型进行直接估计的主要结果放在表 6 – 3，首先看第（1）列省份经济特征对 DS1 的实证结果，各省的 GDP 及经济对外开放度与债务结构正相关，且高度显著；各省的固定资产投资与债务结构显著负相关，通货膨胀率与债务结构负相关，不过不显著。假设 1 基本得到证实；接着在控制省份经济特征变量的同时，看金融市场结构对债务结构的实证结果，第（2）列结果显著证明了假设 2，各省债务结构和股票融资占比、贷款融资比率成反比；然后我们在控制省份经济特征和金融市场结构变量后，依次看地区法律环境、政府干预程度和金融业的竞争对债务结构的影响，列（4）和列（5）实证结果和我们理论预期4和5一致，各省债务结构和当地政府干预程度（因为政府干预程度指标是反向指标，故相关系数为负）和金融业的竞争程度成正比。只是后者不太显著；列（3）表明各省债务结构和地区法律环境显著负相关，和我们理论预期3刚好相反。这说明在法律环境好的地区相对法律环境差的地区企业发债比率更低，这似乎和经典的债务契约理论相违背，如何解释？当我们把政府干预程度和法律环境治理指数同时放入模型，列（6）表明它们都显著，不过法律环境治理指数的系数变小，即表明我国各地区的政府干预和法律环境治理是互相替代的机制，当法律不完善时，地方政府对发债企业提供间接担保和承担还款的隐形契约责任。这也从另一个角度印证了孙铮、刘凤委、李增泉（2005）所说的上市公司债务期限结构与法律和政府干预的关系。

▶▶▶ 6.2.4 稳健性检验

本书的实证部分主要用 $DS1_{it}$（i 个省份第 t 年的债券发行额和银行增量贷款额的比率）来估计影响债务结构各因素，考虑 $DS1_{it}$ 的局限性，我们用 $DS2_{it}$（i 个省份在 t 年的债券发行额和银行贷款余额的比率）来衡量债务结构，并对 $DS2_{it}$ 地区固定效应和时间随机效应模型进行直接估计，主要结果见表6-4。我们类似表6-3，先后从省份经济特征，金融市场结构和外部治理环境来验证其对 $DS2_{it}$ 的影响效果。结果基本相同，绝大部分变量显著相关，并且方向相同。

因为国内有文献涉及金融结构的省份面板实证运用到双向固定效应模型，包括林毅夫，孙希芳（2009）论证的银行业结构与经济增长。本书也给出了基于不同方程的双向固定效应模型的估计结果，其中省份效应和时间效应都得到控制。结果见表6-5，我们列出了 $DS1_{it}$ 和 $DS2_{it}$ 的主要实证结果，发现绝大部分变量显著相关，并且方向和表6-3和表6-4相同，基本没有差别，理论得到验证。

表 6-3 对债务结构 DS1 的实证检验（地区固定效应和时间随机效应模型）

变量类型	变量名称	变量符号	(1) DS1 省份特征	(2) DS1 省份特征+金融结构	(3) DS1 (2)+法律	(4) DS1 (2)+政府干预	(5) DS1 (2)+金融竞争	(6) DS1 (2)+法律+政府干预	(7) DS1 (2)+法律+金融竞争	(8) DS1 (2)+法律+政府+竞争+金融竞争
被解释变量	企业债务和贷款比例	DS1								
解释变量（省份经济特征）	国民生产总值	GDP	0.202375 *** (3.896525)	0.030837 (1.093087)	0.070963 ** (2.504157)	0.037393 (1.320132)	0.028496 (1.002092)	0.074399 *** (2.617812)	0.068750 ** (2.407065)	0.071937 ** (2.512493)
	物价水平	PRICE	-0.002995 (-0.883554)	-0.002430 (-1.587515)	-0.003128 (-2.108683)	-0.001983 (-1.286282)	-0.002386 (-1.554956)	-0.002756 * (-1.838956)	-0.003086 ** (-2.075571)	-0.002698 * (-1.795912)
	固定资产投资	LNVEST	-0.083974 ** (-2.447948)	-0.045270 * (-2.457933)	-0.045400 ** (-2.554284)	-0.036491 * (-1.941982)	-0.048210 (-2.553591)	-0.038636 ** (-2.126264)	-0.048093 *** (-2.639667)	-0.041568 ** (-2.238922)
	经济对外开放度	INTER	2.274198 *** (8.103138)	0.708775 *** (4.428286)	1.011933 *** (6.114440)	0.766286 *** (4.735018)	0.682569 (4.155440)	1.044038 *** (6.268610)	0.987407 *** (5.826136)	1.016600 *** (5.968951)
解释变量（金融市场结构）	股票融资占比	STOCK		-2.069587 *** (-28.44740)	-2.005781 *** (-28.12615)	-2.073070 *** (-28.51893)	-2.076588 *** (-28.25581)	-2.011025 *** (-28.15731)	-2.012304 *** (-27.93232)	-2.018664 *** (-27.97090)
	贷款融资占比	LOAN		-2.069399 *** (-28.45204)	-2.005640 *** (-28.13174)	-2.072788 *** (-28.52262)	-2.076351 *** (-28.26298)	-2.010810 *** (-28.16250)	-2.012118 *** (-27.94039)	-2.018395 *** (-27.97863)
解释变量（外部治理环境）	法律	LAW			-0.012198 ** (-5.101428)			-0.011708 *** (-4.862494)	-0.012177 *** (-5.084149)	-0.011672 *** (-4.839040)
	政府干预	GOV				-0.010156 ** (-2.299057)		-0.007819 * (-1.819598)		-0.008014 * (-1.855893)
	金融竞争	COM					0.001988 (0.732227)		0.001821 (0.695046)	0.002097 (0.798349)
	组		30	30	30	30	30	30	30	30
	样本数		360	360	360	360	360	360	360	360
	R-squared		0.592924	0.886417	0.894798	0.888241	0.886603	0.895866	0.894955	0.896072

表6-4 对债务结构 DS2 的实证检验（地区固定效应和时间随机效应模型）

变量类型	变量名称	变量符号	(1) DS2 省份特征	(2) DS2 省份特征 + 金融结构	(3) DS2 (2) + 法律	(4) DS2 (2) + 政府干预	(5) DS2 (2) + 金融竞争	(6) DS2 (2) + 法律 + 政府干预	(7) DS2 (2) + 法律 + 金融竞争	(8) DS2 (2) + 法律 + 政府干预 + 金融竞争
被解释变量	企业债券和贷款比例	DS2								
解释变量（省份经济特征）	国民生产总值	GDP	0.040152 *** (4.832991)	0.016703 *** (2.745741)	0.021796 *** (3.486850)	0.017700 *** (2.890202)	0.015319 ** (2.500019)	0.022345 *** (3.562402)	0.020393 *** (3.239287)	0.020934 *** (3.314630)
	物价水平	PRICE	-0.001531 *** (-3.313893)	-0.001449 *** (-4.391047)	-0.001538 *** (-4.699999)	-0.001381 *** (-4.145023)	-0.001423 *** (-4.304816)	-0.001478 *** (-4.470053)	-0.001512 *** (-4.611606)	-0.001446 *** (-4.361511)
	固定资产投资	LNVEST	-0.015238 ** (-2.748816)	-0.009737 ** (-2.451599)	-0.009753 ** (-2.487702)	-0.008402 ** (-2.068190)	-0.011476 *** (-2.820822)	-0.008672 ** (-2.162298)	-0.011461 *** (-2.853912)	-0.010352 ** (-2.527719)
	经济对外开放度	INTER	0.271798 *** (5.987532)	0.065951 * (1.910817)	0.10425 *** (2.860496)	0.074693 ** (2.134715)	0.050453 (1.425432)	0.109559 *** (2.980516)	0.088876 ** (2.379188)	0.093837 ** (2.497734)
解释变量（金融市场结构）	股票融资占比	STOCK		-0.274808 *** (-17.51703)	-0.266711 *** (-16.95507)	-0.275338 *** (-17.51922)	-0.278948 *** (-17.61452)	-0.267549 *** (-16.97327)	-0.270846 *** (-17.05678)	-0.271927 *** (-17.08130)
	贷款融资占比	LOAN		-0.274819 *** (-17.52216)	-0.26727 *** (-16.96069)	-0.275334 *** (-17.52365)	-0.278930 *** (-17.61985)	-0.267554 *** (-16.97852)	-0.270834 *** (-17.06253)	-0.271901 *** (-17.08666)
解释变量（外部治理环境）	法律	LAW			-0.001548 *** (-2.935104)			-0.001470 *** (-2.765632)	-0.001535 *** (-2.907362)	-0.001449 *** (-2.723397)
	政府干预	GOV				-0.001544 (-1.616383)		-0.001250 (-1.318447)		-0.001362 (-1.432003)
	金融竞争	COM					0.001176 ** (2.009561)		0.001155 ** (1.999191)	0.001202 ** (2.073954)
	组		30	30	30	30	30	30	30	30
	样本数		360	360	360	360	360	360	360	360
	R-squared		0.573166	0.774863	0.780378	0.776585	0.777520	0.781493	0.782941	0.784260

表 6－5　　对债务结构 DS1 和 DS2 的实证检验（基本的双向固定效应模型）

变量类型	变量名称	变量符号 DS1 DS2	(1) DS1 省份特征	(2) DS1 省份特征+金融结构	(3) DS1 (2)+法律	(4) DS1 (2)+政府干预	(5) DS2 省份特征	(6) DS2 省份特征+金融结构	(7) DS2 (6)+法律	(8) DS2 (6)+政府干预
解释变量（省份经济特征）	国民生产总值	GDP	0.147555 ** (1.975051)	0.068953 * (1.709480)	0.077740 ** (1.995034)	0.065902 (1.632718)	0.026711 ** (2.199716)	0.016068 * (1.847306)	0.017266 ** (2.008702)	0.016122 * (1.847397)
	物价水平	PRICE	-0.005456 (-0.790033)	-0.005098 (-1.368375)	-0.005947 * (-1.652306)	-0.005536 (-1.481334)	-0.000244 (-0.217407)	-0.000193 (-0.240727)	-0.000309 (-0.389409)	-0.000186 (-0.229739)
	固定资产投资	LNVEST	-0.090833 ** (-2.460537)	-0.032805 (-1.641750)	-0.039787 ** (-2.057670)	-0.030249 (-1.507950)	-0.017310 *** (-2.884911)	-0.009461 ** (-2.195640)	-0.010412 ** (-2.441280)	-0.009506 ** (-2.191840)
	经济对外开放度	INTER	2.246568 *** (7.685108)	0.711547 *** (4.260430)	1.008573 *** (5.858205)	0.725712 *** (4.340362)	0.291674 *** (6.138676)	0.084121 ** (2.335745)	0.124605 *** (3.281156)	0.083870 ** (2.320049)
解释变量（金融市场结构）	股票融资占比	STOCK		-2.131804 *** (-27.81912)	-2.053609 *** (-27.14644)	-2.132641 *** (-27.85819)		-0.288369 *** (-17.45082)	-0.277711 *** (-16.64256)	-0.288354 *** (-17.42171)
	贷款融资占比	LOAN		-2.131963 *** (-27.81836)	-2.053787 *** (-27.14642)	-2.132752 *** (-27.85691)		-0.288374 *** (-17.44938)	-0.277719 *** (-16.64160)	-0.288360 *** (-17.42039)
解释变量（外部治理环境）	法律	LAW			-0.012107 *** (-4.907613)				-0.001650 *** (-3.032480)	
	政府干预	GOV				-0.006573 (-1.286929)				0.000116 (0.105489)
	组		30	30	30	30	30	30	30	30
	样本数		360	360	360	360	360	360	360	360
	R-squared		0.624114	0.891763	0.899519	0.892334	0.594310	0.794379	0.800266	0.794386

注：(1) 括号中数字表示的是异方差–稳健性 t 统计量；(2) ***、**、* 分别表示在 1%、5%、10% 的水平显著（双尾检验），表 6-3 和表 6-4 与此相同。

▶ 6.3　本章小结

　　通过文献回顾和理论分析，本章从省份经济特征、金融市场结构和外部治理环境三个层面提出了影响地区债务结构的五个理论假说，通过采用地区固定效应和时间随机效应面板模型进行了理论检验。在省份经济特征方面，本章验证了各省的 GDP 及经济对外开放度与债务结构正相关；各省的通货膨胀率及固定资产投资与债务结构负相关。在金融市场结构方面，论证了各省债务结构和股票融资占比、贷款融资比率成反比；对于外部治理环境，虽然本章证明了各省债务结构和当地金融业的市场化程度、当地政府干预程度成正比。但我们发现各省债务结构和当地法律环境治理程度成正比，这和理论假设相反，我们认为：我国地区的政府干预和法律环境治理是互相替代的机制，法律不完善的省份，地方政府的干预保证了企业债券契约的执行和履约，而在法律较为完善的省份，金融市场化约束了地方政府的干预，因此法律环境差的地区相对法律环境好的地区企业发债比率更高。

第7章

中国企业债务期限结构的微观
决定因素：增量法实证研究

第 5 章和第 6 章用宏观数据分析了我国整体债务结构的演变及各省份债务结构的差别。本章开始采用微观数据来研究我国企业债务期限结构和债务工具的选择。到目前为止国内绝大多数文献采用资产负债表法实证研究我国上市公司的债务期限结构，但增量法能确定全部期限特征分布点的融资选择决定因素，比较适合考察新发行债务期限结构和债务工具选择的问题。并且增量法在我国运用的比较少，本章收集了企业债券和银行贷款的数据及对应企业的财务数据，就是尝试运用增量法从企业的财务数据和债务工具的选择等因素来分析企业债券和银行贷款的期限。

▶ 7.1 企业的负债期限结构与融资工具选择的微观机理

企业在投资一个项目时，是采取一次性长期借款，还是采取一系列连续的短期负债的方式，这就是债务期限结构问题。通常债务期限的选择被看做是企业质量好坏的一种信号，本书用一个时序图来解释企业选择不同的期限是因为考虑潜在的连续投资、无效率清算和资本成本等因素。企业投资项目现金流的实现及水平不能事先确定。在信息不对称的情况下，如果短期债务无效率的清算是因为众多的债权人使得清偿过于频繁，那么银行通过观察现金流信号并从企业所有者的角度能做出避免无效率的清算的决策，这样企业借助于银行贷款会更优。如果现金流在第一个阶段就能实现，要进行下一个项目的投资，通过短期债务融资就能获得更优惠的资金。如果现金流没能在第一阶段实现，企业就有被清算的危险或者是比长期债务更高的价格来获得第二阶段融资。而企业若签订长期债务契约，企业家会获得资金的保障但是资金成本相对短期要高。银行等金融中介更愿意花费成本去观察有关企业质量的信号。因为银行一般是单独承担观察成本，而企业债券虽然有多个债权人，但是每一个债权人却要承担全部的观测成本，于是搭便车的问题产生，单个债券持有人不会有动力去监测企业。上述的分析可从图 7 - 1 得到清晰地揭示，并可看出，银行贷款

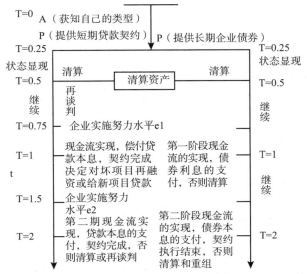

图 7 - 1　企业对银行贷款和企业债券选择的契约时序

注：A（代理人）代表企业，P（委托人）代表融资方。T 代表契约时间。

在短期融资上的优势基于再谈判的规模经济和续约的灵活性。这种事后的帕累托改进却影响了借款企业的早期行动，无法确保事前契约的最优性。而企业债券因为事后无效率的配置达到了事前最优，这种硬约束能防止金融风险。

短期债务契约增加放款人的流动性，减少代理问题。这和现实中的银行贷款比较吻合；长期债务契约可减少借款人的流动性风险、交易谈判成本，这和企业债券的特点接近。于是，企业对短期与长期代理成本这些矛盾因素进行权衡就可以获得最优的债务期限结构。而最优债务期限结构就决定了企业最优的债务融资选择，这又决定了信贷市场和企业债券市场的最优边界。

▶ 7.2　理论基础与研究假设

▶▶ 7.2.1　理论基础

根据第 2 章国内外学者对影响企业债务期限和债务工具选择因素的理论和实证研究综述，本节对债务期限影响因素进行归类并提出相关的研究假设，通过构建计量经济模型来分析。所要研究的被解释变量债务期限用债务工具的期限来表示，即企业发行债券和贷款的到期年限。解释变量是基于已有理论假设和经验研究的结果来选择，下面做具体说明。

▶▶ 7.2.2　变量界定和研究假设

1. 公司规模

大公司具有更低的信息不对称和代理问题，拥有更少的成长机会，因此，更容易进入长期债务市场。小公司被迫使用短期债务的原因包括更高的失败率和在长期债务融资中缺乏规模经济。大公司由于信息不对称性水平较低、破产风险低和融资成本较低而具有发行长期债务的优势，而小公司不易发行长期债务，因此倾向于使用短期债务（法玛、詹森，1983；拉詹、津加莱斯，1995）。规模大的公司在融资渠道上更为通畅，因为同小规模公司相比，它们具有更高的信誉度和更多的可抵押资产。另外，大规模公司在管理方面也较有优势，缓解了资产替代问题；同时大规模公司在扩张、选择投资机会方面也更为谨慎。因此，预计规模因素将同企业的债券期限结构成正比关系。由于数据的特点，本书采用总资产的自然对数计量企业规模。

2. 财务杠杆比率

财务杠杆，通常用以下两个比率：一是资产负债率（总负债/总资产）。该指标反映负债总额的财务风险；二是有息负债比率（净有息债务/股东权益）。净有息债务为有息债务总额减去现金和现金等价物，有息债务总额等于短期借款加长期借款，如果有融资租赁负债，再加融资租赁债务。本书采用资产负债率，即总负债与总资产的比率度量杠杆比率，用符号 Leverage 代表。国内的实证研究基本上都是正相关关系。我们假设：当其他情况保持不变时，财务杠杆较高的企业将选择更多长期负债融资，即负债的期限结构与财务杠杆正相关。

3. 流动比率

流动比率是与现金流时间同步假说相关的反映企业偿债能力的指标之一，雷森等（2005）论证了流动比率越高的企业选择越多比例的长期债务。流动比率越高，反映企业短期偿债能力越强，债权人的权益越有保证。流动比率高，不仅反映企业拥有的营运资金多，可用以抵偿债务，而且表明企业可以变现的资产数额大，债权人遭受损失的风险小。一般，此类偿债能力强，容易获得融资的企业更倾向于长期融资，因为长期融资相对短期融资成本较低，因此预测流动比率与债券期限关系为正相关。

4. 销售利润率

销售利润率是指企业一定时期主营业务利润同主营业务销售收入的比率。它表明企业每单位主营业务收入能带来多少主营业务利润，反映了企业主营业务的获利能力。获利能力越强的企业越有能力获得长期贷款和债券的发行。因此，我们假设销售利润率和债券期限成正比。

5. 长期负债率

将债务融资总量按照期限结构划分，以一年以内（含一年）作为划分短期和长期债务融资的时间界限。短期债务融资包括银行短期借款、商业信用以及一年以内到期的短期负债（由年报可知，基本为一年之内到期的短期借款）；一年以上的长期负债（基本为长期借款和企业债券）为长期债务融资。本书采用长期债务（指偿还期限在一年以上的债务）占总债务的比例度量债务期限结构。

长期负债率分两种情况说明，第一，制定发债期限前，长期负债率越小，说明企业具有更好的长期偿债能力，债务人更愿意长期融资给该企业，因此预测对债券期限的影响为负相关。第二，制定发债期限后，长期负债越多说明该企业发行的长期债券比例较大，因此推测长期负债率和债券期限是正比关系。

6. 现金流比率

反映企业的偿债能力，即利用产生的现金流偿还流动负债的能力，预计偿债能力越强的企业具有更长的债券期限。

7. 债务工具类别

本书是对上市公司具有银行贷款和发行债券进行分析研究，为了将其区分开来，上市公司有银行贷款为 1，发行债券为 0。这是个哑变量，作为控制变量。

8. 利率

布里克和拉维德（Brick and Ravid）提出，在利率的期限结构为向上倾斜的曲线时，企业发行长期负债的前期利息费用大于展期的短期负债。发行长期负债降低了企业预期的纳税义务而增加了企业市场价值。相反，当利率的期限结构为向下倾斜的曲线时，选择短期负债能够提高企业的价值。因此，负债的期限结构与利率的期限结构呈正相关。

9. 总现金流

反映企业自身获得现金的能力，是企业财务状况和运营能力重要的判断指标，也是企业价值判断的重要依据。因此预期与债券期限关系为正相关。

10. 行业类别

不同行业的经营特点不同，故在现金流特征、受管制程度、收益稳定性以及税率等方面都有不同。因此，预计企业的债券期限将带有一定的行业特征。本书参照《上市公司行业分类指引》分类。设置哑变量，具体划分为：1. 农林牧渔，2. 采掘业，3. 食品饮料，4. 纺织服饰，5. 石油化学，6. 电子信息传播，7. 机械设备，8. 医药生物制品，9. 电力煤气供水，10. 建筑业房地产业，11. 交通、运输，12. 批发零售贸易，13. 社会服务业（金融酒店旅游），14. 综合类，15. 家具造纸等制造业，16. 日用家电。

11. 产权比率

产权比率（总负债/所有者权益）是说明债务和股权关系的一个重要指标，是衡量企业长期偿债能力的指标之一，是企业财务结构稳健与否的重要标志。产权比率越高，说明企业债务比率较大，因此偿还债务的能力越弱。预期该因素与债券期限呈负相关关系。

12. 净资产收益率

净资产收益又称股东权益收益率，是净利润与平均股东权益的百分比。该指标反映股东权益的收益水平，指标值越高，说明投资带来的收益越高。流动性不佳和当前收益率不好的企业，银行短期贷款较多。从另一个角度来解释，也许正是因为企业流动性不好、当前收益率不好才需要从银行贷款。

13. 担保人

不少学者注意到"保证"的作用。如彼得森和拉詹（1994）、布特和塔科尔（1994）就曾预言，银行与借款人关系越长久，贷款利率就可能越低，此外，对贷款的抵押要求也可能越低。一些银行在授信评级中对贷款企业是否存在担保也非常关注，当存在这类现象时，银行将可能提高其风险级别，因此在模型中我们也放入反映是否有担保人的变量，它们分别是 COLLA。对存量模型，预期符号为负，增量模型反之。

14. 清算比率

根据清算风险假说，通过短期负债融资意味着当短期负债到期时，企业要以反映企业当时状况的价格进行负债的再融资。企业通过长期负债融资可以消除或充分延迟企业再融资利率的不确定性。由于未来经济条件恶化的可能性，当在企业的再融资时点存在有关企业的坏消息时，企业将不能实现短期负债的展期或债权人提高新债务的违约风险溢价，企业就会存在被清算的险。故清算风险与债券期限具有相关关系，根据负债期限结构与企业的信用级别是非单调的关系，信用级别处于两头的企业选择短期负债，信用级别居中的企业偏好长期负债。本书清算比率用固定资产占总资产比重的自然对数来表示。

15. 发行总额

发行总额的大小可以反映该企业扩展业务、规模的大小，因此可以说明该企业成长能力较大，预计容易获取较长的债券期限。

16. 发行人所属地区

发行人所属地区设为哑变量：西部赋值为"1"、中部赋值为"2"、东部赋值为"3"、国家垄断性和中央直属赋值为"4"。分布在不同地区的上市公司，其期限结构可能存在差异。①不同区域之间的债务期限结构存在系统差异；②市场化程度高，经济发达的地区具有相对低的债务期限。

综合上述分析，变量的定义和预期符号归纳见表7-1。

表7-1　　　　　　　　变量定义表

变量名称	变量符号	变量定义	理论预期
公司规模	SIZE	总资产的自然对数	+
财务杠杆比率	LEVERAGE	总负债/总资产	−
流动比率	LIQUID	流动资产/流动负债	+
销售利润率	ROS	销售利润/销售收入净额	+
长期负债率	DEBT	长期负债/总负债	−
现金流比率	CASH FLOW	总现金流/流动负债	+
债务工具类别	DEBT INSTRUMENT	银行贷款为0；企业债券为1	+

续表

变量名称	变量符号	变量定义	理论预期
利率	RATE	该债券发行的票面利率和贷款利率	+
产权比率	EQUITY	总负债/所有者权益	−
净资产收益率	ROE	净利润/净资产	
清算比率	LIQUE	固定资产占总资产比重的自然对数	−
发行总额	SUM	直接从债券发行或贷款数据库查的	+
总现金流	LC	经营活动现金流＋投资活动现金流＋筹资活动现金流	+
发行人所属地区哑变量	AREA	西部为1；中部为2；东部为3；国家垄断性、中央直属为4	+
行业类别	INDUESTRY	根据行业分类设置哑变量	未知
担保人	COLL	有担保为1，否则为0	+

▶ 7.3 实证设计和分析

▶▶▶ 7.3.1 样本的选择与数据来源

　　本书债券子数据所使用的数据信息来自 Wind 我国金融数据库。收取了 1998～2008 年连续 11 年发行各种企业债券（包括短期融资券和中期票据）的发债资料和对应发债前一年的企业财务数据。考虑到发行短期融资券公司数目之多，可能会影响统计结果的客观性，因此本书分别对债券数据进行大样本和小样本的研究：包括短期融资券的数据为大样本，剔除短期融资券的数据为小样本。本书贷款子数据来源于 CSMAR（国泰安）金融数据库，选择了我国上市公司 1998～2008 年的财务数据和银行贷款债务数据作为研究样本，先挑选出披露了银行贷款期限等数据的上市公司，然后对应找出这些上市公司的前一年的财务数据，整理出上市公司贷款及财务数据。最后加总贷款和企业债券的数据库。

▶▶ 7.3.2 回归方程的建立

本书首先考察企业债券期限和选取的解释变量之间的相关性是否同预期相符，建立多元线性回归方程，从而归纳显著影响我国企业债券期限的因素。然后根据企业当年贷款年限和上年的相关财务指标数据（解释变量和第一个方程相同），来分析显著影响我国企业贷款期限的因素。最后汇总贷款和企业债券的数据库来分析影响债务工具期限的共同决定因素（解释变量只增加了债务工具选择的虚拟变量，银行贷款为0；企业债券为1。其余变量和前面的方程相同）。

分析前一年的相关财务数据对当年债券期限的关系，建立的共同模型如下：

$$
\begin{aligned}
Y_{it} = {} & \alpha + \beta_1 SIZE_{it-1} + \beta_2 LEVERAGE_{it-1} + \beta_3 LIQUID_{it-1} \\
& + \beta_4 ROS_{it-1} + \beta_5 DEBT_{it-1} + \beta_6 CASH\ FLOW_{it-1} \\
& + \beta_7 DEBTINSTRUMENT_{it} + \beta_8 RATE_{it} + \beta_9 INDUESTRY_{it} \\
& + \beta_{10} EQUITY_{it-1} + \beta_{11} ROE_{it-1} + \beta_{12} COLL_{it-1} \\
& + \beta_{13} LIQUE_{it-1} + \beta_{14} SUM_{it-1} + \beta_{15} LC_{it-1} + \beta_{16} AREA_{it} \qquad （1）
\end{aligned}
$$

实证共有四个样本，分别为：①债券大样本（包括企业债券、公司债券、中期票据和短期融资券）；②债券小样本（大样本中去除短期融资券）；③公司贷款样本；④债券大样本和公司贷款样本的汇总。

▶▶ 7.3.3 变量的描述性统计

关于企业债券、银行贷款等变量的描述性统计见表7-2、表7-3和表7-4，这三个表的统计值分别基于债券大样本、银行贷款样本和加总的全样本计算得出。每一个变量的观测数量虽稍有不同，但对大样本数据的整体结论不会有影响。

表7-2 债券大样本的主要变量描述性统计

变量	观察数	均值	中位数	最大值	最小值	标准差
期限	1297	3.825202	1	30	0.246575	4.762798
公司规模	1233	23.92223	23.83298	28.10041	18.57233	1.387386
财务杠杆比率	1229	0.588763	0.60142	0.977157	0.003042	0.145075
流动比率	1230	1.185909	1.006313	90.60022	0.058484	2.835463
销售利润率	1223	0.157154	0.198703	0.949116	-41.8813	1.732226
长期负债率	1213	0.344725	0.310526	0.994099	-0.01747	0.226269
现金流比率	1231	0.058095	0.028929	19.42844	-5.4153	0.64273
利率	1257	4.629454	4.47	9	0	1.19082
产权比率	1257	2.591472	1.825541	62.05976	0.003052	3.302042
净资产收益率	1230	0.091943	0.070699	0.632382	-0.07955	0.081465
清算比率	1230	-0.94538	-0.69263	-0.02186	-9.45568	0.892461
发行总额	1058	20.71611	12	300	0.2	29.16214
总现金流	1233	5.22E+08	2.06E+08	6.92E+10	-4.49E+10	4.22E+09

表7-3 银行贷款样本的主要变量描述性统计

变量	观察数	均值	中位数	最大值	最小值	标准差
期限	1669	1.625716	1	30	0.082192	2.273025
公司规模	1670	21.03547	20.8713	26.86161	18.55607	0.979405
财务杠杆比率	1670	0.492522	0.522476	1.640913	0.018431	0.14765
流动比率	1642	1.537216	1.230818	55.54075	0.075087	2.471947
销售利润率	1653	22497.73	0.240961	1.47E+08	-8.5E+07	6263590
长期负债率	1670	0.583671	0.094301	47.08984	-1.04031	2.509139
现金流比率	1589	0.148538	0.134946	1.958076	-2.44154	0.312125
利率	682	5.712131	5.427	51.5	0	2.124214
产权比率	1607	1.466639	1.166897	159.0584	-16.1598	4.399024
净资产收益率	1629	0.072201	0.088058	2.484718	-2.73361	0.25241
清算比率	1670	-1.51664	-1.32262	-0.10392	-7.1739	1.020718
发行人所在地	1666	2.140442	0.45	300	0.006	12.59569
总现金流	1661	1.20E+08	17777425	2.85E+10	-3.95E+09	1.24E+09

表7-4　　　　　债券和贷款全样本的主要变量描述性统计

变量	观察数	均值	中位数	最大值	最小值	标准差
期限	2966	2.587528	1	30	0.082192	3.743347
公司规模	2903	22.26157	22.00799	28.10041	18.55607	1.845446
财务杠杆比率	2899	0.533322	0.522476	1.640913	0.003042	0.154066
流动比率	2872	1.386761	1.103553	90.60022	0.058484	2.639037
销售利润率	2876	12930.79	0.223978	1.47E+08	-8.5E+07	4747999
长期负债率	2883	0.483136	0.18516	47.08984	-1.04031	1.9187
现金流比率	2820	0.109057	0.071439	19.42844	-5.4153	0.486969
利率	1939	5.010262	5.04	51.5	0	1.664941
产权比率	2864	1.960324	1.39109	159.0584	-16.1598	3.993775
净资产收益率	2859	0.080694	0.083815	2.484718	-2.73361	0.198093
清算比率	2900	-1.27434	-1.07481	-0.02186	-9.45568	1.00857
发行总额	2724	7.399818	0.83899	300	0.006	20.59855
总现金流	2894	2.91E+08	35497357	6.92E+10	-4.49E+10	2.92E+09

由表7-2、表7-3和表7-4可知，债券期限的均数为3.83年，比贷款期限1.63年要长2年多，说明债券发行偏中长期而银行贷款偏短期；债券票面利率均值为4.63%，而贷款利率均值为5.71%，债券比贷款的利率低1个多百分点。这说明债券的融资成本比贷款的融资成本低，原因可能在于发债企业通常比贷款企业的规模大（从表7-2和表7-3也可看出）、信用级别高。而在担保人哑变量中，发行债券企业中有担保人的较银行贷款的少，因为在银行贷款中多为抵押性贷款，有担保人更容易筹得资金。发行总额中，债券的发行金额往往比银行贷款要多，从均值上看，债券每次融资额是银行每笔贷款金额的10倍之多，因为我国债券的发行审核比较严，发行成本比较大，故发行金额比较大，可以分担单位债务发行成本。

▶▶ 7.3.4　变量的相关性分析

　　各主要解释变量的相关系数见表7-5，可以看出大多数变量的相关度都不高，相关系数大于0.5的只有企业规模和债务工具类别、发行金额。说明我们选择的解释变量存在多重共线性的可能性低。从债务融资期限和债务工具类别的相关系数（0.481917）可以看出：企业新增债务期限较大程度取决于债务工具的选择，如果需要长期债务，会偏好发行企业债券。

表7-5　　　债券和银行贷款全样本的主要变量的相关系数

	期限	SIZE	LEVERAGE	LIQUID	ROS	DEBT
期限	1					
SIZE	0.504387	1				
LEVERAGE	0.079784	0.295957	1			
LIQUID	0.061703	-0.067429	-0.194175	1		
ROS	-0.053835	-0.059466	0.006222	-0.017598	1	
DEBT	-0.007232	-0.103097	-0.203899	0.015067	-0.001284	1
CASHFLOW	-0.064457	-0.073517	-0.128859	-0.221242	0.095844	0.042068
DEBTINSTR UMENT	0.481917	0.832665	0.266252	-0.028784	-0.064527	-0.075976
RATE	-0.153602	-0.151916	-0.005534	0.003825	0.008968	0.045720
INDUESTRY	0.292232	0.396645	0.187848	-0.007234	-0.033323	0.002450
EQUITY	0.097976	0.265474	0.505122	-0.083417	-0.008353	-0.044915
ROE	-0.062373	0.035784	0.128424	-0.007669	0.028091	-0.015647
COLL	0.444694	0.015738	0.035617	0.037823	-0.027587	0.043179
LIQUE	0.203527	0.306215	0.058573	-0.211696	-0.039853	0.057044
SUM	0.247985	0.622571	0.062471	-0.036323	-0.032037	-0.031847

续表

	期限	SIZE	LEVERAGE	LIQUID	ROS	DEBT
LC	-0.074259	0.048495	0.025372	0.002498	0.014489	-0.011910
AREA	0.172258	0.355837	0.110693	-0.018534	-0.009295	-0.073644
	CASHFLOW	DEBTINSTR UMENT	RATE	INDUESTRY	EQUITY	ROE
CASHFLOW	1					
DEBTINSTR UMENT	-0.123013	1				
RATE	-0.012776	-0.094314	1			
INDUESTRY	-0.050488	0.483287	-0.088222	1		
EQUITY	-0.073775	0.243077	-0.039277	0.188181	1	
ROE	0.029639	0.031121	-0.019754	0.004894	0.221657	1
COLL	-0.059763	-0.009842	0.001035	0.088116	0.008644	-0.105577
LIQUE	0.139694	0.250034	-0.068256	-0.072542	0.062889	-0.045693
SUM	-0.064209	0.455860	-0.139187	0.163293	0.065693	0.021309
LC	0.100072	0.069807	-0.013874	0.058073	0.084961	0.043286
AREA	-0.000616	0.172984	-0.099287	0.214071	0.048501	0.034220
		COLL	LIQUE	SUM	LC	AREA
COLL		1				
LIQUE		0.070491	1			
SUM		-0.017295	0.200694	1		
LC		-0.071200	-0.045198	0.053398	1	
AREA		0.052561	0.060365	0.291190	-0.005317	1

▶▶▶ 7.3.5 实证结果和分析

表 7 - 6 显示了采用广义矩（GMM）方法对模型进行回归分析的结果（运用 EVIEWS3.1 软件），从表中可以清晰地看到四种不同样本的各个显著性变量的同异对比。

表 7 - 6　　　　不同样本的债务工具期限的 GMM 回归模型结果

变量	债券大样本①	债券小样本②	贷款样本③	债券 + 贷款④
规模	0.211783 *** (5.266247)	0.395488 *** (5.370012)	0.059119 *** (3.464411)	0.498517 *** (7.882470)
财务杠杆比率	-5.702721 *** (-4.251786)	-7.011258 *** (-3.678197)	-0.055917 (-0.124888)	-1.861899 (-2.339253)
流动比率	-0.078221 *** (-3.614161)	-0.078945 *** (-3.804178)	-0.010662 (-0.417486)	0.061092 (1.160726)
销售利润率	0.072489 *** (3.117516)	0.085059 *** (3.012529)	0.380224 (1.131004)	-0.000461 (-0.011274)
长期负债率	2.511995 *** (2.928110)	2.837578 ** (2.287122)	0.018233 (1.630602)	0.062775 (1.001583)
现金流比率	-1.073142 *** (-5.604649)	-1.103374 *** (-5.048574)	-0.033857 (-0.081131)	-0.124850 (-0.260744)
债务工具类别				3.165103 *** (10.28130)
利率	-0.432997 *** (-3.939303)	-0.900482 *** (-4.725323)	0.019707 (0.588849)	-1.797614 *** (-7.706014)
行业	0.014358 (0.567485)	0.105230 ** (1.983740)	-0.045940 ** (-2.566389)	-0.003675 (-0.128035)
产权比率	0.258223 *** (2.928742)	0.314856 ** (2.332224)	-0.007981 (-0.838374)	-0.021302 (-0.455199)
净资产收益率	0.856371 (0.521501)	3.680835 (1.171136)	-0.094327 (-0.459926)	-0.834028 (-1.495207)
担保人	8.230898 *** (26.65104)	6.140760 *** (10.04832)	0.276779 ** (2.132990)	3.884913 *** (17.37998)
清算比率	-0.068579 (-0.522167)	0.064511 (0.502530)	0.070709 (1.174088)	-0.032301 (-0.284381)
发行总额	-0.009210 ** (-2.445881)	-0.021770 *** (-3.036792)	0.377814 *** (3.969198)	-0.027254 *** (-3.940372)
总现金流	$-4.58E-11$ ** (-2.039603)	$-3.64E-11$ (-1.176492)	$3.02E-10$ (0.754633)	$-8.74E-11$ *** (-3.398599)
发行人所属地区	0.327436 ** (2.311302)	0.243295 (1.010427)	-0.042523 (-0.484144)	0.041852 (0.316884)
R-squared	0.753441	0.375219	0.107314	0.176977
Adjusted R-squared	0.747310	0.347451	0.086859	0.166585

注：（1）括号中数字表示的是异方差 - 稳健性 t 统计量；（2）***、**、* 分别表示在 1%、5%、10% 的水平显著（双尾检验）。

1. 总的实证结果分析

从表7－6看出：除了贷款的拟合度（0.11）稍小外，其他样本方程拟合度都不错，特别是债券的大小样本分析拟合度较高。因为我们所用 GMM（广义距）的方法，故可不考虑残差的序列相关和异方差的问题。企业规模在所有样本方程都高度显著（均在1%的范围内），而且都是正相关，表明企业规模越大，债务工具的期限越长，这和我们理论假设相符。是否担保在所有样本方程也高度显著，而且都是正相关，表明所发担保债务比无担保的债务的融资期限长。第三个都高度显著的变量是债务融资额，但是在债券和汇总样本是正相关，既企业债券的发行额越大，其期限越短。而对贷款而言，贷款额度越大，期限越长。这可能和这两种债务工具的属性不同有关。贷款是关系性融资，银行掌握贷款方的信息比较充足，大额贷款反映银行比较信任借款企业，在贷款期限上也相对较长，而且银行贷款的期限总体上偏短。企业债券的期限大多很长，而且投资者对企业存在严重的信息不对称。这样债券市场有必要用借款期限作为手段来监督借款企业，这样金额越大，期限越短。

2. 分样本实证结果分析

（1）债券大样本分析

在债券大样本中，除了上述共同的显著性变量。影响债券期限的主要因素还包括：流动比率、主营业务利润率、现金流比率、债券利率、总现金流以及行业类别。下面从显著性相对较强的因素开始阐述：

①流动比率，与债券期限呈显著正相关关系。流动比率是反映企业变现能力的重要指标，一般认为企业合理的最低流动比例是2。当企业的流动比率越高时说明企业的短期偿债能力越强，但短期偿债能力越强的企业却选择了越多比例的长期债务。这说明我国企业缺乏进行长期融资的手段，同时由于利率浮动上限的限制，至使长

期债务的实际成本低于短期债务，从而企业更愿意进行长期债务融资。

②销售利润率和长期负债率和发行债券的期限正相关与理论预期相同。

③现金流比率、总现金流和财务杠杆与债券期限呈显著反比关系，这与预期结果相反。这可能是根据代理理论的描述，当管理者可控的自由现金流量增大时，股东将增加短期债务到达控制目的。因此与债券期限呈反比。虽然财务杠杆与债券期限呈显著负相关和国内大多数研究相反，但符合 Dennis 等（2000）的研究结论，即由于杠杆与债务期限同时具有缓和因代理导致的投资不足的作用，杠杆与债务期限应该负相关。

④其他因素显著性不强，但值得提出的是，票面利率与产权比率都和预期结果相反。其中票面利率与债券期限成反比，这可能是受银行人民币存贷款基准利率的影响。因为我们所取样本是跨年度的，每年的基准利率随着宏观经济和物价指数而有变化，而企业债券的票面利率很大程度上取决于基准利率。随着基准利率的不断提高，平均发行期限越来越短，彼此呈负相关关系。产权比率高，表明我国企业多发债可以把损失和风险转嫁给债权人，而且多借长期债券可以免予借款人频繁的监管。

（2）债券小样本分析

债券小样本与大样本的显著性变量基本相同。相同之处是流动比率、销售利润率、长期负债率、利率与债券期限的正比关系依然显著。不同的是，剔除了短期融资券，原来显著的总现金流不显著了，然而债券大样本并不显著的行业比率在小样本中与债券期限呈显著正相关关系，这与理论预期的相同。行业分类是根据《上市公司行业分类指引》赋值的，数值从低到高基本遵循第一产业到第二产业再到第三产业的规律。从表中可得，行业与债券期限成正比，说明我国服务业和加工业的发债期限比基础生产制造业长。这是因为通信、电力、金融等服务行业大多以国家作担保人，债权人更愿意购买这些企业的长期债券；而制造业中有不少私营企业，相对于国有企业来说，这些企业信用度较低，较难筹得长期资金。

（3）贷款样本的结果分析

贷款样本的显著性变量明显偏少，主要是企业规模、行业类别、担保情况和借款金额。除了行业类别其他三个显著性变量都为其他样本所共有且影响方向一致。然而显著的行业比率与债券期限呈负相关关系，与债券小样本的两者关系相反，这和理论预期的不同。这可能是我国的贷款集中于制造业，而在第三产业和农业的企业借款较少有关。

（4）总体样本的结果分析

在债券和贷款的总体样本回归结论表明，企业规模、债务工具类别、担保人与债券期限成正相关，而票面利率、总现金流和债务总额与债券期限成负相关关系，这些因素与大样本债券期限的影响方向基本相同。销售利润率，长期负债率，现金流比率、行业、产权比率、净资产收益率、区域对债券期限的影响都不明显，这表明这些因素对说明债务工具和企业债务相关的影响微乎其微。线性回归的结果说明了债务工具的选择和企业债券期限相关，如果选择债券融资，债务期限会增加，银行贷款则和债务期限成反比。

▷ 7.4　稳健性分析

我们主要对我国企业债券期限影响因素做稳健性检验，包括债券大小样本。以当年债券期限为被解释变量，前一年企业相关财务数据和债券特征为解释变量做回归分析。在稳健性检验方程中，用前一年财务数据中几个作用相似的变量作了相互替换，其中有用速动比率代替流动比率；并且还加入了几个有关债券特征的变量，包括特殊条款、债券信用评级和授信比率；债务类别改为了企业债券的小类别。在模型中加入有关债券的这些重要信息变量有助于更好地理解企业债券期限决策的影响因素。

增加的变量界定如下：（1）债券类别用虚拟变量表示。短期融资券为 0，中期票据为 1，公司债为 2，企业债为 3。（2）授信比率是授信额度与固定资产之比，其中授信额度是指银行在一定金额及期限内，向借款人发放的可循环使用的授信。授信额度越高表明该企业越容易获得长期大额的贷款，授信额度的大小反映了银企关系的紧密程度。授信比率越高，表明企业信誉越好（因为债券投资者信任银行作为关系融资者的监督作用），越有利于企业发行长期债券。（3）债券信用评级如下赋值：长期债券评级 AAA 是 "3"，AA是 "2"，A 是 "1"，BBB 是 "0.5"；短期债券评级 A－1/A1 是 "3"，C 是 "0"，评级失效使 "－1"；有 ＋ 号的加 "0.1"，有 － 号的减 "0.1"。（4）债券的特殊条款主要包括可回售条款和可回赎的条款，我们设为虚拟变量。有特殊条款为 "1"，无特殊条款为 "0"。

为了达到更好的检验效果，分别运用了 GMM 估计和 OLS 计算方式，对大小债券样本进行检验。表 7－7 列示了两种回归分析的结果和债券大小样本的对比。从整体看，四列稳健性检验中，财务杠杆比率、债券类别和产权比率都与债券期限有显著的关系。Adj-R-squared 比较理想，拟合度较好。财务杠杆比率、产权比率和债券期限显著相关，和表 7－6 的结果一样，符合理论预期，得到验证。新增债券类别和债务期限显著正相关，表明从短期融资券、中期票据、公司债券到企业债券，其发行期限确实是由短到长。从表7－7 第 1、2 列 GMM 估计看，显著相关的还有票面利率、债券评级和授信比率，票面利率与债券期限的负相关与表 7－6 的结果一致，新增债券评级和授信比率都显著正相关，企业的信誉越高，企业获得银行贷款额度越大，就越能获得长期债券融资。这符合信息传递假说，和 Guedes and Opler（1996）的实证结果一致。在 LS 计算方式中，债券大样本中显著的速动比率、现金流比率和债券评级在债券小样本中并不显著，而在债券小样本中显著的清算比率、票面利率、授信比率和发行人所属地域却在债券大样本中表现不明显。这表明 LS 计算方式受短期融资券影响较大，同时由于不能排出变量的多重共线性等问题，故整体效果比 GMM 差。

表 7 - 7　　　　企业债券期限影响因素的稳健性检验

变量	稳健性检验 GMM 大样本	稳健性检验 GMM 小样本	稳健性检验 LS 大样本	稳健性检验 LS 小样本
规模 SIZE	0.281874 *** (3.009416)	- 0.190708 (- 0.883084)	- 0.192141 (- 1.518751)	- 0.235238 (- 0.634889)
财务杠杆 LEVERAGE	- 3.924535 ** (- 2.382899)	- 7.843042 ** (- 2.050416)	- 3.276408 ** (- 2.023948)	- 7.931171 * (- 1.883770)
速动比率 QUICK	0.275817 (0.353500)	0.572228 (0.563713)	0.563424 * (1.760226)	0.581303 (0.912041)
长期负债率 DEBT	0.375346 (0.390483)	- 0.199885 (- 0.078647)	0.413111 (0.465841)	- 0.246316 (- 0.104971)
现金流比率 CASH FLOW	- 0.631113 (- 0.300128)	- 1.651365 (- 0.463944)	- 1.465676 * (- 1.661312)	- 1.561620 (- 0.776323)
债券类别 INSTRUMENT	3.772706 *** (7.014386)	4.150278 *** (5.299323)	3.761160 *** (12.19709)	4.070021 *** (4.621022)
信用评级 SCORE	3.684738 *** (3.706177)	3.083238 ** (2.239861)	5.536280 *** (3.995004)	2.687076 (1.058055)
授信比率 CREDIT	0.013710 * (1.758292)	0.050715 ** (2.332679)	0.013956 (1.220377)	0.051012 * (1.967225)
特殊条款 CLAUSE	- 0.533784 (- 0.733052)	- 0.502626 (- 0.658940)	- 0.612526 (- 0.818193)	- 0.516687 (- 0.422596)
利率 RATE	- 0.360206 *** (- 2.772989)	- 0.869591 ** (- 2.097700)	- 0.255906 (- 1.566490)	- 0.903360 * (- 1.662062)
行业 INDUESTRY	0.034818 (1.476533)	0.188440 * (1.959671)	0.025253 (0.763063)	0.187437 (1.635271)
产权比率 EQUITY	0.293158 *** (2.966077)	0.506615 ** (2.490164)	0.260481 *** (2.829983)	0.510705 ** (2.338388)
净资产收益率 ROE	- 2.548715 ** (- 2.484519)	- 1.648912 (- 0.358864)	- 2.414010 (- 1.416083)	- 1.892013 (- 0.302929)
担保人 COLL	- 0.516378 (- 0.635371)	- 0.564286 (- 0.651083)	- 0.542638 (- 1.209526)	- 0.490157 (- 0.582368)

续表

变量	稳健性检验 GMM 大样本	稳健性检验 GMM 小样本	稳健性检验 LS 大样本	稳健性检验 LS 小样本
清算比率 LIQUE	0.339719 (1.158578)	1.803129 * (1.737277)	0.324425 (1.054006)	1.834780 * (1.723963)
发行总额 SUM	−0.000817 (−0.198256)	−0.011342 (−0.907463)	−0.001678 (−0.268818)	−0.010447 (−0.536831)
总现金流 LC	−2.21E−11 (−0.714368)	8.00E−13 (0.019104)	−1.43E−11 (−0.564834)	−5.32E−13 (−0.011217)
发行人所属地域 AREA	0.092393 (0.883645)	0.784115 ** (2.121461)	0.125425 (0.800939)	0.844811 * (1.659779)
R-SQUARED	0.844837	0.492289	0.847070	0.492510
Adj-R-squared	0.837427	0.426403	0.839316	0.422242

注：（1）括号中数字表示的是异方差－稳健性 t 统计量；（2）*** 、** 、* 分别表示在 1% 、5% 、10% 的水平显著。

▶ 7.5 本 章 小 结

本章我们收集了 1998～2008 年连续 11 年各种企业债券（包括短期融资券和中期票据）和银行贷款的资料并对应借债前一年的企业财务数据。运用增量法从企业的财务数据和债务工具特征等因素来分析企业债券和银行贷款的期限，并重点对企业债券期限的影响因素做了稳健性检验。研究结果表明：（1）企业规模、债务担保和债务工具的期限在所有样本都是正相关，表明企业规模越大，债券和贷款的期限越长，担保借款比信用借款的期限长，这符合我们的理论假设。在贷款和债券的总样本中，债务工具的选择和债务期限正相关，说明发债融资，企业债务期限会增加，选择银行贷款则企业债务期限减少。（2）除了企业规模、担保外，与企业债券期限显著正相关的还有流动比率、销售利润率、长期负债率和产权比率，基本符合理论假设；现金流比率、总现金流和财务杠杆与债券期限呈显著反比关系，这与预期结果相反。从企业债券期限影响因素的稳健性分析可以看出，现金流比率和总现金流变得不显著，表明他们和债券期限的关系不稳定，财务杠杆与债券期限依然呈显著的反比关系，说明我国企业的资产负债率越高，要进行长期债务融资比较困难，因此更多发行短期债务。新增的债券评级和授信比率指标显著正相关，表明良好信誉的企业借款期限较长，这符合信息传递假说。（3）贷款样本的显著性变量明显偏少，主要是企业规模、担保情况和借款金额。这三个显著性变量和贷款期限都是正相关，与理论预期一致。

第 *8* 章

金融管制、外部治理环境和
企业债务工具的选择

第 7 章用增量法对我国企业债务期限结构的微观决定因素进行了实证分析。而从第 3 章的制度分析和第 6 章省级面板实证得知，债务结构受制于政府干预、法律制度和金融市场结构的约束，但只是从宏观的角度来说明。国家和地区的宏观债务结构是微观企业对债务工具选择的结果，本章追根溯源，以 1998~2008 年之间我国企业增量发行的债券和银行贷款为研究样本，运用 PROBIT 计量方法，从企业特征、债务契约属性、外部制度环境和金融管制四个方面来分析企业对债券和贷款选择的机制。

▶ 8.1 理论基础与研究假设

根据第 2 章有关企业对债务工具选择的详尽文献，本章简化划为二类予以说明：第一类是企业特征、债务契约属性和债务工具的选择，第二类是债务契约的外部治理机制与企业债务工具的选择研究。

▶▶ 8.1.1　企业特征、债务契约属性和债务工具的选择

债务融资主要分为银行贷款和公司债券两种形式，那么，企业自身特征如何影响债务工具的选择？而这两种债务契约对企业的内部治理机制有何不同？

由戴蒙德（1984，1991）、拉詹（1992）、布特（1997）等发展起来的债务融资选择理论强调企业对银行贷款和公开发债的选择主要取决于信息不对称程度、再谈判的效率和债务的代理成本。他们研究表明银行能够有效地处理信息和监管企业，从而降低代理人问题。而公开发行债券可以降低成本和提供流动性。如果"资产替代"道德风险严重，则企业倾向于选择银行贷款来增加监督；当道德风险很低时，企业可以通过公开发行债券来利用价格信息优势。Houston and James（1996）、Krishnaswami、Spindt and Subramaniam（1999），and Cantillo and Wright（2000）实证检验了企业公开发债和银行贷款的选择理论。这些研究强调了增长机会的重要性，证实了债务工具选择上的信息不对称成本效应、债券发行成本和多个银行的关系。结果显示大企业、融资金额大和盈利强的企业选择发行债券。大瓦·J·丹尼斯和瓦休·T·米霍夫（David J. Denis and Vassil T. Mihov，2002）检验了银行贷款、非银行的私募债务和公开发债的选择。他们发现债务工具选择的最根本决定因素是借款企业的信用质量。

银行贷款和企业债券是具有不同属性的债务契约，威廉姆森（1988）、哈特（1995）、尼夫（1998）通过引入交易费用经济学的"资产专用性"和不完全契约理论的"可观察但不可证实的信息结构"来透视银行贷款和企业债务契约的期限结构——签约环境——实施过程——治理机制。银行贷款是一种关系型契约，能有效克服信息不对称问题并持续实施监督。其优势在于短期贷款，银行通过增强以相机抉择和不完全契约为基础的治理能力，再谈判更有效率，故银行贷款是一种内部治理方式，对债务的外部治理环境要求

相对比较低。企业债券以中长期市场契约为主，投资者可以利用公开信息通过债券市场买卖来决定有关债券的市场价格。由于交易条款在资金最初预付时已经作了相对完备的规定，因此，此类交易通常只需要一个最低程度的事后监管。同时企业债券契约是一种标准化的距离型契约，不同于银行贷款这种关系性契约。其良好市场治理机制关键在于存在低成本的公正的法庭，独立的信用评级机构和完善的市场规则。因为银行通过监督和审查企业掌握借款信息，故银行贷款通常是优先级和担保债权（Rajan and Winton，1995）。

根据上述债务工具选择的理论和实证研究，本书提出以下研究假说：

假设 1：在不考虑外部制度环境下，规模大、盈利强、资产期限长和产权性质是国有的企业会偏好发行债券；反之就会优先选择银行贷款。

假设 2：在不考虑外部制度环境下，企业选择债务工具是和该债务契约的治理机制相一致的。即企业发行债券比向银行贷款融资金额大、借款期限长、利率低并且担保少。

▶▶▶ 8.1.2 外部治理环境与企业债务工具的选择研究

上述对企业债务工具选择的理论和实证研究都基于外部制度确定不变的条件下做出。然而每个国家的金融体系、法律制度和金融市场的发展阶段不同，这都会影响到债务契约的执行和债务工具的选择。

拉·波尔塔等人（La Porta et al.；1997，1998，1999，2000）有关司法体系与资本市场发展内在联系的跨国比较开创了法律结构和公司金融的研究；德米尔古克肯特（1999）、范等人（2008）基于不同国家制度环境差别对企业债务期限结构进行了详实的实证研究；Sreedhar T. Bharath，Jayanthi Sunder and Shyam V. Sunder（2006）研究了会计信息质量在不同债务签约中的作用，实证检验了会计信息质量如何影响借款人发债和贷款的选择。谢德仁和陈运森（2009）研究表明良好的地方金融生态环境有助于融资性负债发挥治理效应，但此效应会被政府作为国有控股上市公司最终控制人所具有的"父爱效应"所削弱。由上述理论可知，企业选择银行贷款还是公开发行债券是和债务的契约属性和外部治理环境相适应的，如果企业所在地的法律执行效率低、市场化程度度低，金融基础设施不完善这会导致债务契约的外部治理发挥不了相应的作用，此时企业会趋向于选择银行贷款。而在法律制度完善，司法效率高，金融基础设施发达的地区为市场型债务契约提供了良好的履约机制，这些地区的企业会更多的选择公开发行债券。

上述文献分别论述了法律、产权、会计质量与公司融资选择的关系，强调了这些外部环境对投资者权益保护和企业融资选择的重要性，然而对于很多新兴市场国家和转轨经济国家来说，这些外部治理环境都很差，而其资本市场仍有较大的发展，特别是中国的债券市场最近10年有了长足的发展，虽然银行贷款依然是主要的融资方式，但是发行债券也成为很多企业的融资渠道。并且中国作为一个转轨经济的大国，各个省份的经济发展程度、市场化进程、司法效率、金融市场基础设施差别很大，这些又如何影响各地企业对债务工具的选择？本书通过考察我国企业在1997～2009年发放的3200笔各类债券和银行贷款，在控制企业的财务特征后，通过实证发现企业选择的债务工具和其对应的债务契约的属性（期限、是否担保、发行金额，利率）是一致的，然而和债务契约对应的法律等外部治理机制刚好相反，外部治理机制好的地区，法律执行、市场化程度和金融设施越好的地区企业会更多的选择银行贷款。外部治理机制差的地区所在企业相对外部治理机制好的地区会选择更多的企业债券。为什么我国债务工具的选择不符合传统的债务契约治理机制理论，即存在中国债务融资选择的悖论？

我国地方政府对辖区内的金融资源干预冲动来自地方竞争，地区经济的发展决定了地方政府官员的仕途发展（Xu Chenggang and Zhuang）。马斯金等人（Maskin et al. , 2000）通过证据表明中国各

省之间的水平竞争，激励了地方官员促进本地的经济增长。1994 年
分税制改革使中国形成一种财政联邦化，地方已经是独立利益的实
体，不管是地方社会福利等公共支出还是直接参与经济建设，都需
要大量资金，在市政债券等融资渠道不畅的情况下，实施金融干预
是其缓解财政收支矛盾的次优选择。20 世纪 90 年代早中期，地方
政府对专业银行分支行的信贷业务有较大的指挥权，专业银行地方
分支行成了地方官员的"第二财政"。地方政府从中获得大量贷款
搞投资建设，当过热的经济恢复正常时，四大国有银行积累了大量
的不良贷款，而这种金融风险很大程度上转变为中央政府的问题，
成为了一种公共品，地方反而不担责任。此后中央对商业银行采取
市场化的审慎监管并主导国有商业银行的股份制改革，就是尽量排
除地方政府对商业银行分支行贷款的干预，1998 年以后，地方政府
不能直接干预商业银行贷款，不过仍然以土地等抵押品为当地国企
和关联企业获取贷款，或者通过地方司法干预企业的破产程序来逃
离银行债务。而对企业债券的发行管制，严格遵循 1993 年《企业
债券管理条例》至今，地方政府分享了当地企业发行债券的管制权
力，对本地企业具有初步筛选和争取配额的职能，其干预程度远超
银行贷款。因此这种高强度的行政管制直接影响了地方企业债务融
资选择的外部环境，它代替了企业债券正式的法律执行机制，降低
了企业债券的履约成本。这使得市场化程度低，政府干预强的地区
所在企业，可以借助政府关系获得比银行贷款利息低、时间长和金
额大的企业债券融资；而在市场化程度高的地区，政府对企业的干
预少，金融业市场化高，好企业、好项目容易获得银行贷款，这些
企业不愿意寻租维持政企的关系来获得债券融资，因为机会成本太
高。这就是我国中央政府的金融管制和地方政府干预在企业债务工
具选择上的治理机制。根据上述分析，我们可以提出如下假设：

　　假设 3：市场化程度低、政府干预强、金融发展水平和法律执
法效率低的地区所在企业偏好发行债券，市场化程度高、政府干预
弱、金融发展水平和法律执法效率高的地区所在企业更可能选择银

行贷款。

假设4：相对于市场化整体程度较低地区的上市公司而言，市场化整体程度较好地区的上市公司的发债选择与金融管制各变量的关系较弱，即金融管制对市场化整体程度较好地区的上市公司的发债选择影响较小。

▶ 8.2 样本选择与研究设计

▶▶ 8.2.1 数据

本书以1998年至2009年6月之间非金融企业发行的债券和公开的银行贷款为研究样本。企业债券的发行数据和财务数据来自Wind数据库。收集了这12年企业发行的1490笔债券资料，然后配对找出发债企业前一年的财务数据。因为企业债券界定的宽窄，本书对债券数据进行了分类，包括所有债券的数据为广义企业债券样本。剔除短期融资券、中期票据和可转换债券的数据为狭义企业债券样本。而有关企业贷款的数据来源于CSMAR数据库，选择了中国上市公司从1998~2008年披露的1660笔银行贷款数据作为研究样本，剔除了金融类企业的数据和不详实的贷款数据。然后对应找出这些上市公司的前一年的财务数据，整理出上市公司贷款及财务数据。最终汇总成银行贷款和企业债券的数据库，共3053笔。外部市场环境数据来自樊纲等（2007）的市场化指数。

▶▶ 8.2.2 变量及计算方法

1. 被解释变量

为了检验企业特征、债务契约、金融管制和外部治理环境对企业债务工具的选择，我们采用 PROBIT 模型。其中，被解释变量为企业 t 年是否公开发行了债券，当企业发行了债券，则选 1，反之为 0。

2. 解释变量

（1）企业特征的度量

企业的财务特征由企业 t－1 年的规模、盈利和资产期限构成。企业规模（SIZE）用总资产的自然对数来表示，规模越大的企业，风险越小，发债成本低，更会趋向于发债。盈利用净资产收益率（ROE）表示，即净利润与平均净资产的百分比，收益率越高，还债信誉强，发行成本低，会趋向发行债券。资产期限用固定资产比率（Tangibility）表示，即固定资产占总资产比重。迈尔斯（1977）认为，如果企业的债务与资产同时到期，企业在为新的投资项目融资时，有助于建立相容的投资激励，从而避免投资不足问题。因为企业债券发行期限较长，因此企业的发行债券与资产期限正相关。

企业的产权特征由企业 t－1 年的第一大股东的性质（SOE）为准，如果是国有，则为 1，否则为"0"。

（2）债务契约的度量

不管是企业债券还是银行贷款，其债务契约的要素包括借款金额（Amount）、价格（Rate）、借款期限（Maturity）和求偿级别（Collateral）。借款金额就是债券的发行额和贷款金额，利率用企业债券发行的票面利率和贷款利率表示，借款期限是债券发行年限和贷款年限。债务求偿级别由债务是否担保来度量，如果是担保债务就认为是优先级债务，用"1"表示，否则为"0"。

（3）外部治理环境的度量

对各地区外部治理环境的衡量指标，本书采取了樊纲等（2007，2004，2003）编制的《中国市场化指数——各地区市场化相对进程论文》。这些系列论文发布了中国各地区（包括 31 个省、自治区和直辖市）的各类指数，包括了政府与市场的关系、非国有经济的发展、产品市场的发育、要素市场的发育、市场中介组织发育和法律制度环境五个一级指标。在每个一级指标下面，包括若干二级指标，有的二级分项指标下面还有若干基础指标。其中，政府与市场关系的指数（Gov）衡量了地方政府对当地企业和市场的干预程度，它是一个反向指标，指数越大表示政府干预越少；市场中介组织发育和法律制度环境的指数（Law）代表了当地法治水平和司法效率，它是一个正向指标，指数越大说明当地的法律制度环境越好，也说明当地的债权保护水平高。金融市场化指数（Fin）是要素市场的发育的二级分项指标，由金融业的竞争程度和信贷资金分配的市场化构成。指数越大，金融市场发展越完善。最后，包括了上述五方面的各项指标构成了一个总市场化指数（Market）来反映外部治理环境综合指数，以此涵盖了各地政府干预、法治环境和金融发展水平的影响。

（4）金融管制影响的变量（交乘项的解释）。

根据对我国企业债券的发行管制的分析，金融管制对借款企业主要影响的变量是企业规模和所有制，对债务工具的管制主要是额度和价格，即借款利率和借款金额。这些受到管制变量和总的外部治理环境（包含了政府干预、金融发展和法律制度环境的影响）的关系用交乘表示。

（5）控制变量

主要是行业、年度。

不同行业的经营特点和受管制程度等方面都有不同。因此，预计企业的债务工具的选择带有一定的行业特征。本书控制住行业变量的影响。

根据《上市公司行业分类指引》分类，参照胡奕明（经济研究2008，9）设置哑变量，具体划分为：1. 农林牧渔，2. 采掘业，3. 食品饮料，4. 纺织服饰，5. 石油化学，6. 电子信息传播，7. 机械设备，8. 医药生物制品，9. 电力煤气供水，10. 建筑业房地产业，11. 交通、运输，12. 批发零售贸易，13. 社会服务业（金融酒店旅游），14. 综合类，15. 家具造纸等制造业，16. 日用家电。

年度也设置成哑变量，1998 年为 1，1999～2009 年依次为 2、3——12。

▶▶ 8.2.3 变量的界定和理论预期

见表 8－1。

表 8－1   变量定义表

变量类型	变量名称	变量符号	变量定义	理论预期
被解释变量	债务工具的选择	Y	t 年发行企业债券为 1，否则为 0	
解释变量（企业特征）	公司规模	SIZE	第 t－1 年总资产的自然对数	+
	资产期限	LIQUE	第 t－1 年固定资产占总资产比重	－
	净资产收益率	ROE	第 t－1 年净利润与净资产的比率	－
	企业性质	SOE	当 t－1 年末第一大股东性质为国有的时候取值为 1，否则为 0	+
解释变量（债务契约特征）	利率	RATE	债券发行的票面利率和贷款利率	
	借款期限	MATU	债券或贷款发行到期的年限	+
	担保人	COLL	有担保债务为 1，否则为 0	
	发行总额	SUM	直接从债券发行或贷款数据库查的	+
解释变量（外部治理环境，虚拟变量）	地方政府干预水平	GOV	根据樊纲等（2007）编制的政府与市场关系的指数，超过均值为 1，否则为 0	－
	法律制度环境	LAW	根据樊纲等（2007）编制的市场中介组织发育和法律制度环境的指数，超过均值为 1，否则为 0	－
	金融市场化水平	FIN	根据樊纲等（2007）编制的金融市场化指数，超过均值为 1，否则为 0	－
	综合治理环境	MARKET	根据樊纲等（2007）编制的总市场化指数，超过均值为 1，否则为 0	－
控制变量	行业类别	IND	根据《上市公司行业分类指引》分类设置哑变量	+
	年度	YEAR	设 1998 年为 1，1999～2009 年依次为 2、3、12	+

▶▶ 8.2.4 方程的设定

为了检验假设1—假设3，我们采用模型（1）检验，先分别单独对企业特征变量、债务契约特征变量对债务工具选择的影响，然后综合考虑企业特征变量和债务契约特征变量对债务工具选择的影响；最后依次考察地方政府干预水平、法律制度环境和金融市场化水平等制度变量的影响。

$$
\begin{aligned}
\mathrm{Pro}(P) &= P(Y=1) \\
&= F(\partial_0 + \partial_1 \times SIZE + \partial_2 \times ROE + \partial_3 \times LIQUE \\
&\quad + \partial_4 \times SOE + \partial_5 \times RATE + \partial_6 \times MATU \\
&\quad + \partial_7 \times COLL + \partial_8 \times SUM + \partial_9 \times GOV \\
&\quad + \partial_{10} \times LAW + \partial_{11} \times FIN + \partial_{12} \times IND \\
&\quad + \partial_{13} \times YEAR)
\end{aligned}
\tag{1}
$$

为了检验假设4，我们采用模型（2）检验，在控制了企业特征和债务契约特征变量后，通过外部综合治理环境和相关变量的交乘来考察受到金融管制的变量在外部治理环境好的地区的作用是否弱化。

$$
\begin{aligned}
\mathrm{Pro}(P) &= P(Y=1) \\
&= F(\partial_0 + \partial_1 \times SIZE + \partial_2 \times ROE + \partial_3 \times LIQUE \\
&\quad + \partial_4 \times SOE + \partial_5 \times RATE + \partial_6 \times MATU + \partial_7 \\
&\quad \times COLL + \partial_8 \times SUM + \partial_9 \times IND + \partial_{10} \times YEAR \\
&\quad + \partial_{11} \times MARKET + \partial_{12} \times MARKET \times SIZE \\
&\quad + \partial_{13} \times MARKET \times RATE + \partial_{14} \times MARKET \times SUM \\
&\quad + \partial_{15} \times MARKET \times SOE)
\end{aligned}
\tag{2}
$$

▶▶ 8.2.5 变量描述性统计和相关性分析

从表8-2可看出，企业规模、净资产收益率、资产期限、利

率、借款期限和借款金额的最大值和最小值差别都较大，保证了
方程的有效性；被解释变量债务选择的均值为 0.48，表明在所选
样本里企业选择发债还是选择贷款的概率比较接近；在外部制度
环境的均值可以看出，大部分债务是发生在外部制度环境较好的
地区。

表 8－2　　　　　　　　　变量描述性统计特征

	均值	中位数	最大值	最小值	标准差	样本数
Y	0.480152	0	1	0	0.499685	3149
SIZE	22.46869	22.31985	28.22128	3.097301	2.037168	3149
ROE	0.083513	0.083762	8.3953	−11.3716	0.373658	3149
LIQUE	0.334768	0.30389	0.9289	0	0.216705	3149
SOE	0.769133	1	1	0	0.421454	3149
RATE	5.201696	5.31	51.5	0.6	1.706421	3149
MATU	2.659489	1	30	0.082192	3.658982	3149
COLL	0.436011	0	1	0	0.495967	3149
SUM	9.52635	3	300	0.006	21.90692	3149
GOV	0.783423	1	1	0	0.411977	3149
LAW	0.694189	1	1	0	0.460823	3149
FIN	0.616704	1	1	0	0.486267	3149
IND	7.398222	7	16	1	4.209742	3149
YEAR	8.379486	9	12	0	2.57218	3149

从表 8－3 可以看出，解释变量的相关系数均在 0.5 以下，说
明在二元选择的计量模型中我们能较好的避免变量之间的多重共线
性。地方政府干预水平、法律制度环境和金融市场化水平三个制度

变量之间的相互关系较小。

表8－3　　　　　　　　变量的相关性分析

	SIZE	ROE	LIQUE	SOE	RATE	MATU	COLL	SUM	GOV	LAW	FIN	IND	YEAR
SIZE	1.00												
ROE	0.03	1.00											
LIQUE	0.20	0.02	1.00										
SOE	0.30	－0.03	0.13	1.00									
RATE	－0.31	－0.04	－0.12	－0.18	1.00								
MATU	0.37	－0.01	0.11	0.16	－0.05	1.00							
COLL	－0.13	－0.05	－0.02	－0.08	0.26	0.35	1.00						
SUM	0.44	0.04	0.11	0.14	－0.22	0.18	－0.09	1.00					
GOV	0.07	0.00	－0.12	－0.09	－0.04	0.02	－0.04	0.05	1.00				
LAW	0.17	0.01	－0.01	－0.07	－0.04	0.04	－0.02	0.09	0.38	1.00			
FIN	－0.22	0.01	－0.06	－0.12	0.08	－0.08	0.09	－0.12	0.20	0.30	1.00		
IND	0.36	0.00	－0.06	0.16	－0.19	0.27	－0.01	0.15	0.18	0.23	0.03	1.00	
YEAR	0.47	0.08	0.12	0.06	－0.02	0.03	－0.10	0.21	－0.08	0.06	－0.17	0.16	1.00

▶ 8.3　实证检验结果

▶▶ 8.3.1　对假设1的检验结果分析

方程（1）的结果见表8－4，在所列（1）、（2）、…、（7）各列中，McFadden R - squared 都超过了 0.6，模型拟合度较好。企业规模、企业性质和选择发行债券始终是显著正相关，即规模越大的企业越趋向于发行债券。国有企业相对于民营企业趋向于发行债券，符合预期。净资产收益率、资产期限绝大多数情况是显著负相关，这和预期相反，说明收益高、资产期限长的企业反而趋向选择贷款。假设 1 基本得到验证。

▶▶▶ 8.3.2　对假设 2 的检验结果分析

如表 8-4 所示，在模型（2）～（7）中、债务契约的各特征变量：利率、借款期限、担保和融资金额都与发行债券显著相关，其中借款期限、借款金额与发行债券显著正相关，利率和担保与发行债券显著负相关，这和假设一致：即企业选择债务工具是和该债务契约的治理机制相一致的。即企业发行债券比向银行贷款融资金额大、借款期限长、利率低并且担保少。

▶▶▶ 8.3.3　对假设 3 的检验结果分析

如表 8-4 所示，当我们控制企业特征和债务契约变量的时候，在模型（4）～（6）中依次加入地方政府干预水平、法律制度环境和金融发展水平时，发现这三个虚拟变量都是显著负相关。在模型（7）里同时加入这三个制度变量，它们依然是显著负相关。只是显著程度略有减低，不过依然是 5% 以内显著。因此，我们得出，市场化程度低、政府干预强、金融发展水平和法律执法效率低的地区所在企业偏好发行债券，市场化程度高、政府干预弱、金融发展水平和法律执法效率高的地区所在企业更可能选择银行贷款。

表 8-4 对债务选择的 probit 回归结果 (一)

变量类型	变量名称	变量符号	(1) 企业特征	(2) 债务契约	(3) 企业特征 + 债务契约	(4) 企业特征 + 债务契约 + 地方政府干预水平	(5) 企业特征 + 债务契约 + 法律制度环境	(6) 企业特征 + 债务契约 + 金融市场化水平	(7) 企业特征 + 债务契约 + 外部制度环境
被解释变量	债务工具的选择	Y							
解释变量 (企业特征)	公司规模	SIZE	0.863516*** (38.34062)		0.715693*** (23.61507)	0.724375*** (23.61458)	0.733919*** (24.14573)	0.718488*** (23.41386)	0.733194*** (23.75093)
	净资产收益率	ROE	0.083057 (1.109284)		-0.114871*** (-2.593570)	-0.108057*** (-2.597744)	-0.123076*** (-2.766240)	-0.101718** (-2.168451)	-0.107175** (-2.422754)
	资产期限	LIQUE	-0.125567 (-0.815437)		-0.900189*** (-3.717274)	-0.987313*** (-4.044421)	-0.901161*** (-3.635372)	-0.859836*** (-3.521317)	-0.926977*** (-3.711455)
	企业性质	SOE	0.389340*** (5.016148)		0.334102*** (3.108950)	0.287966*** (2.674624)	0.285193*** (2.662415)	0.302934*** (2.820675)	0.253697*** (2.356441)
解释变量 (债务契约特征)	利率	RATE		-0.608543*** (-32.86808)	-0.568973*** (-22.29706)	-0.578131*** (-22.80653)	-0.568174*** (-22.15608)	-0.572060*** (-21.11407)	-0.576268*** (-21.02152)
	借款期限	MATU		0.133467*** (24.16869)	0.054931*** (5.802677)	0.051502*** (5.319265)	0.049876*** (5.056516)	0.050907*** (5.233226)	0.047641*** (4.768202)
	担保人	COLL		-0.677267*** (-7.826994)	-0.624056*** (-6.121543)	-0.633063*** (-6.092283)	-0.628796*** (-6.084408)	-0.606661*** (-5.891006)	-0.617313*** (-5.890543)
	发行总额	SUM		0.015315*** (23.31126)	0.005975*** (4.919545)	0.006241*** (4.979023)	0.006010*** (5.175950)	0.006493*** (5.223440)	0.006470*** (5.190720)

续表

变量类型	变量名称	变量符号	(1)	(2)	(3)	(4)	(5)	(6)	(7)
解释变量（外部治理环境）	地方政府干预水平	GOV				−0.451587*** (−4.292422)			−0.285886** (−2.568012)
	法律制度环境	LAW					−0.474690*** (−5.099541)		−0.292731*** (−2.875954)
	金融市场化水平	FIN						−0.385297*** (−3.924491)	−0.229051** (−2.220550)
控制变量	行业类别	IND	0.108726*** (11.29187)	0.128602*** (13.89679)	0.102684*** (7.884169)	0.112527*** (8.533807)	0.114566*** (8.821517)	0.109409*** (8.318113)	0.119899*** (9.059136)
	年度	YEAR	0.092338*** (7.256540)	0.300276*** (31.88592)	0.212847*** (15.37547)	0.202813*** (14.51566)	0.208449*** (14.86857)	0.204735*** (14.46586)	0.199292*** (13.90416)
LR statistic			2776.722***	2717.777***	3269.745***	3289.560***	3295.410***	3285.959***	3307.190***
Probability (LR stat)			0.000000	0.000000	0.000000	0.000000	0.000000	0.000000	0.000000
McFadden R − squared			0.620844	0.617178	0.749607	0.754150	0.755491	0.753578	0.758447
Total obs			3227	3181	3150	3150	3150	3149	3149

注：（1）括号中数字表示的是异方差−稳健性 t 统计量；（2）***、**、* 分别表示在 1%、5%、10% 的水平显著（双尾检验）。

▶▶ 8.3.4　对假设4的检验结果分析

方程（2）的结果见表 8－5，当控制企业特征和债务契约变量的时候，我们加入了总的综合治理环境指数（是政府干预水平、法律制度环境和金融市场化等指数的加权合成的总指数）的虚拟变量。从表的结果看，McFadden R－squared 均超过了 0.6，模型拟合较好。LR statistic 都显著，表明变量的联合解释力度好。外部治理环境总指数和企业发债选择显著负相关，即外部治理环境较差地区的上市公司偏向发行企业债券，外部治理环境较好地区的上市公司更愿意选择贷款，这也支持了假设 3 的检验结果。如果再依次加入外部治理环境与企业特征（企业规模、企业性质）和债务契约特征（利率、借款金额）的交乘项，结果显示外部治理环境大多数情况仍然显著，表 8－5 的第 2、第 3 列分别显示外部治理环境与企业规模的交乘、外部治理环境与利率的交乘不显著，而表 7－5 的第 4、第 5 列分别显示外部治理环境与借款金额的交乘、外部治理环境与企业所有制性质的交乘显著，并且在同一个模型里和借款金额和企业性质的变量符号正好相反，这说明和外部治理差的地区相比，在外部治理好的地区，国有企业偏向发行债券的程度会降低，大额融资选择企业债券的意愿也会减小。这就表明在外部治理好的地区，金融管制借债金额和借款企业的性质对债务工具选择的作用会削弱，相反，在外部治理差的地区，金融管制的作用更强。因此，相对于外部综合治理程度较低地区的企业而言，外部治理整体程度较好地区的企业的发债选择与金融管制的企业性质和发行规模关系较弱，即金融管制对外部治理程度较好地区的上市公司的发债选择影响较小。假设 4 基本得到验证。

表 8－5　对债务选择的 probit 回归结果（二）

变量类型	变量名称	变量符号	(1) 企业特征＋债务契约＋外部治理	(2) 企业特征＋债务契约＋外部治理＋交乘 1	(3) 企业特征＋债务契约＋外部治理＋交乘 2	(4) 企业特征＋债务契约＋外部治理＋交乘 3	(5) 企业特征＋债务契约＋外部治理＋交乘 4
被解释变量	债务工具的选择	Y					
解释变量（企业特征）	企业规模	SIZE	0.735516 *** (18.41877)	0.738663 *** (18.37282)	0.735604 *** (18.42942)	0.725981 *** (18.08934)	0.739755 *** (18.41346)
	净资产收益率	ROE	-0.111674 (-1.531159)	-0.111238 (-1.518678)	-0.105603 (-1.429829)	-0.147901 * (-1.901587)	-0.109734 (1.491593)
	资产期限	LIQUE	-0.996684 *** (-4.975740)	-1.003103 *** (-4.997851)	-1.005352 *** (-5.002773)	-0.961676 *** (-4.774212)	-1.012050 *** (-5.022825)
	企业性质	SOE	0.286641 *** (2.850401)	0.282987 *** (2.810066)	0.289272 *** (2.871490)	0.269403 *** (2.669888)	0.703564 *** (3.327379)
解释变量（债务契约特征）	利率	RATE	-0.574769 *** (-17.16312)	-0.574765 *** (-17.15786)	-0.537722 *** (-9.486034)	-0.566859 *** (-16.88303)	-0.574218 *** (-17.07213)
	借款期限	MATU	0.049119 *** (3.815895)	0.048259 *** (3.735004)	0.048197 *** (3.730512)	0.046026 *** (3.545505)	0.049890 *** (3.856519)
	担保人	COLL	-0.619177 *** (-6.588160)	-0.619709 *** (-6.593800)	-0.618168 *** (-6.576222)	-0.601031 *** (-6.369866)	-0.629214 *** (-6.669994)
	借款总额	SUM	0.006504 *** (2.898894)	0.006513 *** (2.901528)	0.006566 *** (2.922958)	0.043852 *** (4.157620)	0.006482 *** (2.877071)

续表

变量类型	变量名称	变量符号	(1)	(2)	(3)	(4)	(5)
解释变量（外部治理环境）	综合治理环境指数	MARKET	-0.530166*** (-5.467101)	-0.539371*** (-5.513341)	-0.232921 (-0.606209)	-0.311519*** (-2.694717)	-0.102005 (-0.478092)
外部治理环境与企业利债务特征的交乘	与企业规模交乘1	MARKET·SIZE		0.078122 (0.821179)			
	与利率交乘2	MARKET·RATE			-0.053214 (-0.797999)		
	与借款额交乘3	MARKET·SUM				-0.039116*** (-3.643091)	
	与所有制交乘4	MARKET·SOE					-0.546926** (-2.275643)
控制变量	行业类别		0.113677*** (10.16793)	0.113742*** (10.16894)	0.113989*** (10.17530)	0.113046*** (10.09001)	0.116894*** (10.29636)
	年度		0.208562*** (11.40000)	0.207834*** (11.34380)	0.209159*** (11.42420)	0.205354*** (11.18074)	0.205857*** (11.18613)
LR statistic			3300.306***	3300.982***	3300.937***	3314.393***	3305.634***
Probability (LR stat)			0.000000	0.000000	0.000000	0.000000	0.000000
McFadden R-squared			0.756614	0.756769	0.756758	0.759843	0.757835
Total obs			3150	3150	3150	3150	3150

注：(1) 括号中数字表示的是异方差-稳健性 t 统计量；(2) ***、**、* 分别表示在 1%、5%、10% 的水平显著（双尾检验）。

▶ 8.4 本章小结

本章以 1998~2009 年非金融企业发行的债券和公开的银行贷款为研究样本,运用 PROBIT 实证方法,从企业特征、债务契约属性、外部制度环境和金融管制四个层面来分析我国不同地区的企业是趋向于选择企业债券还是银行贷款。研究结果验证了理论假设。企业的特征、债务契约的属性和企业债务工具选择的经典理论是一致的;外部治理环境与国外债务工具的理论相反是因为我国特有的监管制度造成。

我们研究发现:这种悖论源于我国金融监管部门对企业债券和银行贷款的管制强弱造成地方政府对企业债务选择的干预程度高低,最终导致了各地企业在面临不同的债务融资环境的理性选择。金融管制和行政干预成为法律等正式外部制度的替代机制。国家发展改革委(前身是国家计委)对企业债券发行的高度管制,特别是审批程序管制和配额制,直接把地方发展改革委纳入到了企业债券发行的监管体系,地方政府对各地企业发行债券的行政干预合理化。银监会(2003 年以前是中国人民银行)对全国的商业银行是审慎监管、间接管制。1998 年后对商业银行的贷款发放不直接进行干预,只是实行资产负债比例管理,商业银行自主发放贷款。各地银监办是银监会的派驻机构,属于垂直管理。因此地方政府不能直接干预商业银行贷款,只能通过间接的隐含担保等手段来影响贷款。因此我国银行贷款的市场化程度反而高于企业债券。加之国家发展和改革委员会对企业债券发行向金融资源缺乏的地区适度倾斜,使得市场化程度低,政府干预强的地区所在企业,可以借助政府关系获得比银行贷款利息低、时间长和金额更大的企业债券融资,高度的金融管制和地方政府的干预替代了司法效率和中介组织等企业债券市场的基础设施;而在市场化程度高的地区,政府对企业的干预少，金融业市场化高，好企业好项目容易获得银行贷款，这些企业不愿意寻租维持政企的关系来获得债券融资，因为机会成本太高。故市场化程度高的地区所在企业更愿意选择市场化的银行贷款，政府干预强的地区所在企业更愿意选择行政管制的企业债券。

第 9 章

上市公司对中期票据和公司
债券再融资工具的选择

传统的资本结构理论集中与股权和债务的选择，忽视了债务异质性，实际上债务融资工具种类繁多，债务属性有很大不同。因此研究不同债务工具的选择相对较少，并主要关注企业选择发债还是贷款的影响因素，以及银行贷款和公司债券的各自比较优势和治理机制，第 8 章对此做了深入的分析，实际上企业发债也面临不同的工具选择。本章进一步分析上市公司再融资中选择不同债券工具的影响因素。

▶ 9.1 上市公司的再融资结构

▶▶ 9.1.1 上市公司的实际再融资额

我国上市公司资本市场再融资工具的选择包括股权融资和债券融资，股票筹资包括增发和配股，债券筹资含公司债、可转债、企业债、中期票据、短期融资券和金融债（金融类上市公司发债），上市公司近年发债迅速增长。从 2003 年开始，上市公司绝大多数年份发债超过了股票再融资，中间只有 2007 年、2010 年有所反复（表 9－1）。2009 年中国上市公司发行各类债券达到 6545 亿元的高峰，是同期股权融资 2 倍多。经过了 2010 年的短期回调，2011 年债券融资又大幅超过股票融资额（图 9－1）。2000～2011 年，上市公司再融资中发债总额 30109 亿元，超过了增发和配股筹资额 21933 亿元，上市公司逐渐显现出偏好债券融资的趋势。尤其是 2008 年以后，"债先股后"的趋势更加明显，可见债券融资在上市公司融资决策已经占据更重要的地位。

表 9－1　　　　2000～2011 年中国上市公司实际再融资额　　单位：亿元

年份	2000	2001	2002	2003	2004	2005	2006	2007	2008	2009	2010	2011	总计
股票	791	566	250	175	291	269	1054	3574	2430	3128	5210	4256	21933
债券	29	4	42	181	1148	1562	1755	2483	3195	6545	4748	8417	30109

注：资料来源于 WIND 数据库，2011 年截止到 12 月 31 日。

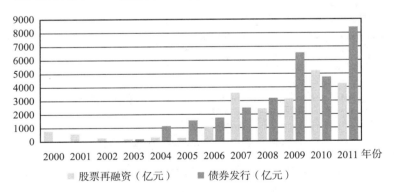

图 9－1　2000～2011 年上市公司股票和债券实际再融资额

▶▶▶ 9.1.2　我国上市公司的再融资需求测度

上述实际发行额是上市公司的再融资预案通过了审批的实际发行

量，上市公司真实的融资需求应该是公司已提出董事会预案的融资额。根据公开发布的融资预案汇总得出，2008～2011 年上市公司再融资发债总需求超过了股权融资总需求，特别是熊市期间。2008～2011 年上市公司董事会提出发债预案的总金额为 38674 亿元，而同时期提出股权再融资预案的金额只有 18340 亿元，见表 9－2 和图 9－2。而 2011 年截止到 12 月 31 日，上市公司债券融资需求突飞猛进，达到 18131 亿元，远远超过了股票再融资需求的 8405 亿元。

表 9－2　2008～2011 年上市公司再融资中发债和股权融资需求

单位：亿元

年份	2008	2009	2010	2011
发债融资需求	8046.65	7202.51	5294.09	18130.81
股权融资需求	2364.83	1286.89	6283.78	8404.58

注：以上表格数据来源：WIND 数据库，2011 年数据截止到 12 月 31 日，图 9－2 同此。

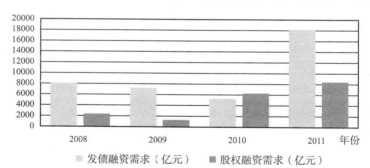

图 9－2　2008～2011 年上市公司债券和股权融资需求的比较

▶▶▶ 9.1.3　深沪上市公司债券融资需求的结构

由上述分析可知我国上市公司的再融资需求中债券融资已超过股票融资。国内外实践表明：在资本市场逐步健全的情况下，发债会成为很多上市公司的首选，这符合优序融资理论。通过表 9－3

和图9－3可以看出，深交所上市公司2011年的发债需求就达到了2522亿元，同期上交所上市公司的发债需求总额为15608亿元，这种"沪强深弱"和上交所主板占优有关，目前以主板上市公司发债占主导地位。深交所债券市场较弱，但实际发债需求并不小，要立足其固有的上市公司发债资源。当越来越多的中小板和创业板的上市公司开始债券融资时，深交所要加快改进的债券业务基础设施、产品的创新和服务水平，尽早完善债券投资者的分层交易平台，才能把握住债券市场的良好发展机遇。

表9－3　　　　　2004～2011年度深沪上市公司董事会
预案公告的发债融资需求　　　　单位：亿元

发行量＼年份	2004	2005	2006	2007	2008	2009	2010	2011	2004～2011
深市	59.6	278.9	315.7	671.70	1204.1	657.7	752.1	2522	6461.8
沪市	122.1	1710	2055.1	2044.20	6842.5	6544.8	4542	15608	39468.7
总额	181.7	1989	2370.8	2715.9	8046.7	7202.5	5294.1	18130	45930.5

注：融资需求是根据董事会预案公开的发债预案整理得来，2011年截至12月31日，拟发债的工具包括企业债、公司债、可转债、中期票据、短期融资券和金融债。

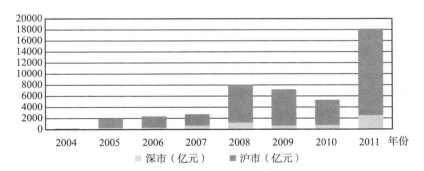

图9－3　2004～2011年深沪上市公司发债的融资需求的测度

注：融资需求是根据董事会预案公开的发债预案整理得来，发债大部分得到了实施。2011年截至12月31日，发行量单位：亿元。公布的债务工具包括企业债、公司债、可转债、中期票据、短期融资券和金融债。

▶ 9.2　上市公司的发债融资需求的工具选择

▶▶ 9.2.1　上市公司的各类债券的融资需求

从全部上市公司的各类发债融资工具的需求可以看出（表 9 - 4 和图 9 - 4），自 2007 年公司债推出后，上市公司基本不再发行企业债；2008 年中期票据推出后，上市公司中期票据的融资需求就超过了公司债，2011 年因为证监会简化了公司债的发行程序，公司债的融资需求大幅增长，2011 年公司债的融资需求为 2397.9 亿元，超过了同期中期票据 1785.1 亿元的需求；上市公司发行短期融资券以及上市商业银行发行的金融债一直是上市企业最大的两类发债需求；上市公司较早就开始发行可转债，除了 2008 年可转债的融资需求超千亿外，其他年份都较少；还有部分上市公司公布了发债的董事会预案，但没有具体选定哪种发债工具和发债方式（如私募），归类在"其他"工具里。

表 9 - 4　　　　上市公司的各类发债融资工具的需求量　　　单位：亿元

债券类别 ＼ 年份	2005	2006	2007	2008	2009	2010	2011
公司债	－	－	687	1415.38	628.29	280.5	2397.90
企债	33	180	82.45	0.6	0.6	－	－
中期票据	－	－	－	1523.4	757.45	1445.19	1785.08
短期融资券	1113.66	1380.757	911.42	1680.18	1072.45	2230.92	2661.02
可转债	216.3	55	65	1082.39	151.32	43	101.55
金融债	626	653	970	2345	3593	662	2713.62
其他		102			1000	632.54	8573.19

注：其他包括未明确说明的发债种类和私募债券，"－"表示该品种当年没有发债需求。表格数据来源：WIND 数据库，以下同。

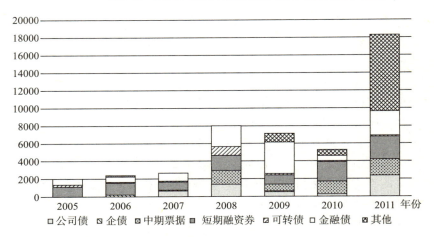

图9-4　2005~2011年全部上市公司各类债券的融资需求

▶▶▶ 9.2.2　上市公司发债现状

上市公司近年发债规模越来越大，2010年实际发债达到4748亿元，已经逼近股票再融资额5210亿元。典型的中长期债券品种即公司债券和中期票据，债券特点也很相似。公司债2007年推出后有较快的增长，2008年发行额高于中期票据。但中期票据2009年开始增长很快，2009~2010年的融资规模超过了公司债发行规模。从公司债和中期票据的融资需求也可以看出同样的走势（见表9-5）。

表9-5　　　　上市公司发行中期票据和公司债券的
实际融资额和需求量　　　　　单位：亿元

债券类别 \ 年份	2007		2008		2009		2010	
	发行	需求	发行	需求	发行	需求	发行	需求
公司债	112	687	288	1415.38	734.9	628.29	511.5	280.5
中期票据	-	-	210	1523.4	1671.4	757.45	944.8	1445.19

注：数据来源于WIND数据库，上市公司发债需求根据公司已提出董事会预案的融资额汇总而得。

显然中期票据和公司债形成了竞争的关系。上市公司对公司债和中期票据偏好改变的内在机理是什么？影响发债工具选择的因素有哪些？

　　公司债由证监会监管，采取类似股票发行的严格审核制，手续繁琐，2011 年以前审批时间大概 3 个月以上。而中期票据的发行只需在人民银行授权银行间交易商协会注册即可，一般一个月以内即可发行。两者发行条件等监管的详细对比见表 9 - 6，公司债券的发行门槛高于中期票据，尤其是财务指标方面，如最近三个会计年度实现的年均可分配利润不少于公司债一年的利息，股份有限公司的净资产不低于人民币三千万元等，可以看出公司债券的发行管制程度强于中期票据。

表 9 - 6　　　　　　　公司债和中期票据监管的比较

	中期票据	公司债
定义	指具有法人资格的非金融企业在银行间债券市场分期发行的，约定在一定期限还本付息的债务融资工具	指公司依照法定程序发行、约定在一年以上期限内还本付息的有价证券
发行管理文件	1.《银行间债券市场非金融企业债务融资工具管理办法》（中国人民银行令［2008］第 1 号）；2.《银行间债券市场非金融企业中期票据业务指引》（NAFMII 指引 0004）；3.《银行间债券市场非金融企业债务融资工具注册工作规则》（NAFMII 规则 0001）	《公司债发行试点办法》（证监会令第 49 号）《证券法》、《公司法》
发行管理部门	人民银行授权交易商协会进行注册管理	证监会
发行管理方式	注册	核准
发行期限	多为 3 ~ 5 年期	多为 5 ~ 10 年期
承销商	一般为商业银行	一般为证券公司

续表

	中期票据	公司债
发行交易市场	银行间债券市场	交易所债券市场
发行条件	1. 企业发行中期票据应依据《银行间债券市场非金融企业债务融资工具注册工作规程》在交易商协会注册 2. 企业发行中期票据应披露企业主体信用评级。中期票据若含可能影响评级结果的特殊条款，企业还应披露中期票据的债项评级 3. 中期票据待偿还余额不得超过企业净资产的40% 4. 企业发行中期票据所募集的资金应用于企业生产经营活动，并在发行文件中明确披露具体资金用途。企业在中期票据存续期内变更募集资金用途应提前披露	1. 公司的生产经营符合法律、行政法规和公司章程的规定，符合国家产业政策 2. 公司内部控制制度健全，内部控制制度的完整性、合理性、有效性不存在重大缺陷 3. 经资信评级机构评级，债券信用级别良好 4. 公司最近一期未经审计的净资产额应符合法律、行政法规和中国证监会的相关规定 5. 最近三个会计年度实现的年均可分配利润不少于公司债一年的利息 6. 本次发行后累计公司债余额不超过最近一期末净资产额的40%；金融类公司的累积公司债余额按金融企业的有关规定计算 7. 股份有限公司的净资产不低于人民币三千万元，有限责任公司的净资产不低于人民币六千万元 8. 前一次发行的企业债已足额募集；已经发行的企业债没有延迟支付本息的情形

资料来源：各部委相关文件。

▶ 9.3　理论分析与研究假设

根据第 2 章有关企业对债务融资工具选择的理论综述，归为二类分析：其一是企业特征和中期票据公司债的选择，其二是融资工具特征与中期票据公司债的选择。

▶▶▶ 9.3.1　企业特征对中期票据债券选择的影响

1. 企业的债务期限

将债务融资总量按照期限结构划分，以一年以内（含一年）作为划分短期和长期债务融资的时间界限。本书采用长期债务（指偿还期限在一年以上的债务）占总债务的比例度量债务期限结构。企业发债前的长期负债率小，说明企业的债务结构偏短期，为了达到最优的债务期限结构，企业发债时会偏向长期债务工具。公司债券的期限长于中期票据，公司债券多为 5～8 年，中期票据以 3～5 年居多，因此预期公司债务期限越短，越倾向于发行公司债。

2. 企业的资产规模

泰勒尔（Tirole，2006）证明了存在道德风险情况下，借款人的负债能力主要取决于其资本规模。这里用总资产表示企业规模，计算公式为企业总资产的自然对数值，来考察企业规模对企业融资行为的影响。证监会对公司债券的发行有资产要求："股份有限公司的净资产不低于人民币三千万元，有限责任公司的净资产不低于人民币六千万元。"而中期票据没有，我们预期，企业资产规模越大，则企业越趋向发行公司债券。

3. 企业的自由现金流

企业自由现金流量是指扣除税收、必要的资本性支出和营运资本增加后，能够支付所有的清偿权者的现金流量。它是企业可分配利润的基础，证监会对发债公司有利润的要求："最近三个会计年度实现的年均可分配利润不少于公司债一年的利息。"而中期票据没有规定，我们预期企业的自由现金流越多，则企业越趋向发行公司债券。

4. 企业的成长性

上市公司每股收益增长率越高，表现出良好的成长性，就越有可能发行公司债，这符合公司债发行的利润条件，因此我们预期企业的成长性越高，则企业越趋向发行公司债券。

5. 企业上市时间长短

企业上市后，因 IPO 获得大量长期稳定的资金，一般短期不会有再融资需求。上市时间越长，发债需求越强烈。由于公司债的门槛相对较高，而发行中期票据相对容易。因此，上市公司可能会先发行中期票据，后发行公司债券。因此，企业上市时间越长，其发行公司债券的可能性越大。

根据上述理论的分析，综合提出以下研究假说：

假设 1：规模大、债务期限短、自由现金流多、成长性好和上市时间长的上市公司会偏好发行公司债券；反之就会优先选择发行中期票据。

9.3.2 融资工具特征对企业发行债券和中期票据的影响

1. 票面利率

利率是上市公司选择中期票据和公司债的重要影响因素，由于公司债的期限长于中期票据，按照债务期限结构理论，长期债务的利率要高于短期债务。同时，由于我国中期票据的发行和交易在银行间市场，主要是银行、保险等金融机构投资者，投资需求大，流动性高，属批发市场，因此利率较低；而公司债券的发行和交易在交易所市场，主要是券商、基金公司和个人投资者，承接能力有限。因此，公司债比中期票据的融资成本高。

2. 发行金额

由于公司债的发行审核程序烦琐，审批时间长，相比中期票据发行成本高，因此，为了摊平发行成本，上市公司每次发债的融资金额尽可能接近规定的上限，即"发行后累计公司债余额不超过最近一期末净资产额的40%"，这表明公司每次发债金额比中期票据大。

假设2：上市公司发行债券比中期票据金额大、利率高。

▶ 9.4 样本选择与实证研究设计

▶▶ 9.4.1 样本数据与变量界定

本书以2008～2010年上市公司再融资发行的公司债券和中期票据为研究样本。公司债券和中期票据融资的发行数据和财务数据来自 Wind 数据库。收集了近3年上市公司发行的债券票据资料，然后配对找出上市公司融资前一年的财务数据。为了检验企业特征和融资工具属性对企业发行债券和中票的选择，我们采用 PROBIT 模型。其中，被解释变量为上市公司 t 年是否公开发行了公司债券，当企业发行了债券，则选1，反之为0。其次对解释变量的设定见表9-7，财务指标为发债上年的数据。控制变量为年份和行业，年份（YEAR）2008、2009、2010分别为1、2、3，行业（IND）根据《上市公司行业分类指引》分类设置哑变量。

表9-7 解释变量的界定

变量名称	变量符号	变量定义	理论预期
公司规模	SIZE	企业总资产的自然对数值	+
每股自由现金流	CASH	每股企业自由现金流量	+

续表

变量名称	变量符号	变量定义	理论预期
债务期限	DEBT	长期债务（指偿还期限在一年以上的债务）占总债务的比例	－
企业成长性	GROW	每股收益增长率	＋
融资距上市时间	LENGTH	发债融资距公司上市的时间	＋
发行总额	SUM	发行总额	＋
融资成本	COST	票面利率	＋

▶▶▶ 9.4.2　方程设定

为了检验上述假设，我们采用模型（1）检验，先单独对企业特征变量对债务工具选择的影响，然后综合考虑企业特征变量和融资工具特征变量对债务工具选择的影响。

$$\text{Pro}\ (p_{b3}) = P(Y = 1)$$
$$= \alpha + \beta_1 Size_{t-1} + \beta_2 Cash_{t-1} + \beta_3 Debt_{t-1} + \beta_4 Grow_{t-1}$$
$$+ \beta_5 Length_t + \beta_6 Sum_t + \beta_7 Cost_t + \beta_8 IND + \beta_9 YE + \varepsilon$$

$$(1)$$

▶▶▶ 9.4.3　变量描述性统计和相关性分析

从表9-8可看出，企业规模、每股企业自由现金流、债务期限、利率、上市时间长短和借款金额的最大值和最小值差别都较大，保证了方程的有效性；被解释变量债务选择的均值为0.52，表明在所选样本里企业选择发公司债还是中期票据的概率比较接近。从表9-9可看出，解释变量的相关系数基本在0.7以下，说明在二元选择的计量模型中能较好的避免变量之间的多重共线性。

表 9 – 8　　　　　　　　　　变量描述性统计特征

	均值	中位数	最大值	最小值	标准差	样本数
Y	0. 517730	1. 000000	1. 000000	0. 000000	0. 501467	141
SIZE	24. 05966	23. 82375	28. 00310	21. 00733	1. 597336	141
CASH	– 0. 512431	– 0. 0661	7. 099700	– 10. 3896	1. 901830	141
DEBT	29. 84065	28. 23040	85. 76040	0. 002700	18. 56701	141
GROW	– 673. 7733	2. 142900	643. 5897	– 49171. 43	5839. 890	141
LENGTH	8. 499679	8. 249315	18. 92603	– 0. 591781	5. 292218	141
SUM	27. 02766	13. 00000	200. 0000	2. 500000	37. 52126	141
COST	0. 051850	0. 049800	0. 090000	0. 022500	0. 014265	141

表 9 – 9　　　　　　　　　　变量的相关性分析

	Y	SIZE	CASH	DEBT	GROW	LENGTH	SUM	COST
Y	1. 000000							
SIZE	– 0. 47318	1. 000000						
CASH	– 0. 130754	– 0. 003081	1. 000000					
DEBT	– 0. 246024	0. 123742	– 0. 225776	1. 000000				
GROW	0. 131163	– 0. 114946	– 0. 037985	– 0. 129396	1. 000000			
LENGTH	0. 401953	– 0. 533934	0. 027293	0. 053090	0. 118634	1. 000000		
SUM	– 0. 290836	0. 752284	0. 003827	0. 020996	0. 053522	– 0. 371002	1. 000000	
COST	0. 717015	– 0. 68276	– 0. 160409	– 0. 213682	0. 108267	0. 316824	– 0. 433631	1. 000000

9.4.4　实证检验结果分析

1. 对假设 1 的检验结果分析

方程（1）的结果见表 9 – 10，在（1）～（3）各列中，McFad-den R – squared 比较理想，模型拟合度较好。上市公司的每股收益增长率、上市时间和选择发行公司债券始终是显著正相关，即成长性好和上市时间长的企业趋向于发行债券。债务期限和公司选择发行债券是显著负相关，表明长期负债比率低的企业会更多选择发行公司债，这符合预期。然而在（1）和（2）列中，企业规模、每股企业自由现金流和公司选择发行债券显著负相关，说明企业规模越大、自由现金流越多的企业反而趋向选择中期票据，这和预期相反，这说明，虽然中期票据没有对公司的资产规模和利润有要求，但由于其发行注册的便利以及场外债券市场的优势，使得有稳定现金流的大型上市公司反而愿意到银行间市场发行中票。

表 9 – 10　　　　　　中期票据和公司债选择的实证结果

变量类型	变量名称	变量符号	（1）企业特征	（2）企业特征 + SUM	（3）企业特征 + SUM + COST
被解释变量	中期票据和公司债的选择	Y	企业特征	企业特征 + SUM	企业特征 + SUM + COST
解释变量（企业特征）	公司规模	SIZE	− 0.585351 *** (0.138135)	− 0.84893 *** (0.215972)	0.141917 (0.319185)
	每股自由现金流	CASH	− 0.168433 * (0.088631)	− 0.167673 * (0.091745)	− 0.096279 (0.142557)
	债务期限	DEBT	− 0.015655 * (0.008248)	− 0.014077 * (0.008380)	− 0.020815 * (0.012032)
	每股收益增长率	GROW	0.006283 *** (0.001404)	0.007580 *** (0.001668)	0.006508 *** (0.002142)
	公司融资距上市时间	LENGTH	0.112493 *** (0.035193)	0.108750 *** (0.035709)	0.188100 *** (0.066244)
解释变量（工具特征）	发行总额	SUM		0.013514 * (0.007599)	0.008597 (0.010528)
	融资成本	COST			219.2712 *** (52.25650)
控制变量	行业	IND	− 0.128848 *** (0.040523)	− 0.113138 *** (0.042472)	− 0.100207 * (0.056654)
	年份	YEAR	− 0.756058 *** (0.246930)	− 0.851757 *** (0.260138)	− 0.346510 (0.360395)
LR statistic			101.2952	104.2661	147.8777

变量类型	变量名称	变量符号	(1)	(2)	(3)
Probability (LR stat)			0.000000	0.000000	0.000000
McFadden R – squared			0.518691	0.533903	0.757221
Total obs			141	141	141

注：（1）括号中是异方差 – 稳健性 t 统计量；（2）***、**、*表示在 1%、5%、10% 的水平显著（双尾检验）。

2. 对假设 2 的检验结果分析

表 9 – 10 模型（2）、模型（3）中、债务契约的特征变量：利率和融资金额与发行债券显著正相关，这和假设一致：即企业发行债券比发行中期票据融资金额大、利率高。并且票面利率是债务工具选择最关键的因素，它使公司规模和每股企业自由现金流变得不显著。

▶ 9.5 本章小结

研究发现：证监会对上市公司发债的高门槛使得能入围发债的公司具有上市时间长和每股收益增长率快的特征。这种严格的管制下的发债公司并没有表现出更佳的财务特征，相反规模大，自由现金流充沛的公司会偏好中期票据。公司发债前的每股企业自由现金流偏少，但每股收益增长过快有为达标而控制盈余的嫌疑。公司债严格管制的另一个后果是交易所债券市场的份额萎缩，公司债的流动性下降，为了弥补流动性的损失，公司债的票面利率高于中期票据，这又导致上市公司更偏好发行中期票据。总的来看，由于证监会对公司债的发行管制，导致了上市公司会优先发行在交易商协会注册的中期票据而不是证监会审核的公司债。2011 年公司债发行程序简化，对大型优质上市公司实行绿色通道，核准时间压缩为一个月内，甚至快于中期票据的发行，管制的放松使得公司债的融资需求迅速出现了反弹，2011 年公司债发行额为 1291 亿元，超过了上市公司中期票据 1089 亿元的融资额。这也进一步印证了管制程度是影响上市公司发债工具选择的核心因素，放松管制会促进公司债券市场的发展。

第 *10* 章

结　　论

▶ **10.1　主要研究结论**

本书主要探讨了我国整体债务结构和企业债务工具的选择。在梳理已有国内外债务结构研究的基础上，从宏观到微观对我国债务结构进行实证研究，集中考察我国企业选择发债和贷款会受哪些主要因素的影响。通过从制度背景、全国整体和省际债务结构、企业自身特征、外部治理环境和金融管制等角度对我国企业债务结构决定进行了多层次研究，以此了解我国企业债务结构情况。综合前面各章的研究，本书的主要结论如下：

1. 通过对我国宏观债务结构的变迁研究发现：银行在债务融资上占有主导优势，并且过多涉足中长期贷款，有违其在短期贷款的比较优势，挤压了企业债券发行的空间；为保证国债的顺利发行，监管部门严格控制企业债的发行额度，这对企业公开发债产生了挤出效应。股票市场为企业筹集长期资金也发挥了重要的作用。实证表明信贷市场、国债市场和股票市场对企业债券市场具有替代作用。但银行业的过度集中会促使企业摆脱"套牢"，寻求公开发债，这样导致企业发债比率上升。企业发债占比和我国基准利率成正比，符合债务利率期限结构，说明了企业债券在长期债务上具有比较优势。实证研究表明我国金融发展水平越高，企业债券融资占比越大，金融发展的深化必然伴随企业债券市场的发展，这反映了我国金融结构优化的内在规律。

2. 从省份经济特征、金融市场结构和外部治理环境三个层面提出了影响地区债务结构的五个理论假说，通过采用地区固定效应和时间随机效应面板模型进行了理论检验。在省份经济特征方面，验证了各省的 GDP 及经济对外开放度与债务结构正相关；各省的通货膨胀率及固定资产投资与债务结构负相关。在金融市场结构方面，论证了各省债务结构和股票融资占比、贷款融资比率成反比；对于外部治理环境，虽然证明了各省债务结构和当地金融业的市场化程度、当地政府干预程度成正比。但研究发现各省债务结构和当地法律环境治理程度成正比，这和理论假设相反，由此得出：我国地区的政府干预和法律环境治理是互相替代的机制，法律不完善的省份，地方政府的干预保证了企业债券契约的执行和履约，而在法律较为完善的省份，金融市场化约束了地方政府的干预，因此法律环境差的地区相对法律环境好的地区企业发债比率更高。

3. 对企业债务融资期限及债务工具选择的实证研究表明，债券和贷款的期限结构是债务工具本身的属性特征和发债企业的财务状况决定的。具体到企业债券和银行贷款的期限，影响因素不尽相同。企业规模、发行规模、担保状况和利率等共同因素确实是影响债务工具期限的重要变量。增量法实证结果表明：大多数影响因素和国内外债务期限结构理论相符。有些理论和实践分离的因素表明我国企业债务融资期限选择的一些特色。

4. 我国企业是选择发行债券还是向银行贷款不仅和企业自身特征以及债务工具的契约属性有关，而且受不同地区的政府干预、法律制度和金融市场化等外部治理环境以及金融管制体制不同的影响。

实证得出市场化程度低、政府干预强、金融发展水平和法律执法效率低的地区，其企业偏好发行债券；市场化程度高、政府干预弱、金融发展水平和法律执法效率高的地区，其企业更可能选择银行贷款。这和债务契约治理机制理论不相一致的原因在于我国对企业债券和贷款不同的金融管制强度所致，国家发改委对企业债券执行严格的行政管制，采取发行配额制和利率控制，把地方政府纳入到管理体系，是一种高度金融管制。而银监会对银行贷款的实行比率控制，风险管理、并尽量排出地方政府的干预，是一种市场化的金融监管。这种不同金融管制导致了看似矛盾的结果。因此，我国要放松对债券的高度管制，使债券契约的属性与市场化的治理机制相吻合，这才是我国企业债券能健康发展的基石。

5. 由于发行管制强度不同，导致了上市公司会优先发行在交易商协会注册的中期票据而不是证监会审核的公司债。研究发现：证监会对上市公司发债的高门槛使发债公司并没有表现出更佳的财务特征，相反规模大，自由现金流充沛的公司会偏好中期票据。公司债严格管制的另一个后果是交易所债券市场的份额萎缩，公司债的流动性下降，为了弥补流动性的损失，公司债的票面利率高于中期票据，这又导致上市公司更偏好发行中票。2011 年公司债发行程序简化，对大型优质上市公司实行绿色通道，核准时间压缩为一个月内，甚至快于中期票据的发行，管制的放松使得公司债的融资需求迅速出现反弹。

▶ 10.2 研究局限与未来研究方向

1. 数据的搜集和变量的选取。关于宏观经济和金融的资料数据，我国存在着一定统计指标和统计口径等方面的差异，本书力求变量口径一致和数据准确，缩小这方面的差异，但仍然存在一定的统计误差。

2. 随着我国企业债券市场的发展，采用增量法来检验不对称信息假说，尤其是信号模型，以研究上市公司的单次债务融资活动向市场传递的信息情况；银行贷款和企业债券的信息披露在一定的窗口期会对借款上市公司的股价产生不同的影响吗？会有超额收益吗？这是验证信息不对称对企业债务工具选择的效应分析较好的视角。本书没有深入探讨，这是作者应该进一步研究的方向。

3. 从政治经济学的角度可对债券各监管部门的竞争做更深入的分析，监管部门的分离增加了监管成本，也造成债券发行和交易市场的分离，但是监管部门的分离同时增加了竞争，如证监会主导的公司债券发行带动了国家发展和改革委员会对企业债券发行的市场化进程。在现有体制下，如何使企业各类债券发行监管的标准和程序逐渐统一，又能在有效竞争下进一步推动企业债券市场的发展，这无疑是一个有重大现实意义的问题，值得作者进一步深入的探讨。

▶ 10.3 政 策 思 考

上述的研究结论表明，我国的债务结构和企业债务工具的选择与发达国家存在较大差异。我国企业的债务以银行贷款占主导地位，是因为企业债券市场的发育受制于外部制度环境，如法律制度的不完善、金融过度管制。而通过国内外金融市场和企业融资结构的比较得出：当一国的股票市场快速发展之后，众多上市公司的再融资需求会显得更加重要，而发债是上市公司持续再融资中最重要的融资方式。并且公司债券市场的发展会替代部分中长期的银行贷款，这使微观企业获得最优的资本结构，宏观金融结构更加均衡。

企业发债近年迅速增加的外部推动力是发行管制的放松，主要归于中国人民银行（交易商协会）实行注册制，中期票据和短期融资券的崛起。国家发改委和证监会由于发债审核偏严，导致企业债与公司债增速较慢。为使我国企业有一个更好的外部融资环境，进一步优化企业债务结构，提出以下政策思考。

▶▶ 10.3.1　放松企业债的管制

目前我国企业债券的监管仍然基本遵照 1993 年国务院颁布的《企业债券管理条例》执行。在实际操作中，国家发改委一直沿用固定资产投资管理的模式严格审批企业债券，将企业债券当作企业弥补固定资产投资资金不足的工具来管理，类似于一种政策性银行贷款。并且企业债券的发行在 2008 年以前都实行了强制担保，担保人基本上是国有商业银行。监管部门的过度干预，无法培育出具有风险意识的债券投资人，强制担保虽使企业债券的风险转移给政府和国有银行，但从长期看是企业债券市场独立健康发展的一大障碍。因为强制担保削弱了信用评级对企业债券风险评估和定价的机制，而缺乏这种债券市场的基础设施，信用债券的发展就会被延误。即使中小企业有良好的财务状况，它们也很难发行企业债券。这种政府直接干预的准贷款性质的债券融资，以贷款契约治理的模式来管理企业债券，与其作为标准化、完全契约性的长期债务工具的本性是背道而驰。因此，发展企业债券的关键就是遵循企业债券的契约属性和交易特点，按照市场治理机制的原则来管理。债券市场代理人通常愿意接受那些交易开始后不需要监管的交易，他们通过对债务契约执行的交易条款标准化和专门从事同一类型的交易来减少交易成本。债券市场治理风险条件下的标准化交易的前提是构建完善的企业债券市场的基本制度。而可靠的信用评级制度和严格的破产机制正是企业债券市场基础设施的基石。因此，我国从以下几方面来大力发展企业债券市场，以改善上市公司的债务期限结构：

1. 扩大发行规模和放松企业债券的发行主体范围

在我国除了股份有限公司外，发行企业债券的主要是国有企业，应在满足《企业债券管理条例》和《公司法》关于发行企业债券和公司债券的前提下，鼓励其他经济成分的非国有企业发行债券。目前我国上市公司发行债券的较少，应考虑尽快扩大上市公司发行公司债券的规模和比例。由于目前上市公司有严格要求的信息披露和较完善的市场监管机制，能减少公司债券的信用风险，提高企业债券市场在资本市场上的地位，建议从宽松的核准制度逐步过渡到与国际接轨的注册制。

2. 规范和完善企业债券监督管理模式

为此，具体应从以下两个方面着手：一是尽快修改和完善《企业债券管理条例》，废除部分不符合企业债券市场的过时规定，体现市场化改革的基本方向。为此，要在审批制度、利率水平、资金使用、中介机构的作用、强化社会监督各个方面，体现我国经济发展的目标。二是建立市场化的监管模式。管理部门应从重视行政管理审批控制向重视市场运作方向转化，从直接管理向完善信息披露制度等间接管理转化，取消发债规模控制。

2008年1月国家发展改革委发布《关于推进企业债券市场发展、简化发行核准程序有关事项的通知》，指出企业可发行无担保信用债券、资产抵押债券、第三方担保债券。企业债券的利率由发行人和承销团协商确定，提倡采取簿记建档等市场化方式确定利率和进行配售，采用浮动利率的，可使用上海银行间同业拆放利率（Shanghai Interbank Offered Rate，Shibor）为基准利率。显然证监会主导的公司债的成功发行刺激了国家发展和改革委员会一系列有关企业债券管理新措施的出台，两监管部门良性竞争有利于建立一个透明、公开和创新的企业债券市场。

▶▶▶ 10.3.2　公司债券监管的机制设计

目前上市公司的发债融资需求方兴未艾，主要内在动机是第一大股东为了维护其控制权收益优先选择发债。截至 2011 年 12 月底，第一大股东持股比率在 20% ~ 40% 的上市公司占总家数的 46% 左右，处于相对控股的地位，这样会有大批的上市公司考虑发债。证监会和交易所对上市公司的资信情况了解，已具备信息披露等制度优势，抓住这一机遇，放松外部发行管制满足上市公司发债需求，公司债源头的开闸放水会推进交易所债券市场主流产品的形成。

债券市场的统一首先的标准和规则的统一。证监会要进一步放松发行管制，除了对公司债公募发行审核向注册制靠拢，缩小与交易商协会中期票据发行制度的差距，同时要大力推进公司债的私募发行，这样可以满足不同公司和机构的投融资需求。发行管制的初衷是通过事前的审核降低违约风险，当放松管制时，对投资者的保护制度必须建立起来，如债券的保护性条款，债券受托管理人、独立可靠的信用评级公司，发债公司的充分信息披露，对发债公司高管欺诈的严厉惩罚机制，只有债券市场的基础设施得到良好的发展，管制放松下的公司债券才不会出现因大量违约引起重新管制。唯其如此，中国的公司债券市场才能长期稳健的发展。因此，发展公司债要进行整体的机制设计和制度安排，目前可选择实施方案建议如下：

1. 继续改革证监会公募发行审核机制，进一步简化公司债的审核程序，提高发行效率，从实质性审查向程序性审查过渡，最终过渡到注册制

2011 年以来，证监会开始简化公司债发行程序，上市公司递交发行材料到最终获得发行批文缩短至一个月。此外，公司债的发行改变以往和 IPO 混合排队的情形，实行单独排队原则；取消发行过程中投资者见面会和反馈会，简化为"两会"，即递交材料时预审会和最终发审会。对大型的 AAA 级企业实行绿色通道，发债更便捷。管制一经放松，公司债发行突飞猛进。2011 年公司债融资总额1291 亿元，是 2010 年的 2 倍多。可见，放松管制，培育出交易所市场的债券交易商协会，统一发债标准，公司债券的发展有可能不会逊色于中期票据。

建立符合债券特点的公开发行制度，总体上看，可申请公开发行公司债券的上市公司必须资质良好，或者引入第三方增信，违约风险极低。对于央企及其他主体资信达到 AAA 级别的发行人，可在既定的额度内试点注册制。对于信用等级达到 AA 以上，但低于AAA 的发行人，沿用现有审核制度，但需探索适用于债券的审核指标，充实审核人员，研究取消发审会或成立单独的债券发审会，提高发行效率。在品种期限上，可以由短及长，控制信用风险。

2. 以中小企业私募发行为突破口，建立多层次的公司债券发行体系

一个成功发展的债券市场首先必须有一个完善高效的一级发行市场，以满足不同发行人的融资需求。公募发行的严格审批制度往往难以满足发行人的多样的发债需求。另一方面，债券机构投资者为主的特点，又使得严格的发行审批缺乏必要性。私募发行是成熟市场公司债券发行的重要方式，尤其适合低信用等级、信息披露受限型的企业发行债券。

2012 年 6 月中小企业私募债正式启动，对信用等级相对较低的中小企业债券发行人，采用面向合格投资者定向发行方式，以满足中小企业的融资需求。中小企业私募发债不需要证监会审核，直接在交易所备案即可。这是公司债发行制度的创新，破解中小企业融资困局，推动我国中小企业高收益债的发展。

2011 年 10 月证监会发布 29 号文，公告规定创业板上市公司可

以申请非公开发行公司债券，并且创业板上市公司非公开发行公司债券的转让执行深圳证券交易所的有关业务规则。然而公告规定创业板公司非公开发行债券要符合《公司债券发行试点办法》，使私募债的准入门槛与公司债的公开发行没区别，同时规定发行对象不超过 10 名，债券不进行公开转让。这种前端对发行主体的审核以及后端对交易转让的限制，是比公募更严格的"私募债"。

显然，创业板私募债券走的是公募审核路线，同时又增加了私募转让的限制，使得众多发债企业望而却步。这种混合机制有违国外成熟私募债券市场如美国 144A 制度的核心理念，并和中小企业私募债的理念相冲突。私募债的设计精髓在于通过提高投资者门槛来放开发行企业的准入，方便各类企业快捷融资。如果通过转让限制来保护投资者，同时又以公募的标准来审核发债企业，会直接导致债券发行交易成本太高。建议统一构建创业板私募债和中小企业私募债制度，如果私募发行主体的门槛放低，实行注册制或备案制，那么与之对应的私募债合格投资者制度必须建立，转让对象必须是具有债券风险识别能力的机构投资者和高净值客户。

对于中小企业私募发债制度，尽快推广到主板上市公司，考虑建立主板私募发债制度，即可满足上市公司快捷融资的需求，同时可以规避《证券法》"发行人累计债券余额不超过最近一年期末净资产额 40%"的规定。

此外，也可以小范围尝试通过券商柜台面向其客户定向销售固定收益类理财产品，并可在柜台转让，以此提高券商的核心竞争力，满足客户现金管理和多元化的配置需求。同时，为了突出交易所场已经具备的场内外债券交易平台的优势，对符合一定条件的债券发行企业，允许其债券产品在申请非公开发行和场外交易的同时，申报公开发行和交易所场内交易。一方面，非公开发行保证其融资的高效性，满足债券发行人的融资需求；另一方面，凡符合公开发行标准的债券产品，在经过相对严格的审批后，可以享受在场内和场外市场同时交易的便利，且两个市场间实现高效的互联互通，进一步调动债券发行人和投资人参与公司债券市场的积极性。

3. 建立债券投资者保护制度

首先培育合格投资者队伍，为适应多层次公司债券融资体系的发展，应建立和发展覆盖范围更为全面的合格投资者认证体系，建立一支有专业判断能力和风险识别能力的合格投资者队伍，形成参与低等级公司债券和衍生产品市场的合格投资者群体。公募基金是交易所债券市场的投资主体，要鼓励发展债券型基金，使基金管理公司有能力配置更多公司债，增加场内债券市场的流动性。债券型基金的壮大使个人投资者通过购买基金投资各种债券组合，包括了交易所和银行间市场的各种债券，尤其是交易所上市交易的债券基金通过投资渠道间接打通了银行间和交易所债券市场。如封闭式债券基金、债券型 ETF。这样会减低交易所债券的发行和交易成本。

尤为重要的是，合格投资者必须事先签署开放式的主协议，承诺具备参与债券发行和交易应具备的专业条件，明确发行人及其他交易对手违约后采取的争议解决步骤和法律程序，形成一套有效的市场自律和风险约束规范。

建立债券投资者保护制度。如债券的保护性条款，债券受托管理人、独立可靠的信用评级公司，发债公司的充分信息披露，对发债公司高管欺诈的严厉惩罚机制。只有债券市场的基础设施得到良好的发展，管制放松下的公司债券才不会出现因大量违约引起重新管制。唯其如此，中国的公司债券市场才能长期稳健的发展。

4. 建立多层次的交易结算制度

与发行环节相对应，交易所也需要摆脱传统的集中上市交易的制约，形成多层次的转让制度。由于《证券法》对上市品种的持续信息披露和主体资质有详尽的规定，偏重于股票的界定，在某些方面未能体现债券的特点，因此在二级市场层面要分清债券"上市"

和"转让"的概念。

（1）传统"上市"

"上市"在我国虽无法律定义，传统上是指在证券交易所挂牌，但含义是针对公众市场。因此，公开发行的高等级公司债券，可沿用交易所现有基础设置，适用严格的信息披露规范和审核标准，在集中撮合系统交易，也可在固定收益平台进行报价交易。

（2）私募债券的转让服务

对定向发行的债券或其他达不到上市条件的公司债券，可通过交易所固定收益平台在合格投资者内部转让，不属于公开上市的范畴。交易所和登记公司为此类债券提供转让和结算服务。

5. 场内外交易市场监管的协调

上市银行已获准进入交易所债券市场，参与债券交易，借此进一步打通交易所和银行间债券市场。同时加强报价、结算和机构投资者市场准入等制度的对接，让绝大多数信用类债券产品可以同时在场内外上市交易，形成均衡的市场交易价格。由于交易所和银行间债券市场交易特征本身有所不同，可以差异化竞争，交易所以市场竞价撮合辅之已做市商制度，而银行间市场则以询价交易方式为主。

▶▶ 10.3.3 债券市场基础设施的建设

1. 加快利率市场化改革，建立科学的企业债券定价体系

利率作为企业的外部刺激因素之一，必然对企业投资及融资行为产生重大影响。我国利率市场化改革始于 1996 年 6 月 1 日中国人民银行放开银行间同业拆借利率。随后，中国人民银行又多次扩大贷款利率的浮区间，2004 年 1 月 1 日再次扩大贷款利率的浮区间，同时浮动区间不再根据地企业所有制性质、规模大小分别制定，同年 12 月 28 日，中国人民银行宣布取消城乡信用社以外的金融机构贷款利率上限，这是一项极具里程碑意义的举措。可见，随着利率市场化改革的进一步推进与深入，企业将能够选择更多的长期债务。有理由相信，当利率完全市场化时，我国企业通过一段时间的调整之后将会逐步向最优的债务期限结构靠拢。

建立科学的企业债券定价体系：一是要实现企业债券定价市场化。取消法定利率上限的规定，逐步推行发行利率市场化，将企业债券的利率水平和风险程度进行挂钩。二是建立市场基准利率。应使基准利率成为企业债券定价的基础，所以企业债券都可根据其信用等级以及风险水平，分别在基准利率上加上不同的基点确定，使用权企业债券的风险与收益相适应。三是取消强制担保措施，应促使发债主体的信用差别凸显出来，把是否担保及担保方式交由发行人和承销商自主决定，使企业债券的定价更多地依靠信用评级。

2. 建立健全信用评级制度

根据国际先进经验，具有公信力的信用评级制度是企业债券发展的基础，信用评级结果是投资者做出投资决策所依赖的重要信息。目前信用评级机构在我国的发展还比较落后，企业信用评级观念淡薄，缺少公认的信用评级标准和权威性的信用评级机构，因此应大力发展信用评级机构，发展我国企业债券的信用评级制度，培育以发债主体信用责任机制为核心的债券市场基础设施。完善的债券信用分析与评级必须准确和及时反映企业的经营业绩，帮助投资者了解发行企业的财务状况，从而影响债券的定价和市场需求的偏好。

然而我国企业债券以前的行政审批制和国有银行强制担保向市场传递了"经批准发行的债券资地优良，且有国家担保"的信息，企业的信用评级对政府、发债企业和投资者的作用非常微弱。从信用评级机构对已发行的企业债券绝大部分是 AA 级以上可略见一斑。2007 年 8 月 14 号我国证监会颁布了《公司债券发行试点办法》① 对上市公司发行企业债券规定："公司债券的发行必须经过信用评级，而且应当委托经我国证监会认定、具有从事证券服务业务资格的资信评级机构进行。公司与资信评级机构应当约定，在债券有效存续期间，资信评级机构每年至少公告一次跟踪评级论文；要求发债公司及时、完整和准确地披露债券募集说明书，持续披露有关的信息；同时发行价格由发行人与保荐人通过市场询价确定，公司债券的发行不强制要求提供担保。"此规定给予了我国信用评级机构发展的机遇，各评级机构要保持信用评级的独立和公正，通过和国外著名的评级机构合作，提高评级技术，建立定期发布评级消息的制度，以便市场对其评级准确性进行考核，最终形成对我国企业债券的投资具有指导意义的信用评级的权威性机构。良好的信用评级制度也有助于提升债券的信用增级技术，譬如资产抵押证券和部分保障系统是企业债券市场稳健推进的重要工具。政府退出企业债券的担保体系，其旨在建立和呵护一个透明、公开、公正的债券市场规则。作为过渡，继续实行担保的企业债券可借助专业性担保机构，而无担保的企业债券将是今后发展的主体。与此同时，还要提高评级机构的独立性、在评级中引入竞争机制，从而提高食用评级公正性，利用市场手段定期更换失职、失责的信用评级机构，在市场中扶持几家具有权威性和广泛社会影响力的评级机构。另外，还应建立一套适合评级行业的自律性法规，制定企业债券市场信用评级的一些具体标准和信用评级市场惩罚机制。

---

① 本办法所称公司债券，是指公司依照法定程序发行、约定在一年以上期限内还本付息的有价证券。2007 年 1 月全国金融工作会议决定：公司债监管将由国家发改委让渡到证监会，国家发改委将专注监管大型国企以及国家固定资产投资的项目债，简称"企业债"（不含公司债），以区别于证监会监管的"公司债"。所以下文出现的公司债券严格遵守《公司债券发行试点办法》的界定。目前试点公司范围仅限于沪深证券交易所上市的公司及发行境外上市外资股的境内股份有限公司。

3. 完善债权人保障机制

在市场经济发达国家，经过漫长的市场演变过程，已具有较为完备的市场偿债保障机制。一个有效的偿债保障机制大体分为事前保障机制和事后保障机制。事前保障是指防止偿债危机发生而采取的各种措施和方法；事后保障则是指当企业出现偿债危机时寻债权人采取的保障措施。

在我国，相对企业的各利益相关者而言，对债权的保护较弱，从而助长了恶意欠债和恶意逃债行为的发生。为加强对债权人权利的保护，在我国既要注重在自动履行机制、信用配给机制、抵押担保机制、流动性和可转换性机制、限制债务期限与资金用途以及企业经营行为机制等各种偿债的事前保障机制，同时也要注重与自发和解结算以及破产清算等事后保障机制相结合。在事前保障机制没有得到有效控制的情况下，其中一个强有力的事后保障措施就是破产清算，其有效性取决于相关破产法律制度的完备性以及执行的力度和效率。可喜的是，在 2006 年 8 月 7 日召开的第十届全国人大常委会第二十三次的全体会议上，终于通过了新的《中华人民共和国企业破产法》，并于 2006 年的 6 月 1 日起施行。至此，我国终于有了一部适应于所有企业法人的破产法。新的《中华人民共和国企业破产法》确立了企业有序退出的法律制度，规范了企业破产程序，对于公平处理债权债务，保护债权人和债务人的合法权益等方面有重要意义。因此，从法律制度的完备性来看，我国对债权人的权利的保护上已得到了较大的改善，具体体现在破产清算和破产重组的程序上。

新《破产法》制定了债权人会议和债权人委员会的相关规定，有利于保护企业债分散的债权人权利。在新破产法公布后，企业在破产清算中将优先清偿担保债权，职工工资和其他福利从未担保财产中清偿。由于我国企业债券和银行贷款基本实行了抵押和担保，因此保障了债权投资人的优先求偿权。然而普通破产债权的求偿顺序依次列在担保债权、职工工资和其他福利以及破产人所欠税款之后，这对无担保债券的发行是一个挑战，只有在破产实施的具体程序上保护普通债权人利益才能促进企业债券的发展。这在 2007 年 8 月我国证监会颁布的《公司债券发行试点办法》有所体现，该办法遵循了《破产法》的相关规定，一是引进了债券受托管理人的制度，要求债券受托管理人应当为债券持有人的最大利益行事，并不得和债券持有人有利益冲突；二是建立债券持有人会议制度，通过规定债券持有人会议的权利和会议召开程序等内容，让其真正发挥保护投资者的作用。

另一个重要的破产机制就是企业的破产重组，核心之处在于如何设计债权人和债务人对债务契约重新谈判程序。破产重组是给有希望再生的企业申请破产时提供保护以规避债权人实现其求偿权。申请破产的企业享受破产法的保护称为"占有债务人"，并在法院的监督下继续经营。但是它不能违背债权人的"绝对优先权法则"。我国新《破产法》对企业重组计划的批准规定："出席债权人会议的同一表决组的债权人过半数同意重整计划草案，并且其所代表的债权额占该组债权总额的三分之二以上的，即为该组通过重整计划草案。同时企业破产法还赋予了人民法院强制批准权，即重整计划草案虽然未获通过，但符合法定条件的，人民法院也可以强制批准重整计划。"此条例增加了重组计划通过的可能性，但法院强制批准权会破坏债务的再谈判机制，偏离债权人绝对优先权法则，导致债券持有人受损。因此，在发债企业破产重组的过程中，法院指定管理人监督破产企业继续经营等积极作为是为了债务契约尽可能的自我实施。即使企业债的债务重组因为持有人分散而比银行债务有更高的谈判成本，但是其债务的硬约束机制不应该被法院的过度介入而破坏，故法院对强制批准权的使用一定要慎之又慎。

然而，仅有完备的法律制度是远远不够的。一部再完备的法律，如果不能得到有效的执行或者是执行力度不够，将会使其成为一纸空文或使其作用大大削弱。我们知道，债务期限是债务契约的重要内容，债务期限越长，对外部机制履行的依赖性就越高。因此，要改善我国上市公司的这种短期化债务期限结构，加强对债权人保护的一个关键的措施就是确保我国新《破产法》的执行效率和执行力度。

参 考 文 献

中文文献：

[1] 才静涵，刘红忠，市场择时理论与中国市场的资本结构，经济科学，2006 年第 4 期。

[2] 曹凤岐、杨军，"上市公司董事会治理研究——九论社会主义条件下的股份制度"，北京大学学报（哲学社会科学版），2004，第 3 期。

[3] 陈耿、周军，"企业债务结构研究——一个基于代理成本的理论分析"，财经研究，2004，第 2 期。

[4] 陈耿、周军、王志，"债权融资结构与公司治理：理论与实证分析"，财贸研究，2003，第 2 期。

[5] 陈嘉明，"发展企业债券市场的理论分析与实证研究"，现代财经：天津财经学院学报，2003：27 - 29。

[6] 陈晓、单鑫，"债务融资是否会增加上市企业的融资成本？"，经济研究，1999，第 9 期。

[7] 丁学东、李国忠，"中国企业财务改革"，经济科学出版社，1996。

[8] 樊纲，"企业间债务与宏观经济波动（上、下）"，经济研究，1996，第 3 - 4 期。

[9] 樊纲，王小鲁，朱恒鹏. 中国市场化指数——各地区市场化相对进程 2006 年论文 [M]. 北京：经济科学出版社，2006.

[10] 樊纲，王小鲁，朱恒鹏. 中国市场化指数——各地区市

场化相对进程2009年报告，经济科学出版社，2010年版.

[11] 樊纲，王小鲁. 中国市场化指数——各地区市场化相对进程论文 [M]. 北京：经济科学出版社，2004.

[12] 范一飞，"国民收入流程及分配格局分析"，中国人民大学出版社，1994。

[13] 冯兴元、夏业良等，中国企业资本自由度研究，华夏出版社，北京：2008年版。

[14] 付雷鸣，万迪昉，张雅慧，融资优序理论新证：公司债、可转债和增发股票宣告效应的比较分析，金融评论，2011年第1期。

[15] 付雷鸣，万迪昉，张雅慧，中国上市公司公司债发行公告效应的实证研究，金融研究，2010年第3期。

[16] 高晓红，"我国上市公司股权融资偏好分析：产权效率与市场效率"，投资研究，2000年第8期。

[17] 郭斌，企业债务融资方式选择理论综述及其启示，金融研究，2005年第3期。

[18] 郭复初，"财务通论"，立信会计出版社，1998。

[19] 郭克莎，"当前宏观经济形势及政策取向分析"，2004年第3期。

[20] 韩德宗、向凯，"我国上市公司债权融资结构的实证研究—以医药、生物制品行业为例"，经济科学，2003年第2期。

[21] 韩贵新. 债务融资期限结构对企业价值影响的实证分析 [J]. 山东财政学院学报，2006（3）46-49。

[22] 何德旭，饶明，配股融资、市场反应与投资者收益，金融研究，2011年第12期。

[23] 何佳，夏晖，有控制权利益的企业融资工具选择——可转换债券融资的理论思考，经济研究，2005年第4期。

[24] 何志刚，"中国债券融资功能研究"，经济管理出版社，2003。

[25] 胡奕明. 公司治理：大贷款人监督及其经济后果 [R].

深圳证券交易所研究论文 2004：10 - 20。

[26] 黄少安，张岗，中国上市公司股权融资偏好分析，经济研究，2001 年第 11 期。

[27] 蒋屏，我国企业债券融资，北京：中国经济出版社 2005：120 - 156。

[28] 康福秋，"对我国企业债券融资的思考"，中国投资，2001 年第 6 期。

[29] 雷森、李伟昭、李奔波，"信号传递下的企业债务期限结构选择"，重庆大学学报，2004 年第 9 期。

[30] 李湛，"金融契约理论的最新进展"，经济学动态，2008 年第 11 期。

[31] 李湛、曹萍，"银行主导融资下企业债券市场的发展：替代还是互补——从契约期限看银行贷款和企业债券的选择"，当代财经，2009 年第 6 期。

[32] 李湛，"对中国上市公司债务期限影响因素的实证研究——基于面板数据的因子分析和回归分析"，广东金融学院学报，2009 年第 2 期。

[33] 李湛、曹萍，"市场型和关联型金融体系下企业劳动契约期限的比较研究"，暨南学报（哲学社会科学版），2009 年第 5 期。

[34] 李湛、曹萍，"企业发债和贷款期限的差异化，基于增量法实证研究"，证券市场导报，2012 年第 2 期。

[35] 李湛、曹萍、曹昕，"我国地方政府发债现状及风险评估"，证券市场导报，2010 年第 12 期。

[36] 李湛，"金融开放、金融稳定与金融监管改进"，广东金融学院学报，2008 年第 1 期。

[37] 李湛，徐一骞，"我国企业债券信用评级的因素分析——基于 Altman 的 Z 计分模型的实证研究"，南方金融，2009 年第 6 期。

[38] 李湛、香伶，"中国省际债务融资结构的差异化研究：面板数据的实证研究"，财贸经济，2012 年第 4 期。

［39］刘民权、徐忠、赵英涛，"商业信用研究综述"，世界经济，2004 年第 1 期。

［40］刘煜辉等，中国地区金融生态环境评价，社会科学文献出版社，2011 年版

［41］卢俊编译，"资本结构理论研究译文集"，上海三联书店、上海人民出版社，2003。

［42］罗松江，"市场经济条件下的银企业关系研究"，华南师范大学博士论文，中国优秀博硕士论文全文库，2002。

［43］陆正飞、高强，"中国上市公司融资行为研究——基于问卷调查的分析"，会计研究，2003 年第 10 期。

［44］陆正飞、叶康涛，"中国上市公司股权融资成本影响因素分析"，管理世界，2004 年第 5 期。

［45］陆正飞、叶康涛，"中国上市公司股权融资偏好解析"，经济研究，2004 年第 4 期。

［46］吕长江、赵岩，"上市公司财务状况分类研究"，会计研究，2004 年第 11 期。

［47］马勇，杨栋，陈雨露，信贷扩张、监管错配与金融危机：跨国实证，经济研究，2009 年第 12 期。

［48］潘敏，"资本结构、金融契约与公司治理"，中国金融出版社，2002。

［49］莫迪里安尼、米勒等，资本结构理论研究译文集，卢俊编译，上海：上海三联书店，上海人民出版社，2003：35－60。

［50］闵亮，沈悦，宏观冲击下的资本结构动态调整——基于融资约束的差异性分析，中国工业经济，2011 年第 5 期。

［51］沈艺峰，资本结构理论史［M］北京：经济科学出版社1999，20－60。

［52］沈艺峰，肖珉，林涛，投资者保护与上市公司资本结构，经济研究，2009 年第 7 期。

［53］苏冬蔚，曾海舰，宏观经济因素、企业家信心与公司融

资选择，金融研究，2011 年第 4 期。

［54］苏冬蔚，曾海舰，宏观经济因素与公司资本结构变动，经济研究，2009 年第 12 期。

［55］孙永祥，"公司治理结构：理论与实证研究"，上海三联书店、上海人民出版社，2003。

［56］孙铮、李增泉、王景斌，"所有权性质、会计信息与债务契约"，管理世界，2006 年第 10 期。

［57］孙铮，刘凤委，李增泉，"市场化程度、政府干预与企业债务期限结构"，经济研究，2005 年第 5 期。

［58］孙铮，刘凤委，李增泉，市场化程度、政府干预与企业债务期限结构——来自我国上市公司的经验证据，经济研究，2005 年第 5 期。

［59］孙智英，"信用问题的经济学分析"，中国城市出版社，2002。

［60］唐建伟，"我国上市公司债务资本结构的现状及优化"，投资研究，2002 年第 3 期。

［61］谭小平，"中国上市公司短期债务融资偏好动因解析"，暨南学报，2007 年第 5 期。

［62］谭小平，"中国上市公司债务与资产期限结构匹配关系的实证研究"，中央财经大学学报，2008 年第 5 期。

［63］谭小平，"我国上市公司债务期限结构研究"，经济科学出版社，2009。

［64］田利辉，金融管制、投资风险和新股发行的超额抑价，金融研究，2010 年 4 期。

［65］汪辉，"上市公司债务融资、公司治理与市场价值"，经济研究，2003 年第 8 期。

［66］汪红丽，"中国企业债券市场发展的实证分析"，证券市场导报，2002 年第 5 期。

［67］王良成，廖义刚，曹强，政府管制变迁与审计意见监管

有用性——基于我国 SEO 管制变迁的实证研究，经济科学，2011
年第 2 期。

［68］王一萱，银行体系失效与公司债券市场的发展：理论、
实践、政策建议. 深圳证券交易所研究论文 2003：8 - 36。

［69］王正位，赵冬青，朱武祥，再融资门槛无效吗？管理世
界，2006 年第 10 期。

［70］王正位，赵冬青，朱武祥，资本市场摩擦与资本结构调
整——来自中国上市公司的证据，金融研究，2007 年第 6 期。

［71］王正位，朱武祥，市场非有效与公司投机及过度融资，
管理科学学报，2010 年第 2 期。

［72］吴育辉、魏志华，"中国上市公司发行短期融资券的影
响因素分析"，金融研究，2009 年第 5 期。

［73］肖作平、李孔，"债务到期结构的影响因素：理论与证
据"，证券市场导报，2004 年第 3 期。

［74］肖作平，"对我国上市公司债务期限结构影响因素分
析"，经济科学，2005 年第 3 期。

［75］肖作平、廖理，"大股东、债权人保护和公司债务期限
结构选择——来自中国上市公司的经验证据"，管理世界，2007 年
第 10 期。

［76］肖作平、廖理，"公司治理影响债务期限水平吗？——
来自中国上市公司的经验证据"，管理世界，2008 年第 11 期。

［77］肖泽忠、邹宏，"中国上市公司资本结构的影响因素和
股权融资偏好"，经济研究，2008 年第 6 期。

［78］谢德仁、陈运森，"金融生态环境、产权性质与负债的
治理效应"，经济研究，2009 年第 5 期。

［79］谢德仁、张高菊，"金融生态环境、负债的治理效应与
债务重组：经验证据"，会计研究，2007 年第 12 期。

［80］谢平，陆磊，中国金融腐败的经济学分析：体制、行为
与机制设计，中信出版社，2005 年版。

［81］阎达五、耿建新、刘文鹏，"我国上市公司配股融资行为的实证研究"，会计研究，2001 年第 9 期。

［82］杨胜刚，何靖，"我国上市公司债务期限结构影响因素的实证研究"，经济评论，2007 年第 51 期。

［83］叶永刚、张培，"中国金融监管指标体系构建研究"，金融研究，2009 年第 4 期。

［84］叶志锋、胡玉明、纳超洪，"基于银行借款融资动机的盈余管理研究"，山西财经大学学报，2008 年第 1 期。

［85］叶志锋、胡玉明、纳超洪，"基于银行借款融资动机的现金流量管理研究"，经济管理与研究，2009 年第 2 期。

［86］叶志锋，胡玉明，"银行能够有效识别企业的会计操纵行为吗"，审计与经济研究，2009 年第 2 期。

［87］于东智，"资本结构、债权治理与公司绩效"，中国工业经济，2003 年第 1 期。

［88］袁国良、郑江淮、胡志乾，"我国上市公司融资偏好和融资能力的实证研究"，管理世界，1999 年第 3 期。

［89］袁卫秋，"债务期限结构理论综述"，会计研究，2004 年第 10 期。

［90］袁卫秋，"我国上市公司债务期限结构——基于权衡思想的实证研究"，会计研究，2005 年第 12 期。

［91］曾海舰，苏冬蔚，信贷政策与公司资本结构，世界经济，2010 年第 8 期。

［92］曾祥龙，"公司股利政策财务分析"，华东经济管理，2004 年第 12 期。

［93］赵宇龙，"会计盈余与股价行为"，上海三联书店，2000。

［94］张杰，"中国金融制度的结构与变迁"，山西经济出版社，1998。

［95］张强、林国忠、高爱民编著，"企业破产机制与改革新思路"，中国经济出版社，1997。

［96］张文魁，"企业负债的作用和偿债保障机制研究"，经济研究，2000 年第 7 期。

［97］张宗新，朱伟骅，"证券监管、执法效率与投资者保护——基于国际经验的一种实证分析"，财贸经济，2007 年第 11 期。

［98］张新，朱武祥，证券监管的经济学分析，上海三联书店，上海 2008 年版。

［99］张宗新，"中国融资制度创新研究"，中国金融出版社，2003。

［100］张自力，"欧洲高收益债券市场违约风险监管研究"，证券市场导报，2012 年第 4 期。

［101］张自力，"美国垃圾债券市场违约风险监管的实践与政策改进"，金融理论与实践，2009 年第 7 期。

［102］赵峰，高明华，金融监管治理的指标体系：因应国际经验，改革，2010 年第 9 期。

［103］周必磊，美国债券市场热效应与公司资本结构，世界经济，2010 年第 9 期。

［104］周业安，"金融抑制对企业融资能力的影响分析"，经济研究，1999 年第 3 期。

［105］朱武祥，成九雁，企业债违约、政府埋单与债券发行管制：1986～1999 年，金融学季刊，2007 年第 2 期。

［106］祝继高，陆正飞，产权性质、股权再融资与资源配置效率，金融研究，2011 年第 1 期。

英文文献：

［1］Aghion. P. , and Bolton. P, "An Incomplete Contract Approach to Financial Contracting", Review of Economic Studies59, 1992, 473 – 494.

［2］Albuquerque, Rui and Hopenhayn, Hugo. A. , "Optimal Lending Contracts and Firm Dynamics", Review of Economic Studies, 2004,

285 – 315.

[3] Allen N. Berger and Gregory Udell, " The Economics of Small Business Finance: The Roles Of Private Equity and Debt Markets in The Financial Growth Cycle", Finance and Economics Discussion Series (August), 1998, 22 (6 – 8): 613 – 673.

[4] Allen N. Berger, Marco A. Espinosa – vega, W. Scott Frame, Nathan H. Miller, (2005), Debt Maturity, Risk, and Asymmetric Information, The Journal of Finance, Volume 60, Issue 6, pages 2895 – 2923.

[5] Altman Edward I., "Financial Ratios, Discriminant Analysis and the Prediction of Corporate Bankruptcy", The Journal of Finance, 1968, 589 – 609.

[6] Amnon Levy, Christopher Hennessy, (2007), Why does capital structure choice vary with macroeconomic conditions? Journal of Monetary Economics, Volume 54, Issue 6, Pages 1545 – 1564.

[7] Anton Miglo, (2009), Earnings – based Compensation Contracts Under Asymmetric Information, The Manchester School, Volume 77, Issue 2, pages 225 – 243, March 2009.

[8] Antoniou, A., Guney, Y., Paudyal, K. "The Determinants of Corporate Debt Maturity Structure", EFA 2003 Annual Conference Paper No. 802.

[9] Antonios Antoniou, Yilmaz Guney and Krishna Paudyal, "The Dererminants of Debt Maturity Structure: Evidence from France, Germany and the UK", European Financial Management, (Vol. 12, No. 2), 2006, 161 – 194.

[10] April M. Knill, Bong Soo Lee, Nathan Mauck, (2012), Sovereign wealth fund investment and the return – to – risk performance of target firms, Journal of Financial Intermediation, Volume 21, Issue 2, Pages 315 – 340.

［11］ Armando R. Gomes, Gordon M. Phillips, (2005), Why Do Public Firms Issue Private and Public Securities? Washington University in Saint Louis – Olin Business School and University of Southern California, Working Paper Series.

［12］ Bae and Goyal, "Creditor rights, enforcement and costs of loan finance", Journal of Finance, 2008.

［13］ Barbara Remmers, Tunde Kovacs, Zhaojin Xu, (2005), Capital Markets, Product Markets, and Organizational Form: Evidence from the Life Insurance Industry.

［14］ Barclay, M. J. , and Smith, C. W. , "the Maturity Structure of Corporate Debt ", the Journal of Finance, 1995, 609 – 631.

［15］ Barclay, M. J. , and Smith, C. W. , "On the Architecture: Leverage, Maturity, and priority", Journal of Applied Corporate Finance, 1996, 4 – 17.

［16］ Barclay, M. J. , Leslie M. Marx, and C. W. Smith, "Leverage and Maturity as Strategic Complements", Working Paper, University of Rochester, 1997.

［17］ Barnea, A. , Haugen, R. and Senbet, L. , "Rationale for Debt Maturity Structure and Call Provisions in the Agency Theoretical Framework", the Journal of Finance, 1980, 1223 – 1234.

［18］ Begley, Ming and Watts, "Bankruptcy Classification Errors in 1980's: An Empirical Analysis of Altman's and Ohlson's Models", Review of Accounting Studies 1, 1996, 267 – 284.

［19］ Berlin, M. and J. Loyes, "Bond Covenants and Delegated Monitoring", Journal of Finance (June), 1988, 43 (2): 397 – 412.

［20］ Berger, Allen N. , Marco A. Espinosa – Vega, W. Scott Frame, and Nathan H. Miller, "Debt Maturity, Risk, and Asymmetric Information", The Journal of Finace, 2005, 2895 – 2923.

［21］ Billet Mattew T. , Tao – Hsien Dolly King and David C.

Mauer, "Growth Opportunities and the choice of Leverage, Debt Maturity, and Covenants", The Journal of Finance, 2007, 697 – 730.

[22] Bodie. Z. , and R. A. Taggart, "Future Investment Opportunities and the Value of the Call Provisions on a Bond", Journal of Finance, 1978, 1187 – 1200.

[23] Boot, A. W. A. , and Thakor, A. V. Moral hazard and secured lending in an infinitely repeated creditmarket game [J]. International Economic Review 1994 (35): 899 – 920.

[24] Booth, Laurence, Varouj Aivazian, Asli Demirguc – Kunt, and Vojislav Maksimovic, "Capital structures in developing countries", Journal of Finance, 2001, 56: 87 – 130.

[25] Boyd and Prescott, "Financial Intermediary – coalitions", Journal of Economic Theory (April), 38 (2): 211 – 232.

[26] Brick. I. E. and S. A. Ravid, "On the Relevance of Debt Maturity Structure", the Journal of Finance, 1985, 1423 – 1437.

[27] Brick. I. E. and S. A. Ravid, "Interest Rate Uncertainty and the Optimal Debt Maturity Structure", Journal of Financial and Quantitative Analysis, 1991, 63 – 77.

[28] Brick Ivan . E and Oded Palmon, "The Tax Advantages of Refunding Debt by Calling Repurchasing and Putting", Financial Management (winter), 1993, 96 – 105.

[29] Cantillo and Wright, "How do Firms Choose Their Lenders? An Empirical Investigation", Review of Financial Studies, 2000, 13 (1): 155 – 189.

[30] Carey, M. , Prowse, S. , Rhea, J. , Udell, G. , " The Economics of The Private Placement Markets: A New Look", Financial Markets, Institutions, and Instrument 2, 1993, 1 – 66.

[31] Chemmanur and Fulghieri, "Reputation, Renegotiation, and The Choice Between Bank Loans and Publicly Traded Debt", The

Review of Financial Studies, 1994, 7 (3): 475 - 506.

[32] Chen, Andrew, Jen Frank and Stanley Zionts, "the Joint Determination of Portfolio and Transaction Demands for Money", the Journal of Finance29, 1974, 175 - 186.

[33] Chenggang Xu, Katharina Pistor, Law Enforcement under Incomplete Law: Theory and Evidence from Financial Market Regulation.

[34] Christopher A. Hennessy, Toni M. Whitd, (2005), Debt Dynamics, The Journal of Finance, Volume 60, Issue 3, pages 1129 - 1165.

[35] Colin Mayer, Oren Sussman, (2005), A New Test of Capital Structure, University of Oxford - Said Business School and University of Oxford - Said Business School, Working Paper Series.

[36] Corcoran, P., "Inflation, Taxes and Corporate Investment Incentives", Federal Reserve Bank of New York Quarterly Review, 1977 (02), 1 -9.

[37] David G. Barr, John Y. Campbell, "Inflation, Real Interest Rates, and The Bond Market: A Study Of Uk Nominal and Index - Linked Government Bond Prices", Journal of Monetary Economics (August), 1997, 39: 361 -383.

[38] David J. Denis and Vassil T. Mihov, "The Choice Among Bank Debt, Non - Bank Private Debt, and Public Debt: Evidence From New Corporate Borrowings", Journal of Financial Economics (October), 2003, 70 (1), 3 -28.

[39] Davydenko and Franks, "Do Bankruptcy Codes Matter? A Study of Defaults in France, Germany, and the UK", Journal of Finance, 2008, 565 -608.

[40] DeAngelo, H. and R. Masulis, "Optimal Capital Structure Under Corporate and Personal Taxation", Journal of Financial Econom-

ics, 1980 (7), 3 – 29.

[41] Demirguc – Kunt, A., Maksimovic, V., "Institutions, financial markets and firm debt maturity", Journal of Financial Economics 54, 1999, 295 – 336.

[42] Diamond, "Financial Intermediation and Delegated Monitoring", The Review of Economic Studies, 1984LI, 393 – 414.

[43] Diamond, Douglas W., "Debt Maturity Structure and Liquidity Risk", the Quarterly Journal of Economics, August, 1991, 709 – 737.

[44] Diamond, Douglas W. "Monitoring and Reputation: The Choice between Band loan and Directly Placed Debt", Journal of political economy, 1991, 689 – 721.

[45] Diamond, D. W., "Seniority and Maturity of debt contracts", Journal of Financial Economics 33, 1993, 341 – 368.

[46] Douglas O. Cook, Tian Tang, (2010), Macroeconomic conditions and capital structure adjustment speed, Journal of Corporate Finance, Volume 16, Issue 1, Pages 73 – 87.

[47] Douglas W. Diamond, (2007), Legal Systems, Bank Finance and Debt Maturity, University of Chicago, GSB and N. B. E. R., Revised, November 15, 2007.

[48] Easterwood, J. C. and Kadapakkam, P., "Agent Conflicts, Issue Costs and Debt Maturity", Quarterly Journal of Business and Economics 33, 1994, 69 – 80.

[49] Elliehausen, G. E. and Wolken, J. D. "The Demand for Trade Credit: An Investigation of Motives for Tradw Credit Use by Small Businesses", Federal Reserve Bulletin, Oct, 1993, 165 – 183.

[50] Elton. E. J. and Gruber. M. J., "Dynamic Programming Applications in Finance", Journal of Finance, 1971, 473 – 506.

[51] Emery Douglas. A; Lewellen Wilbur G. ; Mauer, David. C,

"Tax – Timing Options Leverage and the Choice of corporate form", Journal of Financial Research, 1988, 99 – 110.

[52] Emery Gary W. , "Cyclical Demand and the Choice of Debt Maturity", Journal of Business, 2001, 557 – 590.

[53] Fama, E. , and Jensen, M. C. , Agency Problem and Residual Claims [J], Journal of Law and Economics26, 1983, 301 – 325.

[54] Fama, Eugene F. , "Cost and Financing Decisions", Journal of Business 63, 1990. 71 – 91.

[55] JPH Fan, S Titman, GJ Twite, NT Shatin, An international comparison of capital structure and debt maturity choices, papers. ssrn. com, October 1, 2008.

[56] Fenn, George, and Steven A. Sharpe, "Debt maturity and the Back-to-the-Wall Theory of Corporate Finance", Federal Reserve Board, 1991.

[57] Fisher. E. O. , Robert Heinkel, and Josef Zechner, "Dynamic Capital Structure Choice: Theory and Test", The Journal of Finance, 1989, 19 – 40.

[58] Flannery, Mark J. , "Asymmetric Information and Risky Debt Maturity Choice", Journal of Finance, 1986, 18 – 38.

[59] Franklin Allen and Douglas Gale, " Financial Contagion", Journal of political economy, 2000, 108 (1).

[60] Franklin Allen and Douglas Gale, "Bubbles and Crises" The Economic Journal (January), 2000, 110 (460): 236 – 255.

[61] Geetanjali Bali and Frank S. Skinner, The Original Maturity of Corporate Bonds: The Influence of Credit Rating, Asset Maturity, Security, and Macroeconomic Conditions, The Financial Review (41), 2006, 187 – 203.

[62] Goswami, Gautam, "Asset Maturity, Debt Covenants, and

Debt Maturity Choice", The Financial Review, 2000, 51 – 68.

[63] Goswami, Gautam, Thomas Noe and Michael Rebello, "Debt Financing under Asymmetric Information", the Journal of Finance, 1995, 633 – 659.

[64] Goswami, Gautam, Thomas Noe and Michael Rebello, "Cash Flow and Debt Maturity", Economica, 1997, 303 – 316.

[65] Greenbaum, Stuart I, and Anjan V. Thakor Contemporary Financial Intermediation [M], Fort Worth. 1995.

[66] Guanqun Tong, Christopher J. Green, (2005), Pecking order or trade – off hypothesis? Evidence on the capital structure of Chinese companies, Applied Economics, Volume 37, Issue 19, pages 2179 – 2189.

[67] Guedes, Jose, and Tim Opler, "The Determinants of the Maturity of Corporate Debt Issues", the Journal of Finance, 1996, 1809 – 1833.

[68] Guihai Huang, Frank M. Song, (2006), The determinants of capital structure: Evidence from China, China Economic Review, Volume 17, Issue 1, Pages 14 – 36.

[69] Gur Huberman and Charles Milton Kahn, "Limited Contract Enforcement and Strategic Renegotiation", The American Economic Review (June), 1998, 78 (3): 471 – 484.

[70] GW Kester, RP Chang, ES Echanis, "Executive views on dividends and capital structure policy in the Asia Pacific region", Emerging capital markets: financial and investment issues, 1998, 113 – 136.

[71] Hadlock C. and James C. , " Bank Lending and The Menu of Financing Options", Unpublished Working Paper, 1997.

[72] Hans B. Christensen, Luzi Hail, Christian Leuz, (2011), Capital – Market Effects of Securities Regulation: Hysteresis, Imple-

mentation, and Enforcement, NBER Working Paper No. 16737.

[73] Harris, M. , and A Raviv, "Capital Structure and the Information Role of Debt", The Journal of Finance, 1990, 321 – 349.

[74] Hart, Oliver and James Moore, "Default and Renegotiation: A Dynamic Model of Debt", MIT Working Paper No. 520, 1989.

[75] Hart, Oliver and James Moore, "A Theory of Debt Based on the Inalienability of Human Capital, Quarterly", Journal of Economics, 1994, 841 – 879.

[76] Hart, Oliver and James Moore, "Debt and Seniority: An Analysis of the Role of Hard Claims in Constraining Management", The American Economic Review, 1995, 567 – 585.

[77] Harwood, Elaine and Manzon, Gil B. "Tax Clienteles and Debt Maturity", the Journal of the American Taxation Association, 2000, 22 – 39.

[78] Hazem Daouk, Charles M. C. Lee, David Ng, (2006), Capital market governance: How do security laws affect market performance? Journal of Corporate Finance, Volume 12, Issue 3, Pages 560 – 593.

[79] Highfield Michael J, "on the Maturity of Incremental Corporate Debt Issues", Quarterly Journal of Finance and Accounting (Vol. 47, No. 2), 2008, 45 – 67.

[80] Highfield, M. J, Kenneth D. Roskellyey, and Fang Zhao, "The Determinats of the Debt Maturity Decision for Real Estate Investment Trusts", Journal of Real Estate Research (29), 2007, 173 – 199.

[81] Holmstrom, Bengt and Tirole, Jean, "Market Liquidity and Performance Monitoring Full Text Available", Journal of Political Economy (August), 1993, 101 (4): 678 – 709.

[82] Hoshi, Takeo, Kashyap, Anil K. and Scharfstein, David S. ,

"The Choice Between Public and Private Debt: An Analysis of Post – Deregulation Corporate Financing in Japan", NBER Working Paper (No. w4421), 1993.

[83] Hosono, Kaoru, "Growth Opportunities, Collateral and Debt Structure: The Case of the Japanese Machine Manufacturing Firms-Detail Only Available", Japan and the World Economy (August), 2003, 15 (3): 275 – 297.

[84] Howell E. Jackson, Mark J. Roe, (2009), Public and private enforcement of securities laws: Resource – based evidence, Journal of Financial Economics, Volume 93, Issue 2, Pages 207 – 238.

[85] James, Christopher, Some Evidence on the Uniqueness of Bank Loans [J], Journal of Financial Economics, 1987, 19 (2): 217 – 235.

[86] James R. Barth, Gerard Caprio, Jr. and Ross Levine, (2006), "Bank Regulations are Changing: For Better or Worse?", World Bank Policy Research Working Paper Series.

[87] Jensen, M. C., "Agency Cost of Free Cash Flow, Corporate Finance and Takeovers", American Economic Review, 1986, 323 – 329.

[88] Jensen, M. C., and W. Meckling, "Theory of the Firm: Managerial Behavior, Agency Costs, and Capital Structure", Journal of Financial Economics, 1976, 305 – 360.

[89] Jinwoo Park and Catherine Shenoy, "An Examination of the Dynamic Behavior of Aggregate Bond and Stock issues", International Review of Economics and Finance, 2002 (01).

[90] Joachim Schuhmacher, "Choice of Maturity and Financial Intermediation", Working paper University of Bonn 1998, 1 – 48.

[91] Joao A. C. Santos, Andrew Winton, (2008), "Bank Loans, Bonds, and Information Monopolies across The Business Cycle", Journal of Finance, Vol. 63, No. 3.

［92］Jo – Ann Suchard and Manohar Singh, （2006）, "The determinants of the hybrid security issuance decision for Australian firms", Pacific – Basin Finance Journal, Vol. 14, No. 3, 269 – 290.

［93］João A. C. Santos and Andrew Winton, "Bank Loans, Bonds, and Information Monopolies across the Business Cycle", Journal of Finance, American Finance Association, 2008, 63 （3）, 1315 – 1359.

［94］John R. Graham and Campbell R. Harvey, "The Theory and Practice Of Corporate Finance: Evidence From The Field", The Journal of Financial Economics, 2001.

［95］Johnson, Don T. and Cowart, Lary B. , "Public Sector Land Banking: A Decision Model for Local Governments", Public Budgeting and Finance, 1997, 17 （4）: 3 – 6.

［96］Joseph P. H. Fan, Sheridan Titman, Garry Twite, （2010）, An International Comparison of Capital Structure and Debt Maturity Choices, NBER Working Paper No. 16445, NBER Program （s）: CF.

［97］Joseph T. L. , "The debt maturity structure of UK property companies", Journal of Property Research, 1999, 293 – 307.

［98］Joshua D. Rauh, Amir Sufi, （2010）, Capital Structure and Debt Structure, Rev. Financ. Stud. , 23 （12）: 4242 – 4280.

［99］Jun Qian, Philip E. Strahan, （2007）, How Laws and Institutions Shape Financial Contracts: The Case of Bank Loans, The Journal of Finance, Volume 62, Issue 6, pages 2803 – 2834.

［100］Jun Sang – Gyung and Jen F C. , "Trade – off Model of Debt Maturity Structure", Review of Quantitative Finance and Accounting, 2003, 5 – 34.

［101］Kale, J. and T. Noe,, "Risky Debt Maturity Choice in a Sequential Game Equilibrium", Journal of Financial Research, 1990, 155 – 166.

[102] Kalymon. B. A. , "Bond Refunding with Stochastic Interest Rates", Management Science, 1971, 171 – 183.

[103] Kane. A. , A. J. Marcus, and R. L. McDonald, "Debt Policy and the Rate of Return Premium to Leverage", Journal of Financial and Quantitative Analysis, 1985, 479 – 499.

[104] Katharina Pistor, Chenggang Xu, (2005), Governing Emerging Stock Markets: legal vs administrative governance, Corporate Governance: An International Review, Volume 13, Issue 1, pages 5 – 10.

[105] Kee – hong Bae, Vidhan K. Goyal, (2009), Creditor Rights, Enforcement, and Bank Loans, The Journal of Finance, Volume 64, Issue 2, pages 823 – 860.

[106] Kessel. R. , "Cyclical Behavior of the Term Structure of Interest Rates", NewYord: National Bureau of Economic Research. , 1965.

[107] Kim. C. S. , David Mauer, and Mark Hoven Stohs, "Corporate Debt Maturity Policy and Investor Tax – timing Options: Theory and Evidence", Financial Management, 1995, 33 – 45.

[108] Kish, Richard J. , and Miles Livingston, "Determinants of the Call Option on Corporate Bonds", Journal of Banking and Finance, 1992, 687 – 704.

[109] La Porta Rafael and Lopz – de – Sianes F, (1997), "Legal Determinants of External Finance", Journal of Finance, Vol. 52, No. 3, 1131 – 1150.

[110] La Porta Rafael, Lopz – de – Sianes F. , Shleifer A. and Vishny R. "law and finance". Journal of Political Economy 106, 1998, 1113 – 1155.

[111] La Porta Rafael, Lopz – de – Sianes F. , Shleifer A. and Vishny R. , "Investor Protection and Corporate Valuation", The Journal of Finance, 2002, 1147 – 1170.

[112] Lee. W. L. , A. V. Thakor, and G. Vora, "Screening, Market Signaling, and Capital Structure Theory", The Journal of Finance, 1983, 1507 – 1518.

[113] Leland H. and Toft K. , "Optimal Capital Structure, Endogenous Bankruptcy, and the Term Structure of Credit Spreads", The Journal of Finance, 1996, 987 – 1019.

[114] Leland and Pyle, "Informational Asymmetries, Financial Structure, and Financial Intermediation", Journal of finance, 1977, 32 (2): 371 – 387.

[115] Lewis, C. , "A Multiperiod Theory of Corporate Financial Policy under Taxation", Journal of Financial and quantitative analysis, 1990, 25 – 43.

[116] Luzi Hail, Christian Leuz, (2006), International Differences in the Cost of Equity Capital: Do Legal Institutions and Securities Regulation Matter? Journal of Accounting Research, Volume 44, Issue 3, pages 485 – 531.

[117] Malkiel. B. , "The Term Structure of Interest Rates : Expectations and Behavior Patterns", Princeton: Princeton University Press. 1966.

[118] Mauer, D. C. and Lewellen W. G, "Debt Management under Corporate and Personal Taxation", Journal of Finance, 1987, 1275 – 1291.

[119] Marr, M. W. , and J. P. Ogden, "Market Imperfections and the Choices of Maturity and Call Provisions in Corporate Debt", Journal of Business Research, 1989, 17 – 31.

[120] Meiselman. D. , "The Term Structure of Interest Rates", Englewood Cliffs: Prentice Hall. 1962.

[121] Merton Robert C. . "Theory of Rational Option Pricing", Bell Journal of Economics & Management Science (Spring), 1973,

141 – 183 .

[122] Michael C. Jensen and William H. Meckling, （1976）, "Theory of the firm: Managerial behavior, agency costs and ownership structure", Journal of Financial Economics, Vol. 3, No. 4, 305 – 360.

[123] Mitchell Karlyn, "Interest Rate Uncertainty and Corporate Debt Maturity", Journal of Economics and Business, 1987, 101 – 114.

[124] Mitchell Karlyn, "The Call, Sinking Fund, and Term – To – Maturity Features of Corporate Bonds: A Empirical Investigation," Journal of Financial and Quantitative Analysis, 1991, 201 – 222.

[125] Mitchell, k., "The Debt Maturity Choice: An Empirical Investigation", Journal Of Financial Research, 1993, 309 – 320.

[126] Morris, J., "An Empirical investigation of the corporation debt maturity structure", Journal of Financial & Quantitative Analysis, 1975, 539.

[127] Morris, J, "On Corporate Debt Maturity Strategies", Journal of Finance, 1976a, 29 – 37.

[128] Morris, J, "A Model for Corporate Debt Maturity Decisions", Journal of Financial and Quantitative Analysis, 1976b, 339 – 357.

[129] Murray Z Frank, Vidhan K Goyal, （2003）, Testing the pecking order theory of capital structure, Journal of Financial Economics, Volume 67, Issue 2, February 2003, Pages 217 – 248.

[130] Murray Z. Frank, Vidhan K. Goyal, （2005）, Trade – Off and Pecking Order Theories of Debt, University of Minnesota and Hong Kong University of Science & Technology （HKUST） – Department of Finance, Working Paper Series.

[131] Myers, Steward C., "Determinants of Corporate Borrowing", Journal of Financial Economics, 1977, 147 – 175.

[132] Myers, S. C., （1984）, "The Capital Structure Puzzle",

The Journal of Finance, Vol. 39, No. 3, 575 – 592.

[133] Myers, S., and Majluf, N., "Corporate Financing and Investment Decisions When Firms Have Information that Investors Do Not Have", Journal of Finance and Economics 13, 1984, 187 – 221.

[134] Neil Eshoa, Yung Lamb and Ian G. Sharpeb, "Are Maturity and Debt Type Decisions Interrelated? Evidence from Australian Firms in International Capital Markets", Pacific – Basin Finance Journal (November), 2002, 10 (5): 549 – 569.

[135] Newberry K and Novack G, "The Effect of Taxes on Corporate Debt Maturity Decisions: An Analysis of Public and Private Bond Offerings", the Journal of the American Taxation Association, 1999, 1 – 16.

[136] Ng, Chee., Janet Smith and Richard Smith, "Evidence on the Determinants of Credit Terms Used in Interfirm Trade", Journal of Finance 54, 1999, 1109 – 1129.

[137] Nils H. Hakansson, "The Role of a Corporate Bond Market in an Economy – and in Avoiding Crises", China Accounting and Finance Review (June), 1999, 1 (1): 105 – 114.

[138] Oliver D. Hart and John Moore, "Default and Renegotiation: A Dynamic Model of Debt", Quarterly Journal of Economics (February), 1998, 113 (1): 1 – 41.

[139] Oliver E. Williamson, (1988), Corporate Finance and Corporate Governance, The Journal of Finance, Vol. 43, No. 3.

[140] Oliver Hart, (May, 1995), Corporate Governance: Some Theory and Implications, The Economic Journal, Vol. 105, No. 430, pp. 678 – 689.

[141] Oliver Hart, John Moore, (1995), Debt and Seniority: An Analysis of the Role of Hard Claims in Constraining Management, NBER Working Paper No. 4886.

［142］ Ozkan, Aydin, "An empirical analysis of corporate debt maturity structure", European Financial Management, 2000, 197 – 212.

［143］ Ozkan, Aydin, "The determinants of corporate debt maturity: evidence from UK firms", Applide Financial Economics, 2002, 19 – 24.

［144］ Paul D. Childs, David C. Mauer, Steven H. Ott, (2005), Interactions of corporate financing and investment decisions: The effects of agency conflicts, Journal of Financial Economics, Volume 76, Issue 3, Pages 667 – 690.

［145］ Petersen, M. A., and Rajan, R. G. "The benefit of firm-creditor relationships: evidence from smallbusiness data", Journal of Finance 1994 (49): 3 – 37.

［146］ Pistor, Katharina and Xu, Cheng-Gang "Governing emerging stock markets: legal vs administrative governance", Corporate governance: an international review, 2005, 13 (1): 5 – 10.

［147］ Pistor, Katharina and Xu, Cheng – Gang "Governing stock markets in transition economies : lessons from China", American law and economics review, 2005, 7 (1): 184 – 210.

［148］ Pistor, Katharina and Xu, Cheng – Gang, "Beyond law enforcement – governing financial markets in China and Russia", In: Kornai, Janos and Rothstein, Bo and Rose – Ackerman, Susan, (eds.) Building a trustworthy state in post – socialist transition. Palgrave Macmillan, Basingstoke, UK, 2004: 167 – 190.

［149］ Qian, Strahan, "How Laws & Institutions Shape Financial Contracts: The Case of Bank Loans", Journal of Finance, 2008, 565 – 608.

［150］ Queen, M. and R. Roll, "firm Mortality: Using Market Indicators to Predict Survival", Financial Analyst Journal 43, 1987, 9 – 26.

［151］ Rafael La Porta, Florencio Lopez de Silanes, Simeon Djankov, Andrei Shleifer, (2006), The Law and Economics of Self – Dealing, European Corporate Governance Institute, NBER Working Paper No. w11883.

［152］ Rajan, R. G. , "Insiders and Outsiders: the choice between informed and arm's length debt". Journal of Finance 47, 1992, 1367 – 1400.

［153］ Rajan, R. G. and Zingales, L. , "What Do We Know about Capital Structure? Some Evidence from International data", Journal of Finance, 1995, 1421 – 1460.

［154］ Ramakrishnan and Thakor, "Information Reliability and a Theory of Financial Intermediation", The Review of Economic Studies, 1984LI, 415 – 432.

［155］ R La Porta, F Lopez – de – Silanes, A Shleifer, "Legal determinants of external finance", Journal of Finance, 1997, 1132.

［156］ R La Porta, F Lopez – de – Silanes and R Vishny, "The quality of government", Journal of Finance, 1999, 222 – 279.

［157］ R La Porta, F Lopez – de – Silanes, A Shleifer, "Investor protection and corporate governance", Journal of Finance, 2000, 3 – 27。

［158］ Robbins. E. H. and John D. Schatzberg, "Callable Bonds: A Risk – reducing Signaling Mechanism", The Journal of Finance, 1986, 935 – 949.

［159］ Roll. R. , "Investment Diversification and Bond Maturity", Journal of Finance26, 1971, 51 – 66.

［160］ Roman Inderst, Holger M. Mueller, (2006), Informed Lending and Security Design, The Journal of Finance, Volume 61, Issue 5, pages 2137 – 2162.

［161］ Sarkar, Sudipto, "Illiquidity Risk, Project Characteristics, and the Optimal Maturity of Corporate Debt", The Journal of Financial Research, 1999, 353 – 370.

[162] Scherr, F. and Hulburt, H, "The Debt Maturity Structure of Small Firms", Financial Management. Spring, 2001, 85 – 111.

[163] Şenay Ağca, Sattar A. Mansi, (2008), Managerial Ownership, Takeover Defenses, and Debt Financing, Journal of Financial Research, Volume 31, Issue 2, pages 85 – 112, Summer 2008.

[164] Sergei A. Davydenko, Julian R. Franks, (2004), "Do Bankruptcy Codes Matter? A Study of Defaults in France, Germany and the UK". Mimeo, London Business School, Working Paper.

[165] Sergei A. Davydenko, Julian R. Franks, (2008), "Do Bankruptcy Codes Matter? A Study of Defaults in France, Germany, and the U. K. " The Journal of Finance, Volume 63, Issue 2, pages 565 – 608.

[166] Sharpe. S. A. , "Credit Rationing, Concessional Lending, and Debt Maturity", Journal of International Business Studies, Fall. 1991.

[167] Simeon Djankov, Rafael La Porta, Florencio Lopez – de – Silanes and Andrei Shleifer, (2002), The Regulation of Entry, The Quarterly Journal of Economics 117 (1): 1 – 37.

[168] Simeon Djankov, Rafael La Porta, Florencio Lopez – de – Silanes, Andrei Shleifer, (2008), The law and economics of self – dealing, Journal of Financial Economics, Volume 88, Issue 3, Pages 430 – 465.

[169] Smith, Clifford W. , Jr. , Investment Banking and the Capital Acquisition Process, Journal of Financial Economics, 1986, 3 – 29.

[170] Smith, C. W. and Warner, J. B. , "On financial contracting: Analysis of bond covenants". Journal of Financial Economics (June), 1979, 117 – 160.

[171] Smith, C. W. , Jr. , and Watts, R. L. , "The investment

opportunity set and corporate financing, dividend, and compensation policies", Journal of Financial Economics (December), 1992, 263 – 292.

[172] Sreedhar T. Bharath, Jayanthi Sunder and Shyam V. Sunder, (2008), "Accounting Quality and Debt Contracting", The Accounting Review, Vol. 83, No. 1.

[173] Sreedhar T. Bharath, Jayanthi Sunder and Shyam V. Sunder, "Measure for measure: the relation between forecast accuracy and recommendation profitability of analysts", Journal of Accounting Research, 2007, 45 (3), 567 – 606。

[174] Stohs, M. and Mauer, D., "Determinants of Corporate Debt Maturity", Journal of Business, 1996, 279 – 312.

[175] Stuart C. Gilsona, Kose Johnb and Larry H. P. Langb, "Troubled Debt Restructurings: An Empirical Study of Private Reorganization of Firms in Default", Journal of Financial Economics (October), 1990, 27 (2): 315 – 353.

[176] Sudha Krishnaswami, Paul A. Spindt and Venkat Subramaniam, " Information Asymmetry, Monitoring, and the Placement Structure of Corporate Debt", Journal of Financial Economics, 1999, 51 (3): 407 – 434.

[177] Summers, B. and Wilson, N. "An Empirical Investigation of Trade Credit Use: A Note, Mimeo", Credit Management Research Center, Leeds University Business School, 1999.

[178] Stephen A. Ross, (1977), "The Determination of Financial Structure: The Incentive-Signalling Approach", The Bell Journal of Economics, Vol. 8, No. 1, 23 – 40.

[179] Takeo Hoshi, Anil Kashyap and David Scharfstein, "The Choice Between Public and Private Debt: An Analysis of Post – Deregulation Corporate Financing in Japan", NBER Working Paper (with

number 4421), 1993.

[180] Tirole, J., "The Theory of Corporate Finance" Princeton University Press, 2006.

[181] Tirole, J., "Cognition and Incomplete Contracts", Forthcoming, American Economic Review 2008.

[182] Titman Sheridan and Wessels, Roberto, "The Determinants of Capital Structure Choice", Journal of Finance, 1988, 1 – 19.

[183] Titman Sheridan, "Interest Rate Swaps and Corporate Financing Choices", The Journal of Finance, 1992, 1503 – 1516.

[184] Wall. L. D., "Interest Rate Swaps in an Agency Theoretic Model with Uncertain Interest Rates", Journal of Banking and Finance, 1989, 261 – 270.

[185] Wallis, W. Allen, "George J. Stigler: In MemoriamFull Text Available", Journal of Political Economy (October), 1993, 101 (5): 774 – 779.

[186] Watson, A., "Legal Transplants". University of Virginia Press, Charlottesville. VA. 1974.

[187] Weingartner. H. M., "Optimal Timing of Bond Refunding", Management Science, 1967, 511 – 524.

[188] Whited, T M. "Debt liquidity constraints, and Corporate investment: Evidence from panel data", Jorunal of finance, 1992, 1425 – 1460.

[189] Wiggins. J. B., "The Relation between Risk and Optimal Debt Maturity and the Value of Leverage, Journal of Financial and Quantitative Analysis", 1990, 377 – 386.

[190] Wilner. Benjamin S., "The Exploitation of Relationships in Financial Distress: The case of Trade Credit", Journal of Finance 23, 2000, 589 – 609.

[191] Xavier Freixas and Jean – Charles Rochet, "Croeconomics

of Banking", 1997.

［192］Xu Peng, (2008), Corporate Financing Choices, Deregulations and Corporate Bond Market Development : Lessons from Japan, The Institute of Comparative Economic Studies, Hosei University, Departmental Bulletin Paper, NAID: 120000994053.

［193］Xueping Wu, Jun Yao, (2012), Understanding the rise and decline of the Japanese main bank system: The changing effects of bank rent extraction, Journal of Banking & Finance, Volume 36, Issue 1, Pages 36 – 50.

［194］Yoko Shirasu, Peng Xu, (2007), The choice of financing with public debt versus private debt: New evidence from Japan after critical binding regulations were removed, Japan and the World Economy, Volume 19, Issue 4, Pages 393 – 424.

［195］Yosha, "Information Disclosure Costs and The Choice Of Financing Source", Journal of Financial Intermediation, 1995, 4 (1): 3 – 20.

［196］Zariyawati Mohd Ashhari, (2009), Conventional Vs Islamic Bonds Announcements: The Effects on Shareholders' Wealth, International Journal of Business and Management, Vol 4, No 6 P105 – 111.

后　记

本书是在博士论文的基础上补充修改而成。博士论文写作艰辛，一方面是由于债务融资结构理论和实证文献的庞杂，而实证所需宏微观数据的整理工作量远超过我的预期；二是在攻读博士期间，还要承担繁重的科研和教学任务。虽然付出了很大的努力，但仍存在诸多不能令人满意的地方，有待于进一步的研究完善。

在我成长的每一阶段，都包含着我的老师、同学、朋友和亲人的关爱与帮助，在此表示诚挚的谢意！

首先要感谢我的博士生导师张炳申教授的悉心培育，老师对学术的执著追求是我一生的楷模。张导不幸辞世是学生永远的痛，但您的教诲和帮助铭记在心，谢谢您的指导和关心，祝您在天堂安息！

感谢朱卫平教授，尤其在张导去世后，朱老师承担了对我学习的指导工作，在博士论文的完成过程中，从选题到写作，直至最终定稿，都给了我许多十分有益的建议，令我获益匪浅。朱老师博学和睿智，让我每次交流都能得到许多生活和学问的启迪。

感谢胡军教授、钟阳胜教授、隋广军教授、邓伟根教授、张耀辉教授、苏启林教授、聂普焱教授、刘汉民教授、王聪教授、刘少波教授、张捷教授和顾乃华研究员，这些老师或是在课堂上教给我宝贵知识，或是在开题及预答辩中给我许多有益的建议。

感谢王珺教授和吴雪平教授，在中山大学和香港城市大学访学期间，他们给了我很多无私的帮助，他们的研究开启了我的学术视野，激励我的学术研究兴趣；感谢陆磊研究员的学术砥砺，对我学术追求的不吝指点和大力支持；感谢汪前元教授的鼓励与包容；感谢李华民教授在科研上的帮助。

感谢我的同门师兄谌新民教授和罗明忠教授，他们一直以来都在鼓励我前进，不厌其烦解答我学术上的疑问，详细指点我论文的修改之处。

感谢同学刘梅生，陈晓伟、牛卫平、刘艳、姚建华博士，感谢师弟陈林博士，与他们的学术讨论，使我得到很多启发。

感谢我的年迈父母，他们一直默默支持我的求学生涯，感谢我的姐姐、姐夫们，在我成长的过程中给了我经济上和精神上的鼎力支持。

感谢教育部人文社科青年基金（11YJC790092）、中国博士后科学基金（20110490928）、广东省社科规划一般项目（GD10CYJ12）、国家社科基金（10BJY106）和2011年中央财政专项资金《金融学省级重点学科建设项目》的资助。

最后要感谢我的夫人曹萍女士和女儿李子儒，在读博期间，我夫人不仅包揽了全部家务活，而且为照顾小孩付出了极大心血，让我安心躲进书斋。在此向我夫人表示感谢的同时，也向女儿表示歉意！她们给了我极大的理解和无尽的关爱，这是我学习和研究的动力源泉。

李 湛

2012 年 5 月 28 日